财经法治

TAX LAW AND CASE REVIEW

税法解释与判例评注

第十三卷

熊伟/主编
叶金育/副主编

法律出版社
LAW PRESS·CHINA

《税法解释与判例评注》

合作单位

中汇(武汉)税务师事务所有限公司

中汇
ZHONGHUI

北京市金杜律师事务所上海分所

KING&WOOD
MALLESONS
金杜律师事务所

编 委 会

卷首语

2020年注定是极不平凡的一年,新冠肺炎致使武汉封城,《税法解释与判例评注》编辑事宜同样遭受到史无前例的困难。但我们也欣喜地看到,落实税收法定进程已经过半、税收征管体制不断优化、税务司法专业化初露峥嵘。在税收法治实践大踏步前进的同时,税法理论研究也取得了可喜成果。2019年12月中国法学会财税法学研究会在北京大学召开了"第二十届中国财税法前沿问题高端论坛"。通过此次会议,财税法学人围绕财税法理论发展、法治改革和团队建设等方面提出了"繁荣中国财税法理论和制度研究,推动形成新时代财税法治现代化新格局"的"北京愿景",这也为《税法解释与判例评注》的编辑工作提出了新要求、指明了新方向。

《税法解释与判例评注》自2010年创办以来,便开始广泛邀请税法学者与从事税法实务的税务干部、法院审判人员及税务中介人士,参与典型税案与重大理论问题的研讨、撰写税法评注文章,共同搭建我国税法研究的理论谱系、积累税法学的知识资源,尝试推动中国税收法治的点滴进步。2018年《税法解释与判例评注》编辑部进行了人员改组,组建了一支更有活力的团队……这一切努力都是为了更好地呈现税收法治现代化的成果,更好地服务于读者和作者群体,更好地推动丛书的持续出版。

呈现在读者面前的第十三卷,共收入14篇文章。这些文章大多较好地贯彻了丛书的风格与目标定位,立足税法实践,结合经典案例,剖析理论问题,推动税收法治。总体而言,这14篇文章大体形成以下3个专题:

第一个专题契合全新修订的《个人所得税法》,主要围绕个人所得税的老问题与新视野展开。陈国文参照美国的制定法与经典判例,结合我国立法实际对"所得"的概念进行研究,并对所得概念具体化的路径进行设计。蔡明从税收法定的视角,对"偶然所得"的内涵进行了挖掘,在此基础上分析了"偶然所得"与"其他所得"的替代关系。毛彦从一起反避税案件出发,聚焦于《个人所得税法》修订中新增的反避税条款,在检讨其价值功能的基础上,对其未来的续造路径进行设计。连逸夫以量能课税为线索,探讨了我国股权转让的个人所得税计税依据如何实现税法公平的理性回归路径。肖芸分析了我国高校奖学金的所得性质,从多层面对其可税性和规则优化等问题进行讨论。这5篇文章都立足于《个人所得税法》修订的最前沿,结合实际案例展开讨论,虽侧重各不相同,但都共同指向了如何进一步优化我国个人所得税法律制度这一大命题。

第二个专题围绕税法基础理论展开。李貌通过对税法中的"住所"概念的国际比较和部门法比较,分析了借用概念的解释标准;李首鋆通过"韩国星塔公司登录税案",分析了韩国税法对借用概念解释标准的态度,这两篇文章对我国相关税法基础理论的发展颇有借鉴意义。吴东蔚结合具体案例与司法数据,在介绍我国税法中"一般条款"具体适用情况的基础上,提出了多种解释思路。这3篇文章都聚焦于税法中的具体概念、条款,为我国税收立法的精细化奠定理论基础。

第三个专题围绕增值税展开。增值税是我国税法研究中的"永恒热点",其中的虚开增值税专用发票问题更是几度引发理论界与实务界的热议。樊聪颖、王宗涛通过典型案例的分析,研究了虚开增值税专用发票罪中"国家税款"的认定问题。张音宜、姜一菡以2016~2018年上海市990份一审判决书为样本,分析了近年来上海市虚开增值税专用发票罪审判的主要特点及定罪量刑规律,并对相关立法及人民法院审判实践提出了合理化建议。郭水苗从比较法的视域研究了增值税集团纳税制度,结合我国目前所得税汇总与合并纳税、增值税汇总纳税以及增值税立法现状,为我国引入增值税集团纳税制度提出具体的立法建议。3篇文章的共同之处在于它们都非常贴近税收法治实践,运用了大量经典案例和司法数据,体现了作者的专业水平。

此外,本卷还收录了以下3篇文章。王震、胡邵峰、甘甜对我国企业集团现象作了多面向的观察,梳理了关于企业集团各种税收政策的脉络,围绕企业集团的税法认定、税收债权保护、不同税种对企业集团的态度及税务管理等问题行了有价值的探索和反思。郭晓亮就司法拍卖中税款转嫁条款的效力进行研究,回应了当前实践中所关注的热点问题。李柯奇结合运用大量数据,分析了税务行政争议及其解决机制的特点和变化趋势。以上话题都是目前税法学研究的前沿热点问题,期待他们的研究能够引发学界同仁更多的关注与更加深入的研究。

本卷的出版既是全体作者智慧的结晶,也是编辑部诸位同仁齐心协力的劳动成果。感谢读者多年来对《税法解释与判例评注》的关怀,感谢各位作者的赐稿以及对编辑工作的支持,感谢本卷执行编辑华东政法大学欧阳天健老师的投入,感谢中南民族大学叶金育、国家税务总局税务干部学院胡邵峰、首都经济贸易大学贺燕、厦门大学王宗涛、西南政法大学王婷婷及其他老师的精诚合作,还要感谢法律出版社毛镜澄编辑的辛苦付出。中汇(武汉)税务师事务所有限公司的资助,更是本卷得以顺利出版的重要条件。

“莫道君行早,更有早行人”。第十三卷的编辑让我们进一步看到,无论是在理论界、还是在实务界,越来越多的同仁开始关注、挖掘税法疑难问题,推动、促进税收法治建设。《税法解释与判例评注》的初心也正是立足税收法治现实,搭建税法解释与判例评注的交流平台,进而助推中国的税收法治建设。我们希望随着税收法定的逐步推进和新一轮财税体制改革的不断深化,能有更多的老朋友一如既往地为丛书输送稿件,分享学习与研究心得;期待更多的新朋友踊跃来稿,丰富丛书的稿源,提升丛书的品质;希冀更多的读者传播和宣传《税法解释与判例评注》,给丛书一个进入千家万户的机会。同样希望热心税法公益事业的人士能以各种各样的方式驰援、帮助丛书的发展,为丛书的持续出版保驾护航。

熊 伟

武汉大学财税与法律研究中心

2020年6月30日

目 录

Contents

论个人所得税法中所得的实定法表达

陈国文*

摘　要:2018 年我国《个人所得税法》第 7 次修改删除了"其他所得"税目,但财政部、国家税务总局 2019 年第 74 号公告规定以"偶然所得"税目取代"其他所得"税目。因此,"所得"如何在税法中表达需要探讨。文章梳理并分析了美国自 1913 年开征个人所得税以来制定法中所得概念的表述及演变,并分析了美国联邦最高法院在税法判例中对所得的界定,认为制定法中的所得应当是一个开放的概念,所得的界定是立法部门、司法部门和执法机关之间的一个动态对话过程。我国《个人所得税法》中缺乏立法目的条款,也不存在概括性的所得概念,因此"偶然所得"的扩张对于维护税法价值的统一性具有积极意义。但是"偶然所得"这一不确定概念应当受到价值填补的控制,并通过司法判决的方式发展所得概念,以保障所得税法评价的统一性。

关键词:所得;立法表达;司法表达;价值填补

一、"其他所得"的消失与"偶然所得"的扩张

2018 年 8 月 31 日我国《个人所得税法》经过第 7 次修改后,将原《个人所得税法》第 2 条第 11 项"经国务院财政部门确定征税的其他所得"这一税目删除,但保留了"偶然所得"这一税目,并将其从原法第 10 项改为新法中的第 9 项,即最后一项。这一修改的本意在于实现"税目的法定",然而在新出台的《个人所得税法实施条例》第 6 条中却保留了"个人取得的所得,难以界定应纳税所得项目的,由国务院税务主管部门确定"的规定,加之财政部、国家税务总局 2019 年第 74 号公告的出台,使实践中关于如何对"其他所得"进行认定仍然存在诸多争议。

(一)"其他所得"条款的消失及未竟问题

自 1980 年我国通过第一部《个人所得税法》,直至 2011 年第 6 次修改的

---

* 兰州大学法学院副教授,法学博士。

《个人所得税法》,"经国务院财政部门确定征税的其他所得"一直是个人所得税制中的基本条款。"其他所得"作为最后一个税目,承担兜底条款的功能,借此实现对所得的普遍课征,避免了严格按所得来源设置税目而造成的征税对象的僵化和封闭。这一税目的存在自有其不可否认的重要价值,它体现了分类所得税制中的综合因素。如阿维-约纳(Avi. Yonah)和奥马里·玛丽安(Omri Marian)从国际税法比较的视角,就认为"中国财政部能够确定某一所得项目是否可以征税,使得中国所得税制度类似于综合税制"。[1] 过去20多年来,财政部和国家税务总局已多次通过批复、通知等方式确定了按"其他所得"征税的所得项目。[2] 而这次修法废除了"其他所得"税目,那么以后这些所得应该按什么税目征税?如果停而不征,有违普遍课征的公平原则;如果继续征税,则有违税收法定原则。既然有此困境,那么为什么立法中要废除"其他所得"?

追溯立法过程可知,2018年6月19日财政部部长刘琨受国务院委托,在向第十三届全国人大常委会第三次会议提出《个人所得税法》修正案时,"其他所得"仍继续得以保留,并无废除之意。2018年8月27日全国人民代表大会宪法和法律委员会关于《个人所得税法修正案(草案)》审议结果的报告中提道:"有的常委委员和有关方面提出,按照税收法定的要求,应纳税所得的范围、减免税均属于个人所得税的税制基本要素,个人所得税法中关于'其他所得范围''其他减免税情形'由国务院财政部门确定或者批准的规定,不符合立法法的有关规定,建议将相关事项尽量在法律中明确,确实无法在法律中明确的,也应由国务院作出规定。"[3] 后来通过的修改决定即据此删除了"其他所得"。

既然"其他所得"概念过于开放,被视为不符合税收法定,那么与其他所得

---

[1] Reuven S. Avi. Yonah, Nicola Sartori, and Omri Marian, *Global Perspectives on Income Taxation Law*, Oxford University Press, 2011, p. 22.

[2] 如《关于银行部门以超过国家利率支付给储户的揽储奖金征收个人所得税问题的批复》(财税〔1995〕64号,现已失效)、《关于未分配的投资者收益和个人人寿保险收入征收个人所得税问题的批复》(国税函〔1998〕546号)、《关于个人所得税有关政策问题的通知》(国税发〔1999〕58号)等。

[3] 参见《新〈个人所得税法〉修订细节(一)》,载搜狐网:http://www.sohu.com/a/251468275_467122,最后访问日期:2019年12月22日。

同样属于不确定法律概念的"偶然所得"就符合税收法定吗？法律正义的基本要求是"同样的事情同样对待"。同为所得，在法律中明确列举则征税，在法律中未规定则不予征税，这就破坏了法律价值的统一性。笔者认为，保持一定开放性的不确定概念对于所得概念是绝对必要的。废除"其他所得"以实现形式上的税收法定主义，结果可能破坏法律价值的统一性。

（二）"偶然所得"的税目调整及其涵盖范围的扩张

原《个人所得税法》中的"其他所得"税目虽废，但"偶然所得"税目犹存，而"偶然所得"本身即为不确定概念，为了保证税法价值秩序的统一性，自然应对之策就是扩张"偶然所得"的范围，使之涵盖原来"其他所得"项下的所得项目。这样做从理论上来说当然可行，因为语言作为一种符号，与其所指的经验对象之间的关系是任意的。荀子早就认识到这一点："名无固实，约之以命实，约定俗成谓之实名。"[1]现代语言学理论也认为，"语言是纯粹人为的，非本能的，凭借自觉地制造出来的符号系统来传达观念、情绪和欲望的方法"；"从心理上说，这种关系是一种任意关系"；"概念符号……是一个可以顺手把思维包装起来的胶囊"。[2] 况且，法律概念也具有相对性，同一概念在不同的法律领域中，甚至同一法律领域中具有不同的所指，这已为习法者所共知。因此，立法者在法律概念的"胶囊"里取出来什么，再装进去什么，这完全属于立法者制定法律时享有的权利。但是，法律概念一旦创造出来，就会在法律体系中占据一个位置，承担某一功能，并与其他法律概念之间形成补充、配合、限制等关系。一个概念的废除、限缩、扩张必然引起法律体系的或大或小的变动，进而引起所有法律相关者认知体系的重新适应。从这个意义上来说，法律概念的内容赋予不应当是任意的。所以荀子又说："名有固善，径易而不拂，谓之善名。"[3]立法者斟酌法律概念，安排法律体系，就是一个求"善名"的思考过程。从这一点来看，废除"其他所得"，而欲代之以"偶然所得"与"善名"的要求不符。

关于"偶然所得"，原来的国务院《个人所得税法实施条例》（以下简称《实施条例》）第 8 条第 10 项已有规定，"偶然所得，是指个人得奖、中奖、中彩以

---

〔1〕 参见张觉译注：《荀子》，上海古籍出版社 2012 年版，第 324 页。

〔2〕 [美]爱德华·萨丕尔：《语言论——言语研究导论》，陆卓元译，商务印书馆 1985 年版，第 7 页、第 9 页、第 12 页。

〔3〕 张觉译注：《荀子》，上海古籍出版社 2012 年版，第 324 页。

及其他偶然性质的所得"。2018年个人所得税法修改后,《实施条例》也相应修订,但在第6条第9项中对"偶然所得"的界定与原条例完全一致。从定义中"得奖、中奖、中彩"的提示性列举,我们可以推知偶然所得应包括的范围,在实践中对此也积累了基本的共识。对"其他所得"原《个人所得税法实施条例》虽未予以明确解释,但从财政部和国家税务总局实践中界定的征税项目来看,如《关于个人无偿受赠房屋有关个人所得税问题的通知》(财税〔2009〕78号)可以得知,"其他所得"与"偶然所得"虽然无法判然划分,但各自包括的范围应当说也形成了大致的共识。因此,《个人所得税法》修改后废除"其他所得"税目容易模糊人们对税目体系的明确认知。从深层次看,这也反映出对所得税法体系化认识不足。

废除"其他所得"的后果很快就显现出来。2019年6月13日财政部、国家税务总局发布《关于个人取得有关收入适用个人所得税应税所得项目的公告》(财政部、税务总局公告2019年第74号)(以下简称《公告》),规定将原来财政部明确以"其他所得"征税的若干项目以"偶然所得"征收。这种处理方法表面上看是为了保证税收法定原则的落实,或者说是为了给原来按"其他所得"征税的项目提供法律依据,但在一定程度上也说明了废除"其他所得"税目是立法上的考虑不当。这就引起一个问题:法律上的"所得"究竟应该如何表达?下文将对此予以探讨。

(三)税务主管部门发展所得概念的新任务

原来的《个人所得税法》在规定"其他所得"时,前面加上了"经国务院财政部门确定征税的所得"这一限定,因此,财政部是确定所得项目归属的法定机关。而对"偶然所得",无论原法,还是修改后的新法,都没有任何限定。而前述《公告》已经明确,将"其他所得"并入"偶然所得",因此,问题就在于:将某种所得认定为"偶然所得"的权力归属于谁?原来的《实施条例》第8条第2款规定:"个人取得的所得,难以界定应纳税所得项目的,由主管税务机关确定。"新的《实施条例》第6条第2款规定:"个人取得的所得,难以界定应纳税所得项目的,由国务院税务主管部门确定。"这一变化有两点值得注意:一是原来税务主管机关的确定权提升至国家税务总局,这有助于税法秩序的统一;二是可以看作在财政部与国家税务总局之间对确定权予以调整,国家税务总局成为税收项目界定权的主管机关。当然,对这一款规定的内容尚需作进一步解读:从表面上看,这一款规定的是对已经被确定为所得的东西,在不同的税目之间予以归属,从而分别适用各自的税法效果。但是归属的前提是已经被确认为所得,所得的归属与所得的确认是不可分割的,授予国家税务总局界定所得项目的权力,就必然意味着授予其确认所得的权力。因此,继而又产生两个问题:一是原来由税务主管机关确定时,国家税务总局往往是用个案批复的方式;现在由国家税务总局确定,就需要以统一的规章的方式,实际上要承担"发展法律"的重任,因此必须致力于税法的体系化,要探究所得的表达问题。二是确定一项收入是不是所得,应当不应当发生税法效果,这正是税收法定的核心内容。既然国家税务总局享有这一权力,其必然要承担落实税收法定原则的义务,但是,如何保障税务总局的规章、规范性文件符合税收法定原则?这就需要通过司法来发展法律。而司法机关要判断行政行为是否符合法律,必然要研究所得如何表达的问题。

二、美国立法中所得概念的表达:以所得立法史为观测中心

众所周知,现代所得税发端于英国。皮特在 1799 年提出第一部现代所得税法时,认为"所有的所得,无论其来源,均应课税,且应同等课税"。[1] 其中的"无论其来源的所有所得"成为所得的表达原型,虽为英国提出,但在后世美国所得税法的文本中反复出现。

(一)宪法修正案及早期立法

美国内战时期曾经开征所得税,但于 1872 年即行废止。1895 年 1 月 1 日美国的第一部所得税法,据塞里格曼所言"几乎是逐字逐句抄自"内战时期的所得税法。该法对所得的规定是:"来自任何种类财产的收益、利润、所得,租金、利息、红利或薪水,或来自任何专业、行当、雇佣或职业。"[2] 这是典型的早期立法风格,大量同义词的反复堆积,缺乏对概念的提炼和整理。实际上这种

---

〔1〕 "All incomes, from whatever source derived, be taxed, and be taxed alike." See. Edwin R. A. Seligman, *The Income Tax: A Study of The History, Theory and Practice of Income Taxation at Home and Abroad*, The Macmillan Company, 1914, p. 73.

〔2〕 "Gains, profits and incomes derived from any kind of proerty, rents, interest, dividends, or salaries, or from any profession, trade, employment or vocation." See. Edwin R. A. Seligman, *The Income Tax: A Study of The History, Theory, and Practice of Income Taxation at Home and Abroad*, The Macmillan Company, 1914, p. 508.

立法水平远远不及英国1799年立法的水平。这部所得税法因被洛克纳案宣告违宪而废止。为了扫清对所得征税的宪法障碍,美国于1913年对宪法实施修改,为此通过的《宪法第16修正案》专为所得税的合宪性而提出,其规定为:国会有权对任何来源之所得赋课并征收所得税,无须在各州之间摊派,亦与人口普查或清点无关。[1] 这里对所得的表达除事关美国国情的摊派问题外,几乎与当年皮特的表述完全相同。

宪法修正案通过后,所得税的障碍清除了,因此有了1913年的所得税法。该法对所得的表达予以改进,表述更严密,征税范围有所扩大:"所得包括收益、利润以及源自薪水、工资或无论何种种类、何种方式的个人劳务之报酬;或来自专业、职业、营业、贸易、商业,或来自对动产或不动产所有或用益的出售或处置,来自动产或不动产的利息;也包括利息、租金、红利、证券或对合法营利事业的交易,或无论何种来源的收益、利润、所得,包括以赠与、动产继承、不动产继承而获得的财产收益,但不包括财产本身的价值。"[2] 这一规定从语义上分析,有以下几点值得注意:一是明确强调是对"净所得"征税;二是净所得是通过3个同义词"gain""profit""income"[3] 来界定的,而这三者几乎没有主次之分;三是通过介词"from"把收益和来源联系起来,似乎在强调所得的周期性、固定性的特征;四是区分资本和所得。从列举的所得项目来看,几乎包括

---

[1] "The Congress shall have power to lay and collect taxes on incomes, from whatever source derived, without apportionment among the several States, and without regard to any census or enumeration."

[2] "The net income of a taxable person shall include gains, profits, and incomes derived from salaries, wages, or compensation for personal services of whatever kind in whatever form paid; or from professions, vocations, businesses, trade, commerce, or sales or dealings in property, whether real or personal, growing out of the ownership or use of or interest in real or pernsonal property; and also from interest, rents, dividends, securities, or the transaction of any lawful business carried on for gain or profit, or gains or profits and income derived from any source whatever, including the income from, but not the value of, property acquried by gift, bequest, device, or descent."

[3] 查权威的《简明牛津英语词典》(第12版),这3个词作为名词的意思分别是:"gain: an increase in wealth or resource"(财富或资材的增加);"profit: a financial gain, especially the difference between an initial outlay and the subsequent amount earned"(财务上的增加额,特别是后来挣得的金额与初始投入的金额之间的差额);"income: money received, especially on a regular basis, for work or through investments"(收到的钱,特别是通过工作或投资等稳固基础而获得)。

了当时来自劳动和资本的所有所得，这与当时强调所得的来源、强调资本与所得的区分是相适应的。

(二)所得税法的法典化及所得概念的提炼

自 1913 年以来的最初一段时间，美国的所得税法都是年度立法，因此税法的体系化程度不高。自 1939 年起，美国开始对所得税法进行整合，开始法典化，逐渐形成现在所得税法的基本轮廓。该法第 22 条有一个标题“总所得”，其(a)项关于所得范围的规定与 1913 年法的内容相一致，此处不再列举。可以看出，该法虽然提炼出“总所得”概念，但是在具体规定中将“gains”“profits”与“income”并列，没有确定概念之间的上下位关系。

1954 年是美国所得税法典化的重要一年。重要法律制度集中在一起予以规定，法律条文有了固定的序号，如第 61 条是关于总所得的条款，第 162 条是关于营业费用扣除的条款等。法律共同体，尤其是税法共同体的成员对于哪一条规定什么内容有了明确的共同意识，法典条款序号已经成了税收专家之间相互交流的用语。[1] 税法专家认为，只要你一看税法典的目录，就会发现其中存在的逻辑性。[2]

1954 年美国税法典的第 61 条取代了 1939 年税法典的第 22 条，将“总所得”规定如下：

第 61 条　总所得之界定[3]

---

[1] 参见[美]萨莉·M. 琼斯等：《税收筹划原理——经营和投资规划的税收原则》(第 11 版)，梁云凤译，中国人民大学出版社 2008 年版，第 16 页。

[2] See Edward J. McCaffery, *Incom Tax Law*, *Exploring the Capital—Labour Divide*, Oxford University Press, 2012, p. 32.

[3] Sec. 61. gross income defined(a)“General definition Except as otherwise provided in this subtitle, gross income means all income from whatever source derived, including(but not limited to) the following items: (1) Compensation for services, including fees, commissions, fringe benefits, and similar items; (2) Gross income derived from business; (3) Gains derived from dealings in property; (4) Interest; (5) Rents; (6) Royalties; (7) Dividends; (8) Alimony and separate maintenance payments; (9) Annuities; (10) Income from life insurance and endowment contracts; (11) Pensions; (12) Income from discharge of indebtedness; (13) Distributive share of partnership gross income; (14) Income in respect of a decedent; and (15) Income from an interest in an estate or trust.”

(a)一般定义

除非本节另有规定,总所得系指无论何种来源的各种所得,包括(但不限于)下列各项:

(1)劳务报酬,包括收费、佣金、附加福利,及类似项目;

(2)来自经营的总所得;

(3)来自财产处置的收益;

(4)利息;

(5)租金;

(6)特许权使用费;

(7)红利;

(8)离婚和分居的抚养费付款;

(9)年金;

(10)人寿保险收益和养老合同收益;

(11)养老金;

(12)债务豁免收益;

(13)合伙总所得的分配份额;

(14)与死者有关的所得[1];和

(15)来自遗产或信托的所得。

美国税法典第 61 条是所得的制定法上的定义,是所得税法律制度的中心。[2] 与 1939 年税法典第 22 条相比,法律编纂技术有了显著改观。首先,它巩固了 1939 年税法典中"总所得"这一总的上位概念,取代了 1913 年税法直接从净所得开始列举的做法。其次,把原来与"income"并列的"gain"降为下位概念,似乎成了专指资产处置的资本利得概念;而原来同样与"income"并列的"profit"一词则径行删除,不见于该条。该条中凡是要用"所得"指称者,借用"income"一词,保证了法律用语的统一性。最后,用"总所得"代替"净所得"很有意义。总所得解决的所得识别问题,是对所得征税的前提;而净所得

[1] 有学者又译为"去世前赚的去世后支付的收入"。参见张巍:《中国需要现代化的个人所得税法》,浙江工商大学出版社 2015 年版,第 209 页。

[2] See Paul L. Caron, ed. *Tax Stories*, Second Edtion, Foundation Press, 2009, p. 79.

解决的是税基问题,它是对总所得的扣除。总所得概念的开放性保证了税法评价统一性的问题,对此不应当因其空洞而指责;相反,笔者认为,应当因其开放性而受到肯定。严格来说,所得不可界定,只能描述,所得与其说是概念,毋宁说是一种类型。[1] 在对总所得予以开放性的界定之后,该条示例性地列举重要的15种所得,同时提到其他地方的排除性规定。第61条"扫射"所有的经济交易、财产变动,把所有所得归摄于其下,予以税法评价,因而成为所得税法运行的总指南。麦卡弗里教授把它列为所得税法中"Top Ten List"法条之列。[2]

但是,如果我们仔细分析就会发现,这个法条中关于总所得的界定对于具体判断一项所得是否构成所得税法意义上的所得,其实没有多大帮助。因为,把这个定义中的所有修饰成分都去掉,剩下的只是"总所得……就是各种所得",这是一个循环定义,它并没有揭示出所得的内涵。因此,所得的法律表达还得在其他法源中去探寻。

三、美国判例法中所得概念的展开:从"麦考伯案"到"格伦肖案"

在美国所得税法的裁判史上,有两个判例对所得的界定影响深远,分别代表了两个不同时期对所得的认识成果,给1954年税法典的第61条填充了实质性内容。

(一)"麦考伯案"确立的所得来源说及其发展

1913年所得税开征之后不久就迎来一个重要的税法判例,即1920年的"Eisner v. Macomber案"(以下简称"麦考伯案")。该案被税法学者称为"联邦所得税法史上最重要的案件之一"。[3] 该案的案情很简单:麦考伯夫人是标准石油公司的股东,1916年标准石油公司以"两股送一股"的方式分红。问题于是出现了:股票红利能否当作所得征税?麦考伯申报纳税之后,向税务总

---

〔1〕 参见[德]卡尔·拉伦茨:《法学方法论》,陈爱娥译,商务印书馆2003年版,第95~108页。

〔2〕 See Edward J. McCaffery, *Incom Tax Law, Exploring the Capital—Labour Divide*, Oxford University Press,2012,p.32.

〔3〕 Boris I. Bittker, James S. Eustice, *Federal Income Taxation of Corporation and Shareholders* 8-85,6th ed.,1998.

局提起复议遭驳回,案子随后一路打到美国联邦最高法院。美国联邦最高法院的判决,一方面,是确立了所得实现原则,这与本文无关,留而不论;另一方面,是提出了所得的定义,即"所得可被定义为:要么是来自资本的收益,要么是来自劳动的收益,或者是二者结合所得之收益"。[1] 这是所得税法通过之后最早的具有深远意义的解释。法官的解释严格遵循宪法修正案中的"无论取自何种来源"(from whatever source derived)和1913年所得税法中的"取自任何来源的所得"(income derived from any source whatever),强调来源在判定所得中的指导价值。尤其是,法官具体化了"来源"一语,将其界定为劳动和资本,或二者的结合。参照同一时期的其他判例[2]以及律师的法庭辩护方略,[3]我们可以看到,这种见解与19世纪后期、20世纪早期学界和常识对所得的认识是一致的,即凡为所得,必有来源,而且必须是反复的、持续性的能够产生所得的来源,因此凡一时的、不可重复、偶发的所得都不得视之为可以征税的所得。

"麦考伯案"的判决与1913年所得税法的理念是一致的,即强调所得的来源。但是,该案判决把来源仅限于劳动和资本,无疑过于狭隘。早在1927年税务复议委员会(美国税务法院的前身)就在一份判决中指出:"不难理解,所得税旨在贯彻按经济能力纳税的观念,而这一能力体现为一个人在一年之内经济财富的增加,因此可能会有某种情况:虽超出了这一描述的精确范围(指的是'麦考伯案'的界定),但从司法上应当裁定为应税所得。"[4]果然,1931年美国联邦最高法院在"U. S. v. Kirby Lumber案"(以下简称"柯比木材公司案")中,判决债务豁免收入构成债务人的所得。显然,债务豁免收入既非劳动所得,也非资本所得,但是它标志着经济能力的增加。因此,美国联邦很显

[1] "Income may be defined as the gain derived from capital or from labour or from both derived."

[2] 例如,税务法院在审理"格伦肖案"时,就认为惩罚性赔偿不符合"麦考伯案"中对应税所得的界定标准,因此不能征税。See Paul L. Caron, ed. *Tax Stories*, Second Edtion, Foundation Press, 2009, p. 18.

[3] 如"格伦肖案"中纳税人一方的律师就提出,惩罚性赔偿不是应税所得,因为它不是来自任何人的资本,而是来自主权。可见在1955年之时,来源说仍有一定的影响。Paul L. Caron, ed. *Tax Stories*, Second Edtion, Foundation Press, 2009, p. 26.

[4] J. Martin, Michael K. Friel, *Understanding Federal Income Taxation*, Fifth Edition, Carolina Academic Press, 2016, p. 19.

然最高法院尽管参照了"麦考伯案"的所得定义,但认为"讨论法院给出的这个定义,可以说是毫无所获"。[1] 自"麦考伯案"以来,新的所得类型,如离婚抚养费的问题,出租人提前收回出租屋后,获得承租人的改良收益是否为所得的问题大量出现,"麦考伯案"的所得定义捉襟见肘。到了 1940 年,联邦第七巡回法院在"Commisioner v. Obear-Nester GlassCo. 案"中,更是直截了当地废弃了"麦考伯案"的所得定义,认为所得税的基本原理是"对个人应当按照其支付能力的课税"。[2] 至此,"麦考伯案"的定义已经是千疮百孔,摇摇欲坠,需要一次清算将其正式终结。

(二)"格伦肖案"确立的财富增加说及其重大意义

1955 年的"格伦肖案"对"麦考伯案"中所得定义的狭隘规定进行了调整。相对 1920 年关于股票分红是否为所得的"麦考伯案","格伦肖案"面临新时代的所得问题。该案的核心问题是:原告从反垄断诉讼中获得的惩罚性损害赔偿是否为所得,并因此而可以征税？很显然,惩罚性损害赔偿是一个新现象,是 20 世纪反垄断法实施的副产品,这种所得显然不是劳动所得,当然也不是资本所得,说是二者结合之所得当然也说不通。但既然美国宪法修正案和所得税法都规定了"无论何种来源的所得",那么就可推知,来源是开放的,不能仅限于"麦考伯案"所界定的劳动和资本。由此,"麦考伯案"中所得所依据的来源说的根基动摇了,法官的法律见解需要更新。在"格伦肖案"中,美国联邦最高法院最终对"总所得"作出如下界定:这种情形是财富无可置疑的增加,且已确定的实现,并且纳税人对此已获得完全的支配。[3] 从以下几方面来看,这一定义是对"麦考伯案"定义的重要突破:一是真正实现美国国会立法中所用的"all income"一词的立法意图,即对所有所得的征税;二是摆脱了"麦考伯案"对"来源"一语的依赖,从源泉说迈进到"财富增加说";三是确立了税法的自治性,即税法虽然从其他学科借鉴其成果,但税法应有自己的法理学。因此,有学者评论说,这是一个具有分水岭意义的判决,它标志着对"所

---

〔1〕 J. Martin, Michael K. Friel, *Understanding Federal Income Taxation*, Fifth Edition, Carolina Academic Press, 2016, p. 19.

〔2〕 Paul L. Caron, ed. *Tax Stories*, Second Edtion, Foundation Press, 2009, p. 26.

〔3〕 "Here we have instances of undeniable accessions to wealth, clearly realized, and over which the taxpayers have complete dominion." See Paul L. Caron, ed. *Tax Stories*, Second Edtion, Foundation Press, 2009, p. 18.

得”性质思考方式的现代化。[1] 这里所说的现代性不仅体现在对所得界定的扩大,从更宏观意义上来说,它也重塑了立法机构、法院和税务实务部门在发展税法方面的职能分工。司法机关从19世纪末期和20世纪早期的能动主义逐渐蜕变到司法克制主义,一改动辄将税收立法付诸违宪审查并宣告违宪的做法,开始承认立法机关在税收立法方面的优先地位。同时,对税务机关的规章制定权予以尊重。因此,这一判决被认为是“把税收法理学牢固地奠定在现代根基上的经典之作”。[2]

这里把“格伦肖案”的要旨提炼为“财富增加说”,只是大略的概括,我们不应当认为法院采纳了海格·西蒙斯对所得的界定。的确,在美国税法学界有人认为法院采纳了海格·西蒙斯的新定义,而且西蒙斯在1938年出版的《个人所得税》一书中,在尚茨和海格的研究基础上提出了著名的“Income = Consumption + Savings”的所得公式。但据道奇教授考证,1955年美国联邦最高法院对格伦肖案作出判决的时候,无论是法庭记录,还是律师的辩护意见,都没有证据显示他们参考了西蒙斯的定义。[3] 另外,如果把法院判决中的推理与西蒙斯的定义相对照,即可发现,法院并没有提及西蒙斯概念中的“消费”,而法院所着力强调的“实现”要件并未在西蒙斯的定义中有任何体现。因此我们可以说,经济学对所得的研究成果虽然富有教益,但税法自有其相对自治的法理学基础。

把以上对“所得”的立法表达和司法表达加以对照便可看出,立法只是提供一个包罗无遗的概念符号,至于概念的内容则付之阙如,正如前引萨丕尔语言论中所说的包裹思维的“胶囊”。这个“胶囊”尽管是空的,但仍有其不可或缺的价值,它决定了我们能把什么东西放到里面,能放多少。而司法的定义则是对普遍物的定在化,在理念上的所得概念指引下,识别经济活动中形形色色的所得到底是否构成所得税法上的所得。司法决定必须给出理由,为了给出理由,司法者必须进行系统的、前后一贯的思考。它立足于个案,但又必须超越于个案,从个案中发掘出保证个案决定一致性的稳定原则。因此,如果说“所得”的立法表达是静态的,则其司法表达就是动态的,它是围绕所得而争

---

[1] See Paul L. Caron, ed. *Tax Stories*, Second Edtion, Foundation Press, 2009, p. 17.

[2] Paul L. Caron, ed. *Tax Stories*, Second Edtion, Foundation Press, 2009, p. 53.

[3] See Paul L. Caron, ed. *Tax Stories*, Second Edtion, Foundation Press, 2009, p. 36.

执的人们之间无休无止的对话，在对话中所得的理念得以实现。

四、未来所得概念具体化的路径窥探

在对美国所得税法中所得的立法表达和司法表达粗略考察之后，我们回到本文开头提到的问题，即我国个人所得税法中的所得的表达问题。从1980年初次立法至今，我国《个人所得税法》将届不惑，是该考虑个人所得税法体系化的问题了。笔者认为，我国个人所得税法缺乏明确的所得理念和适当的所得表达方式。因此，未来仍有必要从以下方面推进所得概念的实定化。

（一）以税法目的的法定化推动“所得”概念的实定化

就个人所得税法而言，法律的目的是创建对所得进行赋课和征收的客观的税法秩序。法秩序包括外在的概念体系和内在的价值体系，价值体系体现了法的理念和政策选择。就个人所得税法而言，其价值理念就是普遍平等地对所得征税。因为现代国家是由具有平等身份的公民组成的政治共同体，共同体的每个成员都有义务为公共物品做出自己的贡献，因此普遍平等纳税是其必然要求。这一理念和价值在立法实践中通常表达在立法目的条款上。在我国立法实践中，几乎所有法律的第1条都是立法目的条款，但是在税收实体法中很少有立法目的条款，可能《环境保护税法》等是目前少有的确定了立法目的条款的税收实体法。而《个人所得税法》第1条即规定纳税人，而不是立法目的。另外，这部税法中也缺乏基本原则条款。我们的法理学强调法律原则是立法、执法和司法的准则和灵魂，可是在税法中竟付之阙如。此次个人所得税法修改，对“其他所得”税目的处理方式，其根本原因即在于立法目的之缺失，致使立法者在判断对什么应当征税的问题上缺乏应有的指南。基于前面提到的普遍平等征税的理念，在所得的立法表达中应当有一个总括性的术语（catch-all phrase），如“总所得”或“全部所得”等，以适应收入多元化的经济发展形势。

在个人所得税法体系化的任务短期内难以实现的情况下，“偶然所得”税目的扩张具有积极意义，它承担保持税法价值统一性的功能。虽然“偶然所得”在原来的语义体系下主要指的是“中奖”“中彩”等射幸类所得，但由于其本身具有很大的容量弹性，将其扩张至包括原来“其他所得”项下的征税项目并无不可。法律概念具有相对性，在不同的语境下有不同的所指，其含义固然来自语言共同体的共认,但立法者赋予其新的含义亦不鲜见。因此,“偶然所得”并非任意所得,而是与其他所得一样受到价值控制的所得。在税法目的得以进一步确定的前提下,“偶然所得”的范围也能相应得以明晰。

(二)寻求适合我国国情的所得理论支撑

在谈到普遍平等的所得税法理念时,要注意它与综合所得税并非同一层次的概念。综合所得税固然强调所得来源的开放性,但更根本的特征在于把各种所得加总起来按单一税率表征税。而普遍平等原则注重的是所得定义变化之后所体现的正义理念。按照所得的来源说,只有反复地、稳定地源于某一固定源泉的所得才能征税,不是这种来源的则不征税,因而违反普遍原则,是不正义的。按所得的财富增加说,无论来源为何,只要财富增加就可征税,这是对来源说不正义的扬弃,更加符合现代经济运行情况,因而体现了税法的正义理念。如果说,普遍平等课税要解决的是正义问题,那么综合所得税制要解决的则以量能课税为基准的正义的程度问题。笔者认为,就我国的所得理论来看,无论是所得源泉说抑或是财富增加说都存在一定不足,在市场经济理念不断发展的背景下,宜采“市场所得说”理论,将纳税人通过市场机能所实现之经济成果,即“有对价的所得”纳入所得范畴,更好地规范纳税人参与市场取得收益的行为。

(三)以司法实践发展“所得”概念

所得税法的执行则需要明确的定义。从前述美国所得税法的发展史可以看出,无论立法上对所得如何表达,它给出的仅是一个概念,而不是定义。因此必须有以一个揭示概念内涵的定义机制。立法部门和执法部门固然可以定义,但由于立法和执法更多的是一种意志活动,它只是把结果呈现出来,至于背后的思考、判断、论证和选择则在人们的视野之外。而相比之下,司法不仅要给出决定的过程,更要给出决定的理由。司法是一种论证式的衡量,体现的是对话—论证思维形式。[1] “借助判例,将比借助概念法学所使用的那些概念更能充分地把握法形成的过程。”[2] 我国修改后的个人所得税法对综合所得规定了汇算清缴制度,2020 年 6 月是我国个人所得税法史上的首次个人所

---

〔1〕 参见[德]莱因荷德·齐佩利乌斯:《法哲学》,金振豹译,北京大学出版社 2013 年版,第 300 页。

〔2〕 [德]莱因荷德·齐佩利乌斯:《法哲学》,金振豹译,北京大学出版社 2013 年版,第 299 页。

得税汇算清缴的时限,其中必有纳税争议需要司法解决,因此通过司法探索所得的法律表达,是发展我国个人所得税法的重要途径。

五、结　　语

认识所得、界定所得是经济学和法学的共同任务。但是,经济学的认识无论多么深刻和高妙,只有通过法律才能发挥实际的规范力,才能变成现实的法秩序。经济学的认识可以只停留在思维阶段,而法学的认识必须为作出决定而服务。因此,法学在认识和界定所得时虽可取法于经济学,但必须考虑其贯彻可能性而有所取舍,在这方面,实际上经济学的界定并不能提供多少"安慰"。[1] 另外,由于所得概念的流变性以及考虑到其贯彻的可能性,在法律文本中给出一个外延确定的所得概念几乎是不可能的。因此,法律中所得的定义往往是框架性的、临时的,随时要接受实践的修正,它是立法、司法和实务部门之间永不止歇、循环往复的互动过程。就此而言,未来我国所得概念的具体化过程仍然需要通过立法技术的不断成熟以及税收执法和司法实践的不断完善以为所得概念提供更加科学的注解。

---

〔1〕 J. Martin, Michael K. Friel, *Understanding Federal Income Taxation*, Fifth Edition, Carolina Academic Press, 2016, p. 17.

税收法定原则下个人所得税法“偶然所得”何去何从?

蔡　明*

摘　要:“经国务院财政部门确定征税的其他所得”之条款于2018年《个人所得税法》废除后,原税收规范性文件中规定“其他所得”内容因上位法的修订而不再适用,长期饱受人们诟病的“其他所得”退出历史舞台。但《关于个人取得有关收入适用个人所得税应税所得项目的公告》的颁布似乎又让“其他所得”内容变相出现在现行的9项所得类别中,尤其是“偶然所得”类别更受青睐。偶然所得是什么?偶然所得是否是新的兜底条款?诸如此类,都涉及“偶然所得”条款的税法适用边界问题。本文尝试以法律解释方法为视角,对“偶然所得”之税法应有之义及税收法定原则的适用进行解读和分析。

关键词:税收法定原则;法律解释方法;偶然所得;税法含义

一、问题的提出

2018年修订的《个人所得税法》及《个人所得税法实施条例》对个人所得课税模式及范围进行了调整和优化,废除了“经国务院财政部门确定征税的其他所得”[1]之条款。此条款的废除,既是对个人所得课征税款科学立法的完善,又是逐步落实税收法定原则的重要举措。为顺应个人所得税法的修改,财政部、国家税务总局于2019年6月颁布了《关于个人取得有关收入适用个人所得税应税所得项目的公告》(2019年第74号)[2](以下简称74号文)。从

---

* 江西凌科安时律师事务所创始合伙人、税务律师。

〔1〕《个人所得税法》(2011年修正)第2条第11款规定:“经国务院财政部门确定征税的其他所得。”

〔2〕《关于个人取得有关收入适用个人所得税应税所得项目的公告》(2019年第74号)明确规定了:个人为单位或他人提供担保获得收入;房屋产权所有人将房屋产权无偿赠与他人的,受赠人因无偿受赠房屋取得的受赠收入;企业在年会、座谈会、庆典以及其他活动中向本单位以外的个人赠送礼品,个人取得的礼品收入,按照“偶然所得”项目计算缴纳个人所得税。

形式上来看，此文系税务主管部门行使《个人所得税法实施条例》赋予其税法解释权的表现方式。但笔者发现，74 号文的具体内容仅以“新瓶装旧酒”的方式将部分原列入“其他所得”的内容简单平移，分别调整为“偶然所得”和“工资、薪金所得”类别，同时废除了原部分列入“其他所得”内容。

笔者认为，国务院税务主管机关行使对所得项目的税法解释权本身无可厚非，但在未准确理解所得类别的税法含义及征税逻辑前提下，将相关内容简单平移至相关所得类别，实乃对税捐原理及税法解释权的曲解，以至于 74 号文之相关规定实质上违背了税收法定原则。因 74 号文调整的所得类别主要涉及“偶然所得”类别，且此类别更易受到税务主管机关的“重视”。因此，本文试从法律解释方法视角，在理解和分析“偶然所得”的应有之义以及税收法定原则正确适用基础上，对 74 号文中界定为“偶然所得”类别的具体内容进行剖析和论证。

二、历次修法所得项目及“偶然所得”文本梳理

《个人所得税法》自 1980 年制定并经 7 次修改，所得项目发生了一定变化，为便于本文对《个人所得税法》中“偶然所得”税法含义及征税逻辑进行分析，笔者对历次修法中涉及的所得项目及“偶然所得”进行梳理。如表 1、表 2 所示：

表 1　历次《个人所得税法》[1]所得范围及“偶然所得”定义

法律版本	所得范围	“偶然所得”定义
《个人所得税法》（1980 年制定）	①工资、薪金所得； ②劳务报酬所得； ③特许权使用费所得； ④利息、股息、红利所得； ⑤财产租赁所得； ⑥经财政部确定征税的其他所得	无

[1] 此处《个人所得税法》是指：《个人所得税法》（1980 年）、《个人所得税法》（1993 年修正）、《个人所得税法》（1999 年修正）、《个人所得税法》（2005 年修正）、《个人所得税法》（2007 年修正）、《个人所得税法》（2011 年修正）及《个人所得税法》（2018 年修正）。

续表

<table>
<tr><th>法律版本</th><th>所得范围</th><th>“偶然所得”定义</th></tr>
<tr><td>《个人所得税法》(1993 年修正)</td><td rowspan="6">①工资、薪金所得;
②个体户的生产、经营所得;
③对企事业单位承包经营、承租经营所得;
④劳务报酬所得;
⑤稿酬所得;
⑥特许权使用费所得;
⑦利息、股息、红利所得;
⑧财产租赁所得;
⑨财产转让所得;
⑩偶然所得;
⑪经财政部门确定征税的其他所得</td><td rowspan="7">是指个人得奖、中奖、中彩以及其他偶然性质的所得</td></tr>
<tr><td>《个人所得税法》(1999 年修正)</td></tr>
<tr><td>《个人所得税法》(2005 年修正)</td></tr>
<tr><td>《个人所得税法》(2007 年 6 月修正)</td></tr>
<tr><td>《个人所得税法》(2007 年 12 月修正)</td></tr>
<tr><td>《个人所得税法》(2011 年修正)</td></tr>
<tr><td>《个人所得税法》(2018 年修正)</td><td>①工资、薪金所得;
②劳务报酬所得;
③稿酬所得;
④特许权使用费所得;
⑤经营所得;
⑥利息、股息、红利所得;
⑦财产租赁所得;
⑧财产转让所得;
⑨偶然所得</td></tr>
</table>

表 2 税收规范性文件确定“偶然所得”范围的演变进程

文件名称	“偶然所得”范围	发文时间
《关于运动队队歌征集大奖赛获奖作者的奖金征收个人所得税的复函》(国税函发〔1994〕448 号)	个人因参加由国家体委训练局、中国艺术研究院音乐研究所等单位联合主办的“营多杯”中国体育运动队队歌征集大奖赛而获得的奖金收入,属个人所得税“偶然所得”应税项目	1994 年 8 月 1 日

续表

文件名称	“偶然所得”范围	发文时间
《关于有奖储蓄中奖收入征收个人所得税问题的批复》(国税函〔1995〕098号)	个人参加有奖储蓄取得的各种形式的中奖所得,属于机遇性的所得,应按照个人所得税法中“偶然所得”应税项目的法规征收个人所得税	1995年3月13日
《关于个人在境外取得博彩所得征收个人所得税问题的批复》(国税函发〔1995〕663号)	中彩所得属于“偶然所得”应税项目,因此,江门市周某在澳门葡京娱乐场摇老虎机博彩所得应依照税法规定全额按20%缴纳个人所得税	1996年1月18日
《关于体育彩票发行收入税收问题的通知》(财税字〔1996〕77号)	个人购买体育彩票的中奖收入属于偶然所得,应全额依20%的税率征收个人所得税	1996年11月7日
《关于个人取得的奖金收入征收个人所得税问题的批复》(国税函〔1998〕293号)	个人因在各行各业做出突出贡献而从省级以下人民政府及其所属部门取得的一次性奖励收入,无论其奖金源于何处,均不属于税法所规定的免税范畴,应按“偶然所得”项目征收个人所得税	1998年5月13日
《关于用使用权作奖项征收个人所得税问题的批复》(国税函〔1999〕549号)	消费者取得你省外商投资企业福州元洪城举办购物有奖活动的住房、汽车的免费使用权,无论是自用或出租,已经取得了实物形式的所得,应按照“偶然所得”应税项目缴纳个人所得税	1999年8月11日
《关于个人取得有奖发票奖金征免个人所得税问题的通知》(财税〔2007〕34号)	个人取得单张有奖发票奖金所得不超过800元(含800元)的,暂免征收个人所得税;个人取得单张有奖发票奖金所得超过800元的,应金额按照个人所得税法规定的“偶然所得”目征收个人所得税	2007年2月27日

续表

文件名称	“偶然所得”范围	发文时间
《关于企业向个人支付不竞争款项征收个人所得税问题的批复》(财税〔2007〕第102号)	鉴于资产购买方企业向个人支付的不竞争款项,属于个人因偶然因素取得的一次性所得,为此,资产出售方企业自然人股东取得的所得,应按照《个人所得税法》第2条第10项“偶然所得”项目计算缴纳个人所得税	2007年9月12日
《关于企业促销展业赠送礼品有关个人所得税问题的通知》(财税〔2011〕50号)	企业对累积消费达到一定额度的顾客,给予额外抽奖机会,个人的获奖所得,按照“偶然所得”项目,全额适用20%的税率缴纳个人所得税	2011年6月9日
《关于加强网络红包个人所得税征收管理的通知》(税总函〔2015〕409号)	对个人取得企业派发的现金网络红包,应按照偶然所得项目计算缴纳个人所得税	2015年7月28日

通过表1和表2的梳理,发现所得范围及“偶人所得”的演变进程存在如下特点:

其一,个人取得收入的类别基本稳定。自1993年对所得项目类别增加5项所得类别以来,所得项目类别并未发生实质改变。本次修法也仅是在构建更加科学合理的“综合和分类相结合”[1]个人所得税制,以及落实税收法定原则下对所得类别的归纳整理,对所得类别本身并未发生实质改变。个人所得类别的稳定既说明了立法者的前瞻性,又反映了立法者对个人所得类别思考的系统性和全面性。本次修法将“其他所得”之条款废除既是立法者对科学立法的回应,也是落实税收法定原则的应有之义。

其二,“偶然所得”之定义未发生变化。“偶然所得”类别自1993年新增以来,历次《个人所得税法实施条例》对“偶然所得”的定义均未发生任何改变。仅从这点来看,立法者对“偶然所得”设定的税法含义未发生改变。

---

〔1〕《中共中央关于制定国民经济和社会发展第十三个五年规划的建议》(2015年10月29日中国共产党第十八届中央委员会第五次全体会议通过)明确:“加快建立综合和分类相结合的个人所得税制。”

其三，上述税收规范性文件关于“偶然所得”的界定基本符合“中奖、中彩、抽奖、奖金及奖励”的特性。上述10个税收规范性文件，7个文件与“中奖、中彩”有关，即国税函〔1995〕098号、国税函发〔1995〕663号、财税字〔1996〕77号、国税函〔1999〕549号、财税〔2007〕34号、财税〔2011〕50号及税总函〔2015〕409号；2个文件与“得奖”有关，即国税函发〔1994〕448号及国税函〔1998〕293号。但上述财税〔2007〕第102号中将“不竞争款项”按照“偶然所得”征收个人所得税，是值得商榷的。从上述文件整体内容看，税务主管机关以往对“偶然所得”界定时，在税法含义的理解基本上具有高度一致性。

表3 《个人所得税法》(2018年版)修订前后“偶然所得”具体项目对比

具体项目	修订前	修订后
个人为单位或他人提供担保获得收入	财税〔2005〕94号规定：按照个人所得税法规定的“其他所得”项目缴纳个人所得税	财政部、国家税务总局〔2019〕74号规定：按照“偶然所得”项目计算缴纳个人所得税
房屋产权所有人将房屋产权无偿赠与他人的，受赠人因无偿受赠房屋取得的受赠收入(非亲属、抚养、继承之间发生的)	财税〔2009〕78号规定：按照“经国务院财政部门确定征税的其他所得”项目缴纳个人所得税，税率为20%	财政部、国家税务总局〔2019〕74号规定：按照“偶然所得”项目计算缴纳个人所得税
企业在业务宣传、广告等活动中，随机向本单位以外的个人赠送礼品(包括网络红包，下同)，以及企业在年会、座谈会、庆典以及其他活动中向本单位以外的个人赠送礼品，个人取得的礼品收入	财税〔2011〕50号规定：按照“其他所得”项目，全额适用20%的税率缴纳个人所得税	财政部、国家税务总局〔2019〕74号规定：按照“偶然所得”项目计算缴纳个人所得税

通过表3的梳理和对比，笔者发现74号文存在以下矛盾或冲突之处：

其一，所得类别重新界定的征税逻辑存在矛盾。“偶然所得”自1993年修法增设以来，《个人所得税法实施条例》对其定义并未发生过变化。本次《个人所得税法》修订之前，此3项所得被界定为“其他所得”类别，而未界定为“偶然所得”类别。从《个人所得税法》对所得类别规定的征税逻辑看，“经国务院财政部门确定其他所得”系对个人所得征税的兜底条款，其征税逻辑是相关个人所得无法归类为前述10项所得类别但国务院财政部门认为应需征税，国务院财政部门有权确定其所得为“其他所得”类别进行征税。74 号文将“其他所得”内容又重新界定为“偶然所得”类别,是本次修法前的归类错误,还是本次修法后的不得已而为之?

其二,税收法定原则适用冲突。《个人所得税法》中“经国务院财政部门确定其他所得”之条款的废除,既是落实税收法定原则的具体体现,又有规避税务主管部门实质行使征税立法权的考量。因法律滞后性及个人收入表现形式多样化,《个人所得税法实施条例》赋予了税务主管机关对难以直观界定类别的个人收入进行界定的税法解释权,既是科学立法的需求,也是给予税务主管机关发挥其专业价值的空间。因此,从目的来看,74 号文应是财税主管机关运用税法解释权落实税务法定原则及税务征管效率原则的重要举措。但从文件内容看,财税主管机关对税法解释权的理解和运用太过狭隘和浅薄。如《关于个人取得有关收入适用个人所得税应税所得项目政策问题的解答》[1](以下简称 74 号文解答)对偶然所得界定的表述为:“原按‘其他所得’项目征税的部分收入具有一定的偶然性质。”笔者认为,财税主管机关在未对其部分收入类型深入分析前提下,断然给出偶然性质的表述,并以此得出符合“偶然所得”的结论,随意性较大。这反映了财税主管机关在税法解释过程中对税收法定原则之税法内涵的理解偏差,也在一定程度上折射出财税主管机关在具体事项中运用税收法定原则对其外延和内涵之间把握上的冲突。

其三,税收公平原则适用冲突。74 号文中涉及的 3 项“偶然所得”的简单平移以及 74 号文解答中对“偶然所得”内容类别变化前后税负保持不变的表述,一方面,涵摄出税收公平原则在财税主管机关对“偶然所得”税法解释过程中的具体运用,既考虑 3 项所得与其他所得类别间纳税人税负横向公平因素,又考虑了因所得类别调整前后纳税人税负纵向公平因素;另一方面,74 号文中又将其他部分原列入“其他所得”类别的内容进行了废除,这又反映出税务主管机关对原列入“其他所得”项目的选择性,折射出财税主管机关在税法解释过程中运用税收公平原则内部矛盾性,也反映出税收公平原则和税收法

---

〔1〕《关于个人取得有关收入适用个人所得税应税所得项目政策问题的解答》对相关项目调整说明,即“将部分原按‘其他所得’征税的项目调整为按照‘偶然所得’项目征税。原按‘其他所得’项目征税的部分收入具有一定的偶然性质,《公告》将其调整为按照‘偶然所得’项目征税,偶然所得适用税率为 20%,与原‘其他所得’税率相同,纳税人的税负保持不变”。

定原则在具体事项运用中的外部冲突。

上述问题背后的深层次原因在于，财税主管机关对“偶然所得”的税法含义、税法基本原则的理解和具体运用过程中冲突发生时的价值选择问题。下文将对此进行分析和论证，以期回应和解决74号文中存在的问题。

三、法律解释视角下“偶然所得”的应有之义

对“偶然所得”税法含义的理解至关重要，而税法含义理解之核心又在于其条文的税法解释。历次《个人所得税法实施条例》修订中对“偶然所得”都定义为“个人得奖、中奖、中彩以及其他偶然性质的所得”。[1] 从法律条文的语言结构来看，立法者采取的是“列举+兜底”方式对“偶然所得”定义。其中，列举项目分别是“个人得奖所得、个人中奖所得及个人中彩所得”，兜底项目是“其他偶然性质的所得”。另外，《个人所得税法实施条例》第6条第2款规定：“个人取得的所得，难以界定应纳税所得项目的，由国务院税务主管部门确定。”这一规定的内涵是税务主管机关享有对所得类别的法律解释权。

（一）税务主管机关法律解释权的合法性及必要性

从学理角度看，对税法条文的解释因主体不同区分为税法立法解释、税法司法解释和税法行政解释。[2] 但在税法行政解释权必要性角度上，学界存在不同看法。以叶金育为代表的“保留说”认为，税务主管机关作为国务院的直属机构，其解释权的合法性植根于行政解释的合法性，而且税法解释权必须配置于能够实现效率的税务主管机关行使。[3] 以滕祥志为代表的“折中说”认为，税法解释权不得放弃亦不能独享，应遵循共享原理，理应由立法、执法及司法机关共享；同时，他认为税收司法不彰，税法行政解释的外部约束缺位，税收法治承诺无法兑现。[4] 以伍劲松为代表的“废弃说”认为，税法行政解释削弱

---

〔1〕《个人所得税法实施条例》第6条第1款第9项规定：“偶然所得，是指个人得奖、中奖、中彩以及其他偶然性质的所得。”

〔2〕参见郝志斌、高颖：《税法行政解释的法理省思考、实践检视与完善进路》，载《地方财政研究》2018年第10期。

〔3〕参见叶金育：《税法解释中纳税人主义的证立——一个债法的分析框架》，载《江西财经大学学报》2017年第4期。

〔4〕参见滕祥志：《税收事先裁定的理论基础和制度考量》，载《国际税收》2018年第1期。

了法律权威,“上令下行”式的通知、通告、批复等形式对税法规范进行解释以指导或影响具体税务执法部门对课税要素的认定,进而影响纳税人的相关权益;同时,行政解释强化了强行政、弱司法的理念,导致立法解释虚置、司法解释权力受限。[1]

因税法本身的强原则性、高度专业性等特征,在税收征管过程中,税务机关以发布税收规范性文件的方式对涉及税法问题进行行政解释确有必要。税法行政解释的运用有利于增强税法的可操作性,对税收的高效征管发挥积极作用。从这个意义上讲,“保留说”似乎更可取。

与权力正当行使相伴而生的是权力滥用的可能。税务主管机关对税法条文进行行政解释虽有其正面效果,但也极易出现过度解释、扭曲解释,甚至与税收法定原则相冲突。然而,因税收司法实践过度依赖税收行政解释,导致税收行政解释有可能超越税法本身,成为税收司法裁判的首要依据。例如,在“麦博尔工贸案”中,当事人举证的规范包括《税务稽查工作规程》(国税发〔2009〕157号)等税收规范性文件,而涉及的税法仅为《税收征收管理法》。[2]因此,无论是对税收立法原则和精神的正确理解,还是对税收司法实践的指导,税法行政解释权的合法、合理运用就显得非常重要。同时,根据《行政诉讼法》第34条[3]、第53条[4]、第64条[5]及第67条[6]之规定,在征纳双方发生争议后诉诸法院时,作为被告的税务行政机关对其作出的行政行为负有举

〔1〕 参见伍劲松:《我国税法行政解释制度之反思》,载《税务研究》2010年第3期。

〔2〕 参见郝志斌、高颖:《税法行政解释的法理省思考、实践检视与完善进路》,载《地方财政研究》2018年第10期。

〔3〕 《行政诉讼法》第34条第1款规定:“被告对作出的行政行为负有举证责任,应当提供作出该行政行为的证据和所依据的规范性文件。”

〔4〕 《行政诉讼法》第53条第1款规定:“公民、法人或者其他组织认为行政行为所依据的国务院部门和地方人民政府及其部门制定的规范性文件不合法,在对行政行为提起诉讼时,可以一并请求对该规范性文件进行审查。”

〔5〕 《行政诉讼法》第64条规定:“人民法院在审理行政案件中,经审查认为本法第五十三条规定的规范性文件不合法的,不作为认定行政行为合法的依据,并向制定机关提出处理建议。”

〔6〕 《行政诉讼法》第67条第1款规定:“人民法院应当在立案之日起五日内,将起诉状副本发送被告。被告应当在收到起诉状副本之日起十五日内向人民法院提交作出行政行为的证据和所依据的规范性文件,并提出答辩状。人民法院应当在收到答辩状之日起五日内,将答辩状副本发送原告。”

证责任，应当提供作出行政行为所依据的税收规范性文件，原告可以一并请求法院对该税收规范性文件进行合法性审查。因此，税务主管机关通过税收规范性文件对税法条文所作的行政解释，除对税收司法审判活动产生重大影响外，也可能会受到司法机关对其引用的税收规范性文件进行合法性审查。

（二）“偶然所得”的应有之义

税收规范性文件作为税务主管机关对税法条文的法律解释表现形式，其功能在于尽可能地呈现税法条文应有之义。故对解释方法的选择和运用异常重要。因循传统的法律解释方法，[1] 笔者尝试通过文义解释、体系解释及历史解释等不同方法对“偶然所得”的税法含义进行解释，并论证“偶然所得”在个人所得税法中的应有之义。因法律解释方法运用优序问题对法律条文的准确理解亦影响重大，故有必要先简要介绍一下各解释方法的特征以及优先适用问题。

文义解释，强调法典词条的原本含义，它的显著特征在于强调严格按字面进行解释，属于法律解释中的语法解释。日本税法学家金子宏先生认为：“税法是对国民财产权力的侵害，因此为了不脱离法的安定性要求，对税法的解释必须严格地进行。”[2] 对法律的解释应首先运用文义解释的方法。有些法律条文仅从字面上是无法准确理解其含义的，此时就要求解释者把法律条文“还原”到其所处的语境中理解。[3] 而所谓体系解释，强调的就是从整个法律体系或前后的法律条文或同一法律条文前后部分的关系中认识法律的含义，它应作为文义解释的一种补充解释方法。历史解释，是指从立法者制定法律条文时所处背景、所考虑的因素以及价值取向等，赋予该法律条文的原意，以确定法律文本的真实意思。[4] 此解释方法试图通过立法史料记载，对文义解释的活动范围进行界定，亦为文义解释的补充解释方法之一。

可见，文义解释是法律解释的首选方法，体系解释和历史解释均系对文义解释的补充。

---

[1] 参见刘剑文：《税法学》，人民出版社 2002 年版，第 163 ~ 164 页。

[2] [日]金子宏等：《税法入门》，有斐阁 2000 年版，第 51 页。

[3] 参见李丹梅：《税法解释问题研究——税法解释原则、方法与制度设计》，载刘剑文主编：《财税法论丛》（第 3 卷），法律出版社 2004 年版，第 280 页。

[4] 参见黄茂荣：《法学方法与现代民法》，中国政法大学出版社 2001 年版，第 277 页。

1."偶然所得"文义解释

《个人所得税法》规定的"偶然所得"是由"偶然"和"所得"两个词组构成。"偶然"一词,据吕叔湘《现代汉语八百词》记载:无论作为形容词还是副词,其释义是"不是必然的(地)";《现代汉语词典》(第7版)记载:形容词的"偶然",其释义是"事理上不一定要发生而发生",副词的"偶然",其释义是"偶尔",而"偶尔"在马真《现代汉语虚词研究方法论》中载明的释义是"表示某行为动作的发生或进行是少见的、偶发的"。不难发现,"偶然所得"中"偶然"在语法中属副词,从汉语字面释义解释"偶然所得"即为"不是必然发生地所得;少见的所得;偶发的所得"。

《个人所得税法实施条例》对"偶然所得"的定义是:个人得奖、中奖、中彩以及其他偶然性质的所得。实质上是以列举方式对"偶然所得"的税法含义进行描述,而非定义本身。当然,上述列举的具体含义对"偶然所得"的税法含义至关重要。根据《现代汉语词典》(第7版)记载:"得"的释义是"得到、获得","奖"的释义是"为了鼓励或表扬而给予的荣誉或财物等";"中奖"释义是"奖券、有奖储蓄券的号码跟抽签所得号码相同,可以获得奖金";"中彩"释义是"买彩票中奖"。从3个词的汉语释义来看,除体现针对行为是否发生的"偶发性、不是必然发生地"的"偶然"语义外,还具有行为发生时结果的不确定性,即行为的射幸性。据字面意思理解"以及其他偶然性质的所得",该项(类)所得也应当具备"偶发性、不是必然发生地"特征,但行为是否还应当具备射幸性,无法从文义解释角度得出结论。

"所得"一词,是所得税法上的核心概念,对个人所得税法的重要程度不言而喻。但我国《个人所得税法》及《个人所得税法实施条例》并未对"所得"的概念进行明确界定。根据《现代汉语词典》(第7版)记载:所得,即得到的(东西)。对此,大众对"所得"一词的日常理解并不晦涩难懂,但具体到税法语境下对"所得"之概念进行理解并非易事。而税法"所得"概念有源泉说、净资产增加说及市场所得说3种典型学说。[1] 从我国《个人所得税法》发展历程来看,"所得"的税法概念经历了由"源泉说"之定义(1980~1982年)到"源泉说与净资产增加说"之定义(1993~2018年),再逐渐过渡到"净资产增加说"之

[1] 参见王霞:《论〈个人所得税法〉上的"所得"》,载熊伟主编:《税法解释与判例评注》(第10卷),法律出版社2018年版,第18页。

定义（自2018年起）。

据此，是不是意味着只要符合“偶然”词语的上述特征以及净资产增加的“所得”概念就属于《个人所得税法》中的“偶然所得”？笔者认为，前述特征和概念仅是“偶然所得”的必要条件，而非充分条件，从文义解释本身还无法全面得出“偶然所得”的税法含义。

2.“偶然所得”体系解释

当运用文义解释方法还无法准确理解税法条文内涵时，可以采取体系解释进行补充。

（1）从《个人所得税法》规定的9项所得类别分析，“工资、薪金所得”、“劳务报酬所得”以及“稿酬所得”3项所得主要体现的是劳动力特征；“特许权使用费所得”以及“经营所得”兼具劳动力和资本特征；“利息、股息、红利所得”、“财产租赁所得”以及“财产转让所得”主要体现的是资本特征；而“偶然所得”所列举的“得奖、中奖、中彩”并没有体现出明显的劳动力和（或）资本特征。现代财政学在探讨税源时，将其与税捐客体相互区分。若举植树而生果实为例，树为根本，果实则是孳息，孳息即为所得。产生所得之源泉，依据学界之研究意见，主要有劳动力、土地、资本与企业四者。其中，土地乃是资本之变形，可转换成为资本。工业革命后，企业家运用资本，结合劳工之劳动力而成为企业，发展至今已成为私人获得、累积财富之主要来源。因此，若将上述财政学上所提出之所得源泉作进一步分析，应可以得出所得的两大源泉，即劳动力与资本。[1] 这与我国个人所得税法中规定的所得类别不谋而合。因此，若个人收入主要体现劳动力和（或）资本特征，则应当优先考虑归类于前述8项所得类别中。虽然对第9项所得类别通过源泉特征尚不能直接分析得出“偶然所得”之税法含义，但已然埋下对其进一步分析的线索。

（2）从“偶然所得，是指个人得奖、中奖、中彩以及其他偶然性质的所得”这一法律条文结构分析，基于文义解释，该条文所列举的“得奖、中奖、中彩”之事项，兼具“偶发性和射幸性”之双重特征。作为该条文后半部分的“其他偶然性质的所得”，实质上是“兜底条款”。在将“其他偶然性质的所得”条款界定为“偶然所得”之兜底条款的前提下，也就应该适用该类条款的一般性解释方法。对此，比较有共识的观点是，应该遵循只含同类规则对兜底条款进行

---

[1] 参见柯格钟：《论所得税法之所得分类》，载《月旦法学教室》2007年第9期。

解释,与该条文前半部分所列举的例示事项应属同一种类,具有相同性质。[1] 当然,理论上对于这一解释方法也有反思,认为该方法“总体上倾向于限制解释,不利于弥补漏洞,也不利于明确兜底条款的规范内容”。[2] 但这种反思并不能从根本上否定只含同类规则的正当性。就“其他偶然性质的所得”这一规定来说,只有遵循只含同类规则,才能保证税法适用的明确性,更符合税收法定原则的要求。因此,“其他偶然性质的所得”应当具备“得奖、中奖、中彩”所得的共同特征。

3.“偶然所得”历史解释

(1)“偶然所得”作为个人所得类别征税是在1993年修法中新增的,其背景值得深入探究。因此项类别所列举的例示事项明确,“偶然所得”类别的提出应与例示事项密切关联。自1984年10月北京国际马拉松比赛主办单位发行新中国首次“发展体育奖”彩票以来,许多地方政府开始选择通过发行彩票方式为举办某项公益事业筹集资金。1987年6月中国社会福利有奖募捐委员会(以下简称中募委)作为新中国第一个全国性专业彩票发行机构在北京成立。[3] 1990年8月民政部发布了《社会福利奖券实物兑奖奖品管理办法》(中募〔1990〕委字第5号)。[4] 1993年民政部、中募委发布《处理因意外事故无法销售奖券的暂行规定》等一系列规定。1992年下半年开始,民政部门开始探索并在全国逐步扩大“大奖组”销售方式,奖组规模大、销售场面大、奖金金额大。从彩票发行资金分配制度看,福利彩票自1987年发行以来,返奖比例维持在45%左右。例如,1987年的返奖比例为35%、1988年为40%、1989年为45%、1990年为55%,以及1994年为50%。2001年国务院35号文件规

[1] 参见聂淼:《个人所得税法“其他所得”条款的教义学分析》,载熊伟主编:《税法解释与判例评注》(第10卷),法律出版社2018年版。

[2] 王安异:《对刑法兜底条款的解释》,载《环球法律评论》2016年第5期。

[3] 参见金世斌:《中国彩票20年的政策演变与路径》,载《体育与科学》2008年第1期。

[4] 《社会福利奖券实物兑奖奖品管理办法》第7条明确规定:“组织实物兑奖销售时,要周密地研究设奖方案,所设奖级、奖金(品)个数要从实际出发,科学论证;设奖方案要常变常新,有吸引力;每个奖组奖金总额不得低于规定的奖金返还率。”

定，自 2002 年 1 月 1 日起，彩票发行返奖比例不得低于 50%。[1] 这段时期之所以大规模发行彩票，是因我国经济自改革开放以来尚处于发展初级阶段，需要筹集大量资金用于公益事业。与此同时，个人获取中彩奖金的机会和金额亦极速增加。国家对此类所得课征税款，体现了税收公平原则。在此背景下，也就不难理解将“偶然所得”新增为所得类别。此外，此次修法后，税务主管机关陆续发布的 10 个税收规范性文件亦基本印证了“偶然所得”的应有之义。

（2）从 2018 年修法前后所得类别的变化看，修法前所得类别为 11 项，修法后减少至 9 项。仅从形式上看，减少了 2 项；但从内容看上，实质上是合并了 1 项，同时废除了“其他所得”，所保留的所得类别之税法含义本身并未发生任何改变。对于本次修法将“其他所得”废除的背景，全国人大宪法和法律委员会关于《个人所得税法修正案（草案）》审议结果的报告中提到“将‘其他所得’授权给国务院并不符合立法法的有关规定”，同时还表示“目前个人所得税法中列明的所得范围已经比较全面”。[2] 而 74 号文中重新界定的“偶然所得”均在修法前被界定为“其他所得”，因此从历史解释的角度分析，74 号文中重新界定的“偶然所得”项目并不符合“偶然所得”的税法含义。

4. 示例分析

税务主管机关发布的“偶然所得”各项具体内容中，偶发性特征易被理解，射幸性特征却易引起概念模糊。“射幸”一词出自古代谚语：“射幸数跌，不如审发。”“射幸”原指射箭人抱着侥幸心态轻率发射，能否真正击中目标就只能靠运气。该古谚本意为侥幸求利而多次失败，还不如审慎从事而一举成功。

接下来以《关于体育彩票发行收入税收问题的通知》（财税字〔1996〕77 号）规定的个人购买体育彩票的中奖收入为例做个分析。据统计，体育彩票

---

〔1〕《关于进一步规范彩票管理的通知》（国发〔2001〕35 号）第 5 条规定：“从 2002 年 1 月 1 日起，彩票发行资金构成比例调整为：返奖比例不得低于 50%，发行费用比例不得高于 15%，彩票公益金比例不得低于 35%。”

〔2〕全国人民代表大会宪法和法律委员会关于《个人所得税法修正案（草案）》审议结果的报告第 1 项明确：“按照税收法定的要求，应纳税所得的范围、减免税均属于个人所得税的税制基本要素，个人所得税法中关于‘其他所得范围’‘其他减免税情形’由国务院财政部门确定或者批准的规定，不符合立法法的有关规定，建议将相关事项尽量在法律中明确；考虑到目前个人所得税法中列明的所得范围已经比较全面，可不必再由国务院或其有关部门确定‘其他所得’。”

“6 + 1”的中奖概率是 10 的 7 次方之一(就是一千万分之一),可见概率极低。在该行为中,出奖前各方对是否中奖及中奖的金额均不知情,除最终中奖者外的其他购彩票者均不能从中获得所得,故购彩票者是抱着侥幸心态购买彩票的,能否中奖就只能靠运气,此系该行为中射幸性特征的体现。又以《关于企业促销展业赠送礼品有关个人所得税问题的通知》(财税〔2011〕50 号)为例,企业对累积消费达到一定额度的顾客,给予额外抽奖机会,虽然享有抽奖机会的客户是确定的,但对于参与抽奖的客户最终是否能够中奖,在结果公布前各方均无从得知,故对于最终客户中奖的行为,同样是靠运气,这便是射幸性的体现。相反,以个人之间的房屋赠与为例,赠与方与受赠方达成房屋赠与合意时,赠与方的民事义务即为交付房屋之义务,受赠人的民事权利则为无偿取得房屋之权利,此房屋赠与合同订立时,并不具备射幸性之特征。即便赠与人撤销赠与或不履行赠与义务等,亦属合同履行问题,而与射幸性无关。

综上,通过法律解释方法对“偶然所得”进行全面深入剖析后,可以认为,“偶然所得”的税法含义即为所得的偶发性和射幸性。

四、税收法定原则的坚守:对 74 号文的重新审视

在 74 号文的解答中,税务主管机关明确提到“原按‘其他所得’项目征税的部分收入具有一定的偶然性质”以及重新界定后“纳税人的税负保持不变”。[1] 从文件内容看,税务主管机关在解释税法条文时,既考虑了税收法定原则和税收公平原则之适用因素,又考虑了“偶然所得”的偶然性质。但忽视了“偶然所得”的“射幸性”特征,以及对税收法定原则和税收公平原则的适用规则以及税法原理的正确理解。

(一)74 号文中“偶然所得”项目不具备射幸性特征

“偶然所得”除“偶然性”特征外,还需具备“射幸性”特征。从“偶然性”角度看,税务主管机关的认定并非全无逻辑,但显得片面化;从“射幸性”角度

---

〔1〕《关于个人取得有关收入适用个人所得税应税所得项目政策问题的解答》第 2 项指出:“一是将部分原按‘其他所得’征税的项目调整为按照‘偶然所得’项目征税。原按‘其他所得’项目征税的部分收入具有一定的偶然性质,《公告》将其调整为按照‘偶然所得’项目征税,偶然所得适用税率为 20% ,与原‘其他所得’税率相同,纳税人的税负保持不变。”

分析，税务主管机关几乎没有考量。在此民事行为中，个人作为保证人为单位或他人提供担保，税务主管机关只考虑了个人偶尔向被担保方收取报酬的情形，而未考虑这是个人以收取报酬为对价向被担保方提供担保的常态化服务。个人提供担保，无论担保协议中是否明确报酬，各方当事人达成合意时，并没有不确定性的表征。换言之，担保协议中明确了担保人为履行增信行为获取的报酬，即其获取报酬的结果在合意达成时已经确定；担保协议未确定担保人为履行增信行为获取的报酬，其不获取报酬的结果在合意达成时也已确定。值得讨论的是，倘若担保协议未确定报酬，但事后又支付了报酬，该如何界定？笔者认为，事后支付之前未书面约定的报酬，若与个人担保行为有直接关联，则应当视为对相关协议的补充和调整；若与个人担保行为没有关联，则属于单纯的货币赠与。因此，该行为并不具有“射幸性”特征。

对于“企业在年会、座谈会、庆典以及其他活动中向本单位以外的个人赠送礼品，个人取得的礼品收入”之情形，因年会、座谈会及庆典活动的性质，参与活动人员是主办方邀请的，处于确定状态；企业向本单位以外的个人赠送礼品亦是确定的，并不存在不确定性。因此，该行为不具有“射幸性”特征。值得注意的是，该条款中的“其他活动”的理解，同样需要遵循同类规则的一般性解释方法，这里不再赘述。

“房屋产权所有人将房屋产权无偿赠与他人的，受赠人因无偿受赠房屋取得的受赠收入（非亲属、抚养、继承之间发生的）”，其法律解释的逻辑和法理与前述情况相同，且在本文第三部分以示例分析进行了阐述，故亦不再赘述。

可见，74 号文中重新界定的“偶然所得”并不具备“射幸性”特征，也不完全具备“偶发性”特征，有违“偶然所得”的应有之义。

（二）74 号文对税收法定原则和税收公平原则的背离

74 号文实质上是对税法条文的法律解释，而税法条文的解释不当可能破坏税收法定原则。因此，税法解释权的行使应以不突破税收法定原则为根本。税收法定原则作为税收立法、执法、司法的“首要原则”和“帝王原则”，是保障国家与公民征纳关系的前提和基础，在个人所得税课税模式改革的过程中，亦应当被严格遵循。从法规范的角度来看，贯彻税收法定原则，即要求个人所得税的课税要件法定、课税要素明确、征税程序合法。同时，税收法定原则的实施，需以相关税收法律工具作为载体。因此，需要通过税法解释对相关税法条文进行解释，使其完成走向形而下的过程。而所有的税法解释都应当受到税收法定原则规制和约束。[1] 从74号文的内容来看,税务主管机关因对“偶然所得”的理解出现偏离,进而导致税法解释偏离了税收法定原则。

税收公平原则是对税收法定原则的有益补充,而不是破坏和替代税收法定原则。税法对纳税人利益侵入的性质决定了在对税法进行解释适用时,一定要忠实于法律文本,而不能随意扩张,更不能类推。日本学者北野弘久就认为,解释税法时,对税法上的借用概念,一定要依照民众在日常生活中的意义进行解释,以保证民众的信赖利益,而对税法上的固有概念,要严格从税收法定原则进行解释,以保证纳税人的权利。74号文及其解读文件的表述体现了税务主管机关在对税收公平原则的考虑,但从内容上看,多少反映出税务主管机关适用税收公平原则的片面性,以及在适用税收公平原则过程中对税收法定原则的侵犯性。

(三)税收法定原则的坚守

税收法定是税法最重要的基本原则,它是民主和法治原则等现代宪法原则在税法上的体现,具有宪法原则的位阶。从历史发展的过程看,税收法定主义与罪刑法定主义理论有共同特性,都是近代人民反封建斗争的产物。对税法适用具有决定性影响的税法解释活动必须遵循税收法定原则,而且它在各种税法解释原则中应处于首要且核心地位,对税法解释的各种具体原则又起着根本性的指导和决定作用。正如日本著名税法学家北野弘久所言:“在现有的税法秩序条件下,税法的解释与适用的基本原理必须依托租税法律主义为租税条例主义原则。在此意义上可以得出,税法解释学具有展开和应用租税法律主义理论的性质。”[2]

无论税务主管机关对税法条文如何解释,都应当以遵循税收法定原则为首要原则,税收公平原则的考量也应以税收法定原则为前提。在解释税法条文时,应严格按照法律解释方法进行适当解释,以期符合税法条文本意,避免破坏税收法定原则。在74号文中,税务主管机关在行使税法行政解释权时,对“偶然所得”的税法含义并未深入分析,导致界定的“偶然所得”类别时严重背离其税法应有之义,破坏了税收法定原则。笔者认为,对于税法解释,应当基于税法基本原理与现行法律规则从解释论视角加以回应,以弥补现行法律

---

〔1〕 参见张守文:《税收法定主义》,载《法学研究》1996年第11期。

〔2〕 [日]北野弘久:《税法学原论》,陈刚、杨建广等译,中国检察出版社2001年版,第145页。

制度的不足,从而实现“成文法是正义的文字表述”的价值观念。

五、结　语

本文从74号文出发,通过梳理我国个人所得税法“所得”范围的历史演变和“偶然所得”类别定义的相关规定,以法律解释方法论证“偶然所得”的应有之义,在此基础上进一步论证税收法定原则及税收公平原则在税法解释过程中的运用逻辑及价值选择,检讨了74号文中存在的问题。主要体现在以下两个方面:

其一,“偶然所得”的应有之义为所得的“偶发性”和“射幸性”,而74号文除对其重新界定为“偶然所得”之民事行为的特征片面且机械的理解其偶发性外,对其所得的“射幸性”特征根本未予考量,导致74号文的征税逻辑问题。

其二,因74号文对“偶然所得”的理解不够全面、深入,致使税务主管机关对“偶然所得”进行了扩大解释。虽然74号文的解答中以此次界定前后税负不变作为考量之一,从形式上看似体现了税收公平,但在违背税收法定之原则的前提下,实质上导致了税收的不公平。

因此,全面落实税收法定原则的过程中,需要包括立法机关、执法机关、司法机关及纳税人的共同努力和付出,同时也需要各方对税法基本原理及征税逻辑有着深入的认识和理解,尤其是作为主管全国税务工作的税务部门,更加需要深入理解和掌握税法体系和税法原理,实质上做到税收法定原则的稳步落实、税收公平原则的逐步实现。

个人所得税法反避税条款的功能研究

毛　彦*

摘　要：反避税条款进入个人所得税法后，其字面指向着个人实施的、带有脱法避税意图且不具有合理商业目的的交易安排。通过文本检视与案例检索，《个人所得税法》第 8 条与《企业所得税法》中特别纳税调整章节的相关条文基本保持一致，并未充分反映个人所得税法的独特价值。与此同时，其亦未给税务机关或法院在税务行政或司法裁判中留下充足的援引空间。从现实功能而言，反避税条款进入个人所得税法能够实现其法律体系的完整性，但也可能沦为一种宣示性条款而不具备充足的适用性。从未来的续造可能而言，个人所得税法反避税条款以模糊性的语言为主轴，在缺乏制度约束和司法制约的情形下可能成为税务机关掌握的一种"留待使用的武器"，其未来续造仍呈现一种不确定的趋向。

关键词：个人所得税法；反避税条款；宣示功能；条款续造

一、问题的提出

在 2018 年《个人所得税法》修订之前，《个人所得税法》中并无任何有关纳税调整的表述。当税务机关针对受控外国公司进行特别纳税调整时，可以援引《企业所得税法》第 45 条，[1] 以及国家税务总局《关于加强非居民企业股权转让所得企业所得税管理的通知》（以下简称国税函〔2009〕698 号文）、《关于非居民企业间接转让财产企业所得税若干问题的公告》（以下简称国税总

* 武汉大学法学院 2020 级经济法学博士研究生。

〔1〕 依据《企业所得税法》第 45 条的规定，"由居民企业，或者由居民企业和中国居民控制的设立在实际税负明显低于本法第四条第一款规定税率水平的国家（地区）的企业，并非由于合理的经营需要而对利润不作分配或者减少分配的，上述利润中应归属于该居民企业的部分，应当计入该居民企业的当期收入"。

〔2015〕7号文）等税收规范性文件。[1] 然而，无论是《企业所得税法》第45条，还是国税函〔2009〕698号文以及国税总〔2015〕7号文等税收规范性文件，其适用主体均限于“中国居民企业控制或者中国居民企业和居民个人共同控制”的情况，唯独缺少“由中国居民个人控制”的类型。因此，在面对中国居民个人利用受控外国公司进行税收规避时，2011年版本的《个人所得税法》和相关税收规范性文件中既没有具体的受控外国公司条文，也缺乏一般反避税条款，税务机关无法援引任何有效的规范对这一情形进行特别纳税调整。

2018年新《个人所得税法》出台，其中第8条规定税务机关有权按照合理方法进行纳税调整，被学界普遍视为反避税条款进入《个人所得税法》。《个人所得税法》第8条规定，当中国居民个人触及利用关联关系减少应纳税额、利用受控外国公司不作分配或减少分配以及其他获取不当税收利益的情形时，将由税务机关按照合理方法进行纳税调整。[2] 随着《个人所得税法》的修改，涉及受控外国公司纳税调整的主体漏洞被正式填补，完成受控外国公司反避税规则的适用闭环。然而，《个人所得税法》第8条复制《企业所得税法》反避税条款的类型与模式，将关联关系和受控外国公司作为其反避税条款的主体部分是否合理？同时，《个人所得税法》第8条表述基本沿用企业所得税法的表述，是否会导致个人所得税法独特价值的丧失？此外，个人所得税法中的一般反避税条款应当如何具体适用？以上问题仍需进一步思考。

二、个人所得税法反避税条款的文本检视

虽然《个人所得税法》第8条引入反避税条款成为个人所得税法律体系进

---

〔1〕 依据国家税务总局《关于非居民企业所得税源泉扣缴有关问题的公告》（以下简称国税总〔2017〕37号文），国税函〔2009〕698号文自2017年12月1日起全文废止。国税函〔2009〕698号文的内容被国税总〔2017〕37号文所替代。

〔2〕 依据《个人所得税法》第8条的规定：“有下列情形之一的，税务机关有权按照合理方法进行纳税调整：（一）个人与其关联方之间的业务往来不符合独立交易原则而减少本人或者其关联方应纳税额，且无正当理由；（二）居民个人控制的，或者居民个人和居民企业共同控制的设立在实际税负明显偏低的国家（地区）的企业，无合理经营需要，对应当归属于居民个人的利润不作分配或者减少分配；（三）个人实施其他不具有合理商业目的的安排而获取不当税收利益。税务机关依照前款规定作出纳税调整，需要补征税款的，应当补征税款，并依法加收利息。”

一步完备的重要标识,但是文本上的反避税条款所呈现的功能究竟为何,仍有待检视。

(一)《个人所得税法》第 8 条的文本分析

反避税条款进入《个人所得税法》后,其字面指向着个人实施的、带有脱法避税意图且不具有合理商业目的的交易安排。《个人所得税法》第 8 条主要在其第 1 款规定了 3 项内容:第 1 项是“个人与其关联方之间的业务往来不符合独立交易原则而减少本人或者其关联方应纳税额,且无正当理由”被认为是防止个人利用关联关系进行的脱法避税活动;第 2 项是“居民个人控制的,或者居民个人和居民企业共同控制的设立在实际税负明显偏低的国家(地区)的企业,无合理经营需要,对应当归属于居民个人的利润不作分配或者减少分配”,属于个人利用受控外国公司形式进行的脱法避税活动;第 3 项是“个人实施其他不具有合理商业目的的安排而获取不当税收利益”,属于个人所得税法的一般反避税条款。虽然《企业所得税法实施条例》第 120 条明确“不具有合理商业目的是指减少、免除或者推迟缴纳税款为主要目的”,但是“减少、免除或者推迟缴纳税款为主要目的”的表述并无法精准阐释“不具有合理商业目的”的内涵。与此同时,个人所得税法中亦未明确“不具有合理商业目的”的内涵。可见,一方面,个人所得税法一般反避税条款并未针对“商业目的”所指向的范围进行明确与细化;另一方面,“不合理商业目的”在企业所得税法中的解释仍属于一种模糊性表述而存在适用性不足的问题。

《个人所得税法》第 8 条中的反避税条款虽然解决了相关反避税规则在个人所得税法领域的主体缺失问题,个人通过关联交易或设立受控外国公司规避个人所得税将明确遭受税法的否定评价。但是《个人所得税法》第 8 条的内容与《企业所得税法》特别纳税调整章节的相应规定基本保持一致,并未充分反映个人所得税法的独特价值。因此,对个人所得税特别反避税条款的研究应当首先比对其与企业所得税反避税规则的异同,并在此基础上针对《个人所得税法》第 8 条的功能进行探索。

(二)企业所得税法与个人所得税法的反避税规则比对

基于《个人所得税法》第 8 条的文本分析,发现其与《企业所得税法》第六章保持着高度一致。首先,《个人所得税法》第 8 条第 1 项与《企业所得税法》第 41 条内容高度相似,均是针对企业独立交易原则的规定。其次,其第 2 项与《企业所得税法》第 45 条内容也高度相似,均是对利用受控外国公司形式进行脱法避税的规定。最后,其第 3 项的一般反避税条款与《企业所得税法》第 47 条规定的一般反避税条款也极为相似(比对详见表 1)。

表 1　《企业所得税法》与《个人所得税法》的反避税规则比对

《个人所得税法》第 8 条第 1 项 个人与其关联方之间的业务往来不符合独立交易原则而减少本人或者其关联方应纳税额,且无正当理由	《企业所得税法》第 41 条 企业与其关联方之间的业务往来,不符合独立交易原则而减少企业或者其关联方应纳税收入或者所得额的,税务机关有权按照合理方法调整
《个人所得税法》第 8 条第 2 项 居民个人控制的,或者居民个人和居民企业共同控制的设立在实际税负明显偏低的国家(地区)的企业,无合理经营需要,对应当归属于居民个人的利润不作分配或者减少分配	《企业所得税法》第 45 条 由居民企业,或者由居民企业和中国居民控制的设立在实际税负明显低于本法第四条第一款规定税率水平的国家(地区)的企业,并非由于合理的经营需要而对利润不作分配或者减少分配的,上述利润中应归属于该居民企业的部分,应当计入该居民企业的当期收入
《个人所得税法》第 8 条第 3 项 个人实施其他不具有合理商业目的的安排而获取不当税收利益	《企业所得税法》第 47 条 企业实施其他不具有合理商业目的的安排而减少其应纳税收入或者所得额的,税务机关有权按照合理方法调整

由此可见,《个人所得税法》第 8 条中的特别反避税条款(第 1 项与第 2 项)只是对企业反避税制度在个人所得领域中的一种延伸,其主要目的在防堵个人通过与关联方交易或设立受控外国公司的行为规避个人所得税。从特别反避税条款的功能取向而言,其区别于一般反避税条款,是专门针对某个普遍存在的交易类型而制定的反避税规则。与此同时,特别反避税条款明确某项脱法避税交易的具体适用标准和法律效果,最能体现个人所得税法反避税条款的构造机理与个人避税行为的独特属性。然而,从《个人所得税法》第 8 条第 1 项与第 2 项的文本内容中并未能体现个人避税行为的特殊色彩。[1]

---

〔1〕《个人所得税法》第 8 条第 1 项中较《企业所得税法》第 41 条中增加"无正当理由"的条件,这种适用条件的增加能否真正体现《个人所得税法》的独特色彩其实比较可疑。由于后续实施细则并未对此加以细化,因此仅从"无正当理由"的增加尚不足以认为它反映了个人所得税法的特色。

另外,《个人所得税法》第8条中的一般反避税条款(第3项)与《企业所得税法》第47条同样保持一致,二者均使用"不具有合理商业目的"的表述。二者所适用的核心判断标准,即"不具有合理商业目的",在个人所得税与企业所得税领域是否呈现相同的内涵?个人交易行为中是否应当充分考虑"商业目的"仍然存有疑问。

(三)《个人所得税法》第8条适用细则的缺失

《个人所得税法实施条例(修订草案征求意见稿)》曾在第25条至第29条中对"关联方""关联关系""独立交易原则""控制""实际税负明显偏低""不具有合理商业目的"等模糊概念进行界定,其中的相关条款基本是全盘嫁接企业所得税法上的规定。然而,上述针对《个人所得税法》第8条的适用细化条文在《个人所得税法实施条例》正式文本中基本被删去,仅保留了对第8条第2款规定的"利息"一词进行的解释。可见,《个人所得税法》第8条充斥着模糊概念,却无任何具体的规范性文件对其进行配套适用,使其适用空间大为压缩,且未来的可预期性和稳定性也难以预测。虽然《个人所得税法》第8条与《企业所得税法》如此相近,但是否可以借用企业所得税的相关文件引入个人所得税法领域进行适用,仍然值得探讨。

值得注意的是,"独立交易原则"与"受控外国公司"作为《个人所得税法》第8条中重要的两项列示情形,其在个人现实的脱法避税情形中是否重要亦为可疑。经由案例检索,此两种情形在中国裁判文书网中并无生效裁判,甚至在搜索引擎中检索个人所得税法的避税案例中,都不易找寻到相关的裁判文书。《个人所得税法》第8条的未来适用与续造之路似乎出现困难,其能否在个人所得税反避税领域发挥切实功能值得探究。

三、个人所得税法反避税条款的现实审视

个人所得税法反避税条款保持着与企业所得税法反避税条款的高度一致,其未来适用能否真正契合个人所得税领域成为问题的焦点。而个人所得税法中的避税行为也呈现区别于企业所常用的方式,因此个人所得税法反避税条款的未来续造,势必需要考虑个人避税的特异性因素。

(一)个人避税行为的特性阐释

个人所实施的避税行为区别于企业交易,基于个人的非商业或非营利因

素而使其具有独特色彩。因此,个人所得税法律体系中的反避税规范不应当完全遵循企业所得税法中的制度设计思路,而应当将个人所得税反避税领域的特性纳入其中。

相较企业,自然人能够进行特殊的脱法避税安排。首先,个人能够借由其居民身份的选择和变更进行避税安排。基于居民身份纳税政策的差异性,致使个人可以运用变更或选择特定居民身份的方式减少甚至消除税款缴纳。依据《个人所得税法》第1条的规定,于境内居住累计未满183日的非居民个人仅就中国境内取得的所得缴纳个人所得税。[1]《个人所得税法实施条例》第5条补充规定,在中国境内居住累计未满90日的非居民个人就其源于中国境内但由境外雇主支付的所得免征个人所得税。[2] 除却个人所得税法的规定,我国税收规范性文件与税收协定中也存在对非居民个人的税收优惠政策。[3] 因此,在实务操作中存在高净值纳税人通过变更居民身份而承担有限纳税义务的税务筹划空间。其次,个人能够利用各所得类型的税负差异进行避税安排。基于个人所得税法所得类型的劳务综合所得、经营所得和资本利得的税率差异,高净值人群倾向将其工资薪金等劳务所得转变为资本利得等消极所得,从而避免45%的综合所得边际税率。最后,个人能够利用特殊的金融工具避税。以跨境信托为例,信托能够隐匿信托财产的实质所有人,一旦信托财

---

[1] 依据《个人所得税法》第1条的规定,"在中国境内有住所,或者无住所而一个纳税年度内在中国境内居住累计满一百八十三天的个人,为居民个人。居民个人从中国境内和境外取得的所得,依照本法规定缴纳个人所得税。在中国境内无住所又不居住,或者无住所而一个纳税年度内在中国境内居住累计不满一百八十三天的个人,为非居民个人。非居民个人从中国境内取得的所得,依照本法规定缴纳个人所得税。纳税年度,自公历一月一日起至十二月三十一日止"。

[2] 依据《个人所得税法实施条例》第5条的规定,"在中国境内无住所的个人,在一个纳税年度内在中国境内居住累计不超过90天的,其来源于中国境内的所得,由境外雇主支付并且不由该雇主在中国境内的机构、场所负担的部分,免予缴纳个人所得税"。

[3] 财政部、国家税务总局《关于个人所得税若干政策问题的通知》(财税〔1994〕20号)、国家税务总局《关于外籍个人取得有关补贴征免个人所得税执行问题的通知》(国税发〔1997〕54号)和财政部、国家税务总局《关于外籍个人取得港澳地区住房等补贴征免个人所得税的通知》(财税〔2004〕29号)中均规定了对非居民个人的各种税收优惠政策。其中,涉及"住房补贴、伙食补贴、搬迁费、洗衣费、境内外出差补贴、探亲费、语言训练费、子女教育费"等众多合理费用,均能够享受暂免征收个人所得税的优惠政策。

产转移至受托人,委托人及受益人即处于隐匿地位,受托人拥有名义上的所有权。[1] 因此,信托制度在产生之时就具有规避税收负担的天然属性,[2] 个人能够利用信托工具减少甚至消除个人所得税的缴纳。

基于对个人避税行为类型化的观察,个人实施的避税行为具有其独特色彩。其一,个人的涉税信息难以获取。区别于企业的交易活动,个人交易活动数目庞杂、形式多样且难以监测,致使个人所得税的征收管理可能遭遇困境。其二,个人交易行为中存在需要税法考量的非商业因素。基于企业的营利性本质,其交易所写挟的意图相对单一,但个人交易行为可能包裹直系亲属与情谊等伦理因素,即使出现不甚合理的交易对价,亦难以确证该交易价值是出于脱法避税目的。[3] 其三,个人所得税法的避税筹划有其群体特色。基于税法上的扣缴制度安排,工资薪金和劳务报酬等所得中进行脱法避税相对困难,而与企业关联密切的高净值个人群体,成为个人所得税法反避税的主要目标群体。基于高净值人群的特殊身份,往往利用关联关系和避税港等方式对其获取的大额所得进行税务筹划,以期延递、减少甚至规避个人所得税的缴纳。个人所得税的反避税条款和政策是否能有效针对高净值人群对其大额的投资收益进行税务筹划与安排进行规制?面临个人所得税工薪化的趋势,指向高净值人群的个人所得税法反避税条款是否合理?是否能够契合个人所得税法的改革目标?这一切尚存疑问。

(二)个人所得税法反避税条款的援引可能

2019 年《个人所得税法》已将反避税条款纳入法律文本中,时至今日已逾 1 年。法院在裁判个人所得税法的避税案件时,能否援引《个人所得税法》第 8 条作为裁判依据,仍然值得关注。然而,在税务案件的裁判实践中,多数法院仍旧依赖税收规范性文件而非《个人所得税法》条文,此种情形在我国税务行

---

〔1〕 参见崔晓静:《国际税透明度同行评议及中国的应对》,载《法学研究》2012 年第 4 期。

〔2〕 参见郝琳琳:《信托规避遗产税的立法应对》,载《税收经济研究》2014 年第 2 期。

〔3〕 依据财政部、国家税务总局《关于个人无偿受赠房屋有关个人所得税问题的通知》(财税〔2009〕78 号)的规定:"以下情形的房屋产权无偿赠与,对当事双方不征收个人所得税:(一)房屋产权所有人将房屋产权无偿赠与配偶、父母、子女、祖父母、外祖父母、孙子女、外孙子女、兄弟姐妹;(二)房屋产权所有人将房屋产权无偿赠与对其承担直接抚养或者赡养义务的抚养人或者赡养人;(三)房屋产权所有人死亡,依法取得房屋产权的法定继承人、遗嘱继承人或者受遗赠人。"

政裁判文书中并不鲜见。这一现象主要源于我国税收法律中原则性规定过多,导致其适用性相对不足。与此同时,我国税法的续造又强烈依赖税务机关的行政解释,而非立法修订、立法解释或司法解释。因此,法院在裁判税务行政案件时,往往选择援引更细致的税收规范性文件。

在税务机关的税务实践与法院的司法裁判中被广泛援引的税务规范性文件,是否需要在《个人所得税法》第8条的出现后逐渐退出舞台,由《个人所得税法》第8条为个人所得税领域的脱法避税案件提供裁判依据?仍然值得进一步探讨。

一方面,《行政诉讼法》要求法院援引税收法律而非税务规范性文件,为《个人所得税法》第8条提供援引的需求。因为依据《行政诉讼法》第63条的规定法院在审理行政案件时,以法律和行政法规、地方性法规为依据,同时参照规章。[1] 因此,《行政诉讼法》中并未提及裁判过程中如何利用行政规范性文件的问题。虽然最高人民法院《关于适用〈中华人民共和国行政诉讼法〉的解释》规定,法院在审理行政案件时可以在裁判文书中引用合法有效的规章及其他规范性文件;[2]但是,如果存在能够援引的法律、行政法规和地方性法规,则规章仅仅作为参照,其他规范性文件的适用与援引更不应当凌驾于法律。

另一方面,《个人所得税法》第8条是否能够为法院或税务机关留下援引空间仍值得探索。以前述财税〔2003〕158号文所涉的股东借款为例,这一利用借款形式包裹的红利分配行为能否纳入《个人所得税法》第8条的逻辑框架之中?因为第8条第1项、第2项明确规范个人利用关联关系与受控外国公司避税的情形,因而无法适用于股东借款的情形。但是税务机关或法院针对股东借款问题能否援引适用《个人所得税法》第8条第3项的一般反避税条款?首先,第8条第3项的核心认定要件是"不具有合理商业目的",但其并未有明确的适用基准。其次,基于司法裁判人员税法知识的相对缺乏,模糊的适

---

〔1〕 依据《行政诉讼法》第63条的规定,"人民法院审理行政案件,以法律和行政法规、地方性法规为依据。地方性法规适用于本行政区域内发生的行政案件。人民法院审理民族自治地方的行政案件,并以该民族自治地方的自治条例和单行条例为依据。人民法院审理行政案件,参照规章"。

〔2〕 依据最高人民法院《关于适用〈中华人民共和国行政诉讼法〉的解释》第100条的规定,"人民法院审理行政案件,适用最高人民法院司法解释的,应当在裁判文书中援引。人民法院审理行政案件,可以在裁判文书中引用合法有效的规章及其他规范性文件"。

用标准使法院往往依赖税务机关的规范援引与解释,据此适用恐会造成一般反避税条款适用的任意泛化。最后,即便法院有意援引个人所得税法一般反避税条款,其是否能够针对税收个案进行妥当解释,以在保障国家税收与保护纳税人权利间作出平衡判断?因此,针对过分模糊且缺乏适用指引的《个人所得税法》第8条第3项的一般反避税条款,法院或税务机关径行援引恐弊大于利或难以妥善适用。

综上所述,《行政诉讼法》要求法院在司法裁判中应当援引法律、行政法规和地方性法规,而其他规范性文件的适用与援引不应当凌驾于法律,但税收争议案件裁判现实又基于多元因素而依赖税务规范性文件的援引。此种冲突在税务司法案件裁判中并不鲜见。但一条难以为法院援引的税法条文究竟应当承担何种功能,且其在个人所得税反避税领域何以发挥效用成为后续论证的重点。

四、个人所得税法反避税条款的现实功能与未来走向

(一)个人所得税反避税条款的功能困境

法院或税务机关援引《个人所得税法》第8条进行税务实践或司法裁判的空间极为有限。《个人所得税法》第8条的功能在适用与未来续造时遭遇困境,其能否切实发挥所标榜的反避税功能成为考察重点。

基于前文所述,个人利用关联关系和受控外国公司进行脱法避税活动的情形相对较少,或者与企业所得税法所需要规制的情形呈现趋同的情况。也就是税务稽查过程中很少针对个人利用这两种方式进行脱法避税的情形进行单独查处,而是更关注国内企业利用关联关系或受控外国公司形式减少其应纳税所得,而涉案企业所为的脱法避税行为则连带其受益主体即公司股东接受纳税调整。甚至可以断言,《个人所得税法》第8条第1项和第2项的规定实为《企业所得税法》第41条和第45条的辅助。

如若《个人所得税法》第8条第1项与第2项的单独适用性不足,那作为兜底的一般反避税条款的适用性是否能够得以扩张,从而涵摄全部个人所得税的避税情形,成为扭转《个人所得税法》第8条的关键所在?

在我国的反避税条款置于法律文本中,无论是企业所得税领域还是个人所得税领域的反避税规则,运用“合理商业目的”和“不当税收利益”等模糊化的表述方式,都是种立法上的简化,使其适用存在困难。我国《企业所得税

法》中的反避税条文的续造方式,则是借由税务机关实现。[1] 税务机关运用税收规范性文件,结合《企业所得税法》文本"创造"具有国际视野的反避税管理政策。[2]

就全球税法移植的进程而言,其范围并非确定。可能是整个税收法律体系的一体化采用,抑或是单个规则的导入。[3] 然而,毫无疑问的是,中国税法中的企业抑或是个人反避税制度均是源于国外税法制度的移植。虽然在此过程中,我国的反避税制度的设计与其他国家多少存在不同,但是内核仍然是统一的。中国的方案并非不可取。只是中国仅仅以法律文本形式选择国际通行的反避税方法,并不能充分说明其所配套的条件能否达致。

(二)宣示功用:个人所得税法反避税条款的现实功能

在《个人所得税法》第 8 条缺乏细化规定的情况下,就现有文本而言,其能够承担的主要是一种宣示功能,同时也一定程度上扮演填补企业所得税反避税体系部分漏洞的功能。很难指望它在个人所得税领域切实发挥反避税功能,亦鲜有作为规范被法院或税务机关援引的空间。

一方面,从立法体系完整度而言,个人所得税法中引入反避税条款的动机是,税务机关能够更好地利用该条款打击纳税人的脱法避税行为。因为伴随中国对外开放程度的提高,更多投资者或企业运用跨境的交易安排或者复杂交易形式包裹着避税目的,这些脱法避税活动会造成利润转移而侵蚀税基。而另一种可能的动机则是为完成个人所得税法的科学起草,以使个人所得税法律体系更完备。将反避税条款引入《个人所得税法》,从某种意义而言确使纸面上的个人所得税法体系更完备,立法科学程度进一步提高。与此同时,也能够弥补《企业所得税法》相关条款的主体漏洞。但这一切,并不意味着反避税条款能够在个人所得税领域确实地发挥效用。

另一方面,个人所得税法领域中的反避税条款的引入是一种立法上的移植,实则发挥一种宣示功用。《个人所得税法》引入反避税制度后,立法权力

---

[1] See Carlo Garbarino, "*Comparative Taxation and Legal Theory: The Tax Design Case of the Transplant of General Anti-Avoidance Rules*", 765 Theoretical Inquiries in Law 2010(7).

[2] See Jinyan Li, "*Tax Transplants and Local Culture: A Comparative Study of the Chinese and Canadian GAAR*", 655 Theoretical Inquiries in Law 2010(7).

[3] See Assaf Likhovski, "*Is Tax Law Culturally Specific? Lessons from the History of Income Tax Law in Mandatory Palestine*", 727 Theoretical Inquiries in Law 2010(7).

在此领域便已经趋于终结,反避税条款续造的权力践行主体便转向税务机关。相对来说,无论是纳税人还是司法机关,在中国的个人所得税反避税条款的适用与续造中,均发挥着极度有限的作用。基于中国特殊的国情和潜在模式,共性的反避税制度能否带来相同的适用结果是颇令人质疑的。《个人所得税法》第 8 条成为一种否定个人脱法避税行为的条款,宣示着税务机关针对不符合独立交易原则、利用受控外国公司或其他不具有合理商业目的的个人交易行为进行纳税调整的权力。然而,这种对税务机关在个人所得税领域进行纳税调整的赋权,在未来续造方向上还是存在异化可能。至于该条能否被具体税务实践所有效援引,就现阶段而言尚无法给出肯定判断。

(三)未来续造:个人所得税法反避税条款的异化可能

从《个人所得税法》第 8 条未来的续造走向而言,它或可成为国家税务总局的一种酌定适用的工具。《个人所得税法》第 8 条文本中的关键概念"合理商业目的"并未获得源于任何一方的解释。《个人所得税法实施条例(修订草案征求意见稿)》第 27 条曾将"不具有合理商业目的"细化为"以减少、免除或者推迟缴纳税款为主要目的",但这个内容却在《个人所得税法实施条例》正式文本中被删去,[1]从而使个人所得税法中的反避税条款以模糊性的语言为主轴,呈现一种兜底性和通用性色彩,甚至尚不存在任何税务规范性文件为其提供适用的配套规范。《个人所得税法》中反避税条款的未来续造呈现巨大空间,税务机关的权力也因此拥有充分的自由度。在缺乏顶层约束和司法制约的情形下,这种反避税条款是否可能成为税务机关的一种"留待使用的武器"犹未可知。[2]

---

[1] 依据《个人所得税法实施条例(修订草案征求意见稿)》第 27 条的规定,"个人所得税法第八条第一款第三项所称不具有合理商业目的,是指以减少、免除或者推迟缴纳税款为主要目的"。

[2] 我国行政诉讼司法程序中存在着对规范性文件的合法性审查制度。《行政诉讼法》第 53 条明确规定:"公民、法人或者其他组织认为行政行为所依据的国务院部门和地方人民政府及其部门制定的规范性文件不合法,在对行政行为提起诉讼时,可以一并请求对该规范性文件进行审查。前款规定的规范性文件不含规章。"其第 64 条进一步规定:"人民法院在审理行政案件中,经审查认为本法第五十三条规定的规范性文件不合法的,不作为认定行政行为合法的依据,并向制定机关提出处理建议。"但在税务行政诉讼领域,这种合法性审查的力度有限,未来的走向仍然不明确。

《企业所得税法》第 47 条所规定的反避税条款是通过国家税务总局制定《特别纳税调整实施办法(试行)》等规范性文件进行续造,其中《特别纳税调整实施办法(试行)》针对企业的转让定价、预约定价安排、成本分摊协议、受控外国公司、资本弱化等多种行为进行规制。但是这种模式尚未进入个人所得税法领域,个人所得税法的反避税条款未来续造仍呈现一种不确定趋向。

在中国探索《个人所得税法》反避税条款的未来续造,势必要考虑中国的税收制度与税收文化要素。而面临我国《个人所得税法》的简化立法模式,后期续造仍需通过繁复的行政规约保证其明确性和可行性。同时,未来的反避税条款续造也会出现一种差异化方向。从学者和纳税人视角而言,税务机关的权限应当是限缩的。但是过分简单的个人所得税法条文带来的确定性不足的问题,难以摆脱出税收规范性文件的解释适用。此时,行政部门只能积极介入,运用税收规范性文件续造反避税条款。

五、余论:《个人所得税法》第 8 条的续造思路引入

基于《个人所得税法》第 8 条本身的模糊性,难以充分吸纳既往个人所得税领域关于反避税的税收规范性文件。虽然《个人所得税法》第 8 条的未来存在一种不确定趋向,但仍有扭转其成为税务机关"留待使用的武器"的可能性。首先,立足其完善法律体系的基础性功能,它能够为个人所得税反避税的相关税收规范性文件提供效力来源。作为全国人大颁布的法律文件,《个人所得税法》第 8 条所含有的准允税务机关针对不当获取税收利益的自然人交易行为进行纳税调整,即间接为现有或未来的反避税规范性文件提供法律效力来源。其次,《个人所得税法》第 8 条能够为反避税相关的税收规范性文件设定适用的基准要件。基于前述,作为个人所得税反避税相关的税收规范性文件的效力来源,《个人所得税法》第 8 条在授权的基础上亦需要限制税务机关权力。通过反避税规则适用基准要件的设定,能够有效缩小国家税务总局在个人所得税法反避税领域过度的规则制定权。只是其适用基准要件的具体内容,仍有待个人所得税法反避税理论的进一步深入。

股权转让个人所得税计税依据的省思与重构

连逸夫*

摘　要:股权转让个人所得税的公平矫正目的显著,在面对“不平衡不充分的发展”矛盾时,发挥着举足轻重的作用。以量能课税作为检视标准,我国对现行股权转让个人所得税计税依据的把握难以满足现实与功能的需求,即当下的计税依据无论是收入项的确定或是减除项的设置,均难以达到对股权转让收入净所得的还原。为实现股权转让个人所得税计税依据的理性回归,将其置于量能课税原则的内涵与外延之下,以承认“利亏”的方式,明确收入项的“利亏”与设置减除项的利亏,是实现税法公平的有效路径。

关键词:股权转让;个人所得税;计税依据;量能课税;“利亏”

随着经济发展与资本市场的不断成熟,以股权为对象的投资和转让已成为资本市场运作中的普遍现象。个人股权的投资或转让所得作为个人所得税收入的重要组成部分,具有转让金额大、资本浮动大的特点,个人股权转让所得更是个人短时间内完成财富积累的重要途径。然回溯2018年我国新通过的《个人所得税法》,其尚未触及股权转让个人所得税的课税要素变革,个人股权转让所得统摄于一般的财产转让所得。现行股权转让个人所得税对股权转让所得的计税依据设计仍依附于《个人所得税法》对财产转让所得的计税依据。从过程与结论的关系看,计税依据制度的设计才是确定“所得”范围的最终依据。因此,我国股权转让个人所得税的公平实现,其制度核心便在于对计税依据的进阶。对于大体量的股权转让所得来说,设置科学的计税依据是保障个体间平等的直接手段。

一、股权转让个人所得税计税依据的适用现况

税收客体是对税收负担能力的定性衡量,计税依据则是对税收负担能力

* 浙江工商大学法学院经济法学硕士研究生。

的定量考察。计税依据是将税收客体数量化、金额化的过程，以负担能力视角表现为量能课税的指标化。相较财产税、流转税、行为税，所得税的计税依据相对复杂，涉及收入、不征税收入、免税收入及合理扣除费用等多项标准的核算。较之税收客体的“假设所得”，计税依据需要充分严谨，其中的收入和扣除项目均为确定所得所必不可少。

我国于2018年通过新修改的《个人所得税法》，确立了由分类所得向综合所得迈进的分类综合所得。这意味着仍属于单独计税的股权转让个人所得税将需要在这种趋势中不断调整制度的契合性，同时也为检视现有的计税依据提供了现实理由。《股权转让所得个人所得税管理办法（试行）》（国家税务总局公告2014年第67号）（以下简称国税67号文）第10条同时确定了公平交易原则，强调股权转让收入的确认应当符合公平理念，符合因股权转让而产生的对价均应计入收入，并且对于对价的确认应当以转让方实际获得利益为限。虽同属于“财产转让所得”，但对于不同类型的股权转让，其计税依据的规定不尽相同。现将相关规则进行统一梳理，如表1所示：

表1　我国现行各类股权（股票）〔1〕转让个人所得税计税依据梳理

股权种类	一般股权	二级市场股票		新三板挂牌股票	
		流通股	限售股	原始股	非原始股
主要依据	国家税务总局公告2014年第67号	财税字〔1998〕61号	财税〔2009〕167号	财税〔2018〕137号	

〔1〕在未作特别说明时，本文对股权与股票不作区分，即股权包含股票。同时，依据现行税法对不同类型股权转让的课税规则，可将其划分为上市公司的股票转让、非上市公司的股权转让。前者依据股权流通性又可分为为转让流通股与转让限售股；后者依据交易模式可分为分为一般股权转让与“新三板”挂牌的股份转让。

续表

股权种类	一般股权	二级市场股票		新三板挂牌股票	
		流通股	限售股	原始股	非原始股
计税依据	股权转让收入－(股权原值＋合理费用)	暂免征纳个人所得税	限售股转让收入－(股票原值＋合理税费)[1]	原始股转让收入－(股票原值＋合理费用)	暂免征纳个人所得税
收入确认	公平交易原则	—	应当以实际取得收入来确定,具体详见财税〔2010〕70号文[2]	按照一般财产转让所得	—
股权原值	以实际取得该股权所支付的价款及合理税费来确认	—	以买入时的实际买入价及按照规定需要缴纳的有关费用来确认	按照一般财产转让所得	—
合理费用	该次股权转让时按照规定需要支付的有关税费之和	—	转让限售股时发生的印花税、佣金、过户费等与本次交易有直接相关性的税费	按照一般财产转让所得	—

〔1〕 依据财政部、国家税务总局、证监会《关于个人转让上市公司限售股征收个人所得税有关问题的通知》(财税〔2009〕167号)的规定,不同于一般个人股权转让,个人转让限售股在证券机构技术和制度准备完成前与完成后的计税依据确定方式不同。在证券机构技术准备完成前或不能准确计算限售股原值时,其原值与合理费用按照转让收入的15%直接确定,待结算系统运行后,以实际确定的原值与合理费用作为减除项。

〔2〕 财政部、国家税务总局、证监会《关于个人转让上市公司限售股所得征收个人所得税有关问题的补充通知》(财税〔2010〕70号)第2条、第3条分别对证券集中交易系统或大宗交易系统、开放式指数基金(ETF)、要约收购、行使现金选择权、协议、司法扣划、依法继承或家庭财产分割让渡、偿还上市公司股权分置改革中由大股东代其向流通股股东支付的对价而转让限售股的计税依据作了详细规定。

1. 计税依据收入项的适用现况

《个人所得税法》与《个人所得税实施条例》仅规定了股权转让所得一般计税方式,即收入减除原值及合理费用。虽在不同的股权类型中,上述税收规范性文件分别作了细化,但在实践中,确认所得时仍存在忽视净所得的情形。上市公司限售股转让所得课税原则上遵循《个人所得税法》关于财产转让的课税规则进行。但由于上市公司限售股相较非上市公司股权而言,需要到证券交易所备案,具备更高的透明度。为实现征管便利,对其课税常依附于技术制度的支撑,这一点最明显地体现在计税依据的安排上。财税〔2009〕167 号文对无法准确确认个人所转让限售股价格及技术准备完成前形成的限售股,采取了直接确定转让对价的 85% 作为应纳税所得额的概算化方式。但这种做法却引发了避税风险,在个人转让限售股所得超过对价 85% 的情况下,纳税人往往拒绝提供能够证明限售股价值的证明。在这种情况下,由税务机关按照个人转让限售股所得的 85% 进行核定。[1]

2. 计税依据减除项的适用现况

由于我国在征收股权转让个人所得税时并不对股权转让所得的整体利亏进行计算,对于单个自然人参与的多笔相同类型股权的所得其实无法基于量能课税原则对负担能力进行衡量。例如,甲分别持有 A、B 两家目标公司的 10% 的股权,甲取得 A 公司股权付出的对价为 180 万元,取得 B 公司股权付出的对价为 80 万元(均以支付现金方式取得)。由于经济不景气问题,甲所持有的 A 公司 10% 股权公允价值跌至 140 万元,甲以 160 万元转让于乙(不考虑相关税费)。国税 67 号文明确,以支付现金方式取得的股权原值为取得股权所实际支付的价款,同时由于 160 万元的转让价格并未低于该股权的公允价值,因此税务机关不能进行核定征收。由于甲所持有 A 公司的股权原值为 180 万元,取得的转让收入为 160 万元,甲仅需要进行申报,而无须缴纳个人所得税。后甲将其持有的 B 公司 10% 股权以 100 万元的市价转让于丙(同样不考虑相关税费),此时丙需要为甲代扣代缴 4 万元的应纳税额[(100 - 80) × 20%]。综合来看,甲的两次股权转让行为并未使其负担能力发生变化,但其将 B 公司股权转让给丙产生的纳税义务,实际让其承担了减损经济负担能力

〔1〕 详见财政部、国家税务总局、证监会《关于个人转让上市公司限售股所得征收个人所得税有关问题的通知》。

的后果。

二、股权转让个人所得税计税依据的省察线索——量能课税

股权转让个人所得税计税依据的法定线路应当遵循税法的原则与价值追求，其中量能课税原则不仅是重要的检视标准，更是税收公平实现的路径选择。

(一)量能课税的原生内涵

量能课税原则孵育于德国宪法上的平等原则，德国宪法法院从平等原则中提取量课税原则并承认其宪法效力的属性。[1] 其基本要求在于个人税收的负担能力应当与其经济能力成正比，即对于税收负担能力强的人应当承担较多的税负，反之则应当承担较少的税负，[2]并且延伸出了对无法归结于个人的收益亦不得向其征纳超过自身收益之税的规则。[3] 该原则后被德国学者比尔克划分为纵向量能与横向量能两个视域，前者规制国家征税权对纳税人的干预界限，后者协调纳税人间的平等关系。但对于部分以社会政策导向为宗旨的税种，量能课税则为例外。但是，德国学者蒂普克指出，以实现某项社会政策为目的而对毫无经济给付能力的个人进行征税，同样是不符合量能课税要求的。[4] 可见，税法上的量能课税是一项具备普适性原则。

(二)量能课税原则的位移

量能课税原则源自法律一般的平等原则，其内涵与外延也有别于一般的平等原则。日本学者北野弘久认为，量能课税是税收立法原则，无法在税法适用或解释时运用。原因在于量能课税原则如突破立法的范围，税法则很可能成为行政机关的行政手段或是司法机关的"立法"手段。[5] 虽对量能课税贯以"原则"称谓，但我国就其在税法体系的中的定位，也曾存在普遍质疑。在我国，量能课税经历了从财政思想到税收立法原则的发展，对于量能课税原则

---

〔1〕 参见龚伟:《税法中的利益及其平衡机制研究》，中国法制出版社 2016 年版，第 128 页。

〔2〕 参见刘剑文、熊伟:《财政税收法》，法律出版社 2014 年版，第 190 页。

〔3〕 参见陈清秀:《税法总论》，台北，元照出版有限公司 2012 年版，第 37 页。

〔4〕 参见陈清秀:《税法总论》，台北，元照出版有限公司 2012 年版，第 34 页。

〔5〕 参见[日]北野弘久:《税法学原论》，陈刚、杨建广等译，中国检察出版社 2001 年版，第 95 页。

作为税法基本原则的诉求也时有发生。量能课税引入初期,虽然在宪法上能够找寻到依据,但宪法上的依据与量能课税并非充分必要的关系,并且就税法的实施现实而言,因间接税与税收特别措施的存在,量能课税无法完全贯彻,因此仅被作为一种财政思想。[1] 随着落实税收法定的呼声渐起,为实现纳税人基本权利的保护,量能课税原则逐渐被认可为一项税收立法原则,但为避免税法规则被肆意否定,其无法在税收司法及税收行政阶段被运用。[2] 近些年,量能课税原则的外延不断被拓宽。由于税法的历史任务在于促进公平分配,而公平分配的税法应当以量能负担为前提,并且就我国当前收入分配不公的事实,客观上要求税法能够实现量能负担,为此,主张量能课税应当成为税法基本原则的呼声越来越高。[3]

(三)量能课税原则的定位拷问

量能课税原则能否成为税法的基本原则关乎税法体系的建构与实施,特别是对课税要素选取的规范。量能课税原则的基本属性应当站在量能课税原则的内涵与基本法律原则的范式两个维度进行回答。现代租税国并不局限于税收法定原则的形式落实,还应当贯彻量能平等负担原则。[4] 其根据在于,现代代议制民主的设立是基于人民对其所选举出来的代议机关组成人员的绝对信任,然就政治实践而言,存在"立法过程中炮制了不合理的税法"[5]的现实,在此种情况下,纯粹的税收法定难以拘束税收立法的正当性,因此引入体现纳税人权利保障的量能课税原则显得十分必要。对此理念的贯彻不仅能够实现纳税人权利的保护,同时能够培养平等的法治意识。而基本法律原则,是指能够彰显法的根本价值的法律原则,在功能上,它是指导其所属领域的法律活动的出发点。[6] 具体到税法领域,税法的基本原则应当是贯彻于税法领域的一切活动,即税收立法、执法、司法等领域都必须遵守的基本准则。[7] 作为税法目的正当性的尺标,量能课税原则所蕴含的平等观正是检验税收立法、执

---

[1] 刘剑文、熊伟:《税法基础理论》,北京大学出版社 2004 年版,第 153 页。
[2] 刘剑文、熊伟:《财政税收法》,法律出版社 2014 年版,第 195 页。
[3] 许多奇:《论税法量能平等负担原则》,载《中国法学》2013 年第 5 期。
[4] 罗亚仓:《税收构成要件论》,湖南大学 2016 年博士学位论文,第 127 页。
[5] [日]北野弘久:《税法学原论》,吉田庆子等译,中国检察出版社 2001 年版,第 76 页。
[6] 参见张文显:《法理学》,北京大学出版社 2007 年版,第 123 页。
[7] 参见张守文:《税法原理》,北京大学出版社 2018 年版,第 35 页。

法、司法的直接依据。

(四)量能课税原则的内涵进化

随着对税法正义观探讨的深入,量能课税原则逐渐与产生它的溯源融合,即宪法的平等原则、民主原则。由最初的平等原则在税法领域的具体化上升为税法对宪法法治国家的回应,并进一步衍生出负担能力与量化平等的宏观与微观之标准。[1] 现代量能课税原则内涵的价值已经超出了原先设置时的范围,负担能力贯穿于税法的制定及适用。就税收立法而言,量能课税原则成为立法的指导与检验标准,具体而言,是指检验税法与整个法律体系、单个税种与整体税制相互统一协调;就税法解释而言,其成为法律适用正当与否的理由,要求在法律解释时阻却国库中心主义的肆虐;就税法罅漏填补而言,税收法定主义虽蕴含法治理念,但就现实而言,因存在"议员依其偏好及利益集团之压力"[2]的情形,量能课税原则实质上充当着判断实定法之正当性的作用,对税法漏洞的填补具有不可代替的作用。量能课税原则的量化平等为抽象原则的适用提供了具体路径,它要求税法在选取税基时不能竭泽而渔,更不能突破人民的生存保证底线。

综上,量能课税原则的一般适用领域当然需要拓展至股权转让个人所得税基本课税要素的确定,对股权转让个人所得税计税依据的构建起到直接的指引作用。由于计税依据是直接反映税收量上的尺标,其微观模式的合理性将直接影响具体税法规则量能平等的实现。反之,计税依据的建立如不能遵循量能课税原则的一般准则,即使能够实现法律的形式外观,也很可能会因违背宪法的平等、民主、自由的基本理念而被判定"无效"。因此,无论是对股权转让个人所得税的现行标准检验或是寻找归途,均要立足于量能课税原则的平等内涵。

三、我国股权转让个人所得税计税依据的迷思:量能不均

我国于 2018 年新修订的《个人所得税法》,将股权转让的个人所得不并入综合所得,仍单独计税。对于非上市公司一般股权转让,国税 67 号公告第 4

[1] 参见罗亚仓:《税收构成要件论》,湖南大学 2016 年博士学位论文,第 83 页。

[2] 葛克昌:《税法基本问题》,北京大学出版社 2004 年版,第 30 页。

条明确个人转让非上市公司股权时,应纳税所得额由股权转让收入减除股权原值及合理费用。对于转让上市公司限售股与转让"新三板"挂牌公司原始股,财税〔2009〕167 号文、财税〔2010〕70 号文与财税〔2018〕137 号文[1]也确定了收入减除原值与合理税费的具体细则。税基不同于税收客体之处,即是在于其对范围要求的苛刻。股权转让个人所得税计税依据确定的难点在于各项具体标准的明确,实际延展于股权转让收入的收入项和包含股权原值及合理费用的减除项的两个方面。

(一)收入项:股权转让收入的确认

国税 67 号公告第 7 条至第 9 条明确了非上市公司一般股权转让收入由股权转让而获得的直接收入、基于转让行为而产生的包括违约金在内的间接收入与在符合特定条件时产生的后续收入 3 部分组成。同时,第 10 条确定了股权转让收入应当依据公平交易原则进行确认,即纳税人转让股权,应当获得与之相匹配的回报,无论回报是何种形式或名义,都应作为股权转让收入的组成部分。公平交易原则的内涵不仅包括"正所得",同时应考虑"负所得"。此时的"负所得"应当考虑在股权交易过程出现的股权价值变动的现实。

以实践中存在的对赌协议为例。2007 年苏宁环球与张某某及张某某签订的单向对赌协议约定,苏宁环球向张氏父子 2 人非公开发行股票,用于购买其合计持有的南京浦东房地产开发有限公司(以下简称浦东公司)84% 的股权,张氏父子同时以浦东公司业绩为担保,约定未达到业绩盈利的,将补偿苏宁环球差价。2008 年浦东公司未达预期业绩,2009 年张氏父子向苏宁环球补偿 2.94 亿元。[2] 这一对赌交易中,国家税务总局向江苏省地税局回复国税函〔2011〕89 号文,确认张氏父子与苏宁环球之间系股权转让行为,并就转让价款征纳个人所得税。但因对赌失败而致使的巨额补偿款能否调减当初股权转让的收入,进而申请退税,国税函〔2011〕89 号文和国税 67 号公告并未明确。对于"新三板"挂牌的股份转让及上市公司限售股转让,同样仅确认了各种形式的正收入,而未就"负所得"做任何说明。事实上,关于"负所得"之标

---

〔1〕 详见财政部、国家税务总局、证监会《关于个人转让上市公司限售股所得征收个人所得税有关问题的补充通知》;财政部、国家税务总局、证监会《关于个人转让全国中小企业股份转让系统挂牌公司股票有关个人所得税政策的通知》。

〔2〕 参见吴健、吕士柏:《个人所得税实务》,中国市场出版社 2017 年版,第 284 页。

准,统观个人所得税的相关法律文件皆未有之。其产生的直接效果是,税法上对于已经产生了纳税人负担能力变化的现实概难承认,显然不符合量能课税对单个主体基于同一行为而产生的后果进行平衡考虑的要求。

(二)减除项:收入扣除项目的确认

1. 股权原值及合理费用的单一

股权原值,是指转让人因取得所转让股权时所支付的对价及受让过程中所产生的合理费用总和。合理费用,是指在股权转让过程中按照规定支付的有关税费。受技术条件的限制,对于转让技术准备完成前的限售股,财税〔2009〕167 号文以规定股改限售股以股改复牌日收盘价的 15%、新股限售股上市首日收盘价的 15% 直接确认股权原值与合理费用之和。可见,除转让技术准备完成前限售股的减除项出于效率原则考量作出了人为的固定减除额外,其他类型的股权转让均是以原值与转让中的合理费用之和确定减除项,这实际与净所得之目标相差甚远。根据成本扣除理论,成本扣除应当包含直接成本与间接成本两项,前者为获取收入时所产生的直接成本,后者则是由于在维护收入过程中所产生的支出。[1] 由于股权维护不同于一般实体财产的维护,原则上不存在间接成本。但一个不可忽视问题是,在长期持有股权的情况下,所发生的货币通胀致使股权价格不再是股权转让所得的真实反映,只有将该部分考虑进减除项目中,才能尽可能地反映净所得。当下股权转让个人所得税的计税依据的缺漏表现在不区分个人持有股权期限及对长期持有股权而产生的时间成本与通货膨胀指数的忽视。

2. 缺乏亏损弥补机制

相较综合所得计算的方式,股权转让所得单独计税的方式虽然操作较简便,但是否符合量能课税的要求则另当别论。作为个人所得税分类税制下的一环,股权转让个人所得税尚缺乏完善的价值确认机制。如前所述,现有计税方式仅确认了"正所得"的计税面,未考虑"负所得"的要求,减除项设计不具备科学性。在单一的计税依据下,时常高估股权自身的价值,迫使转让双方主体寻求脱法的避税方式甚至违法的逃税手段。缺乏损失弥补机制缺陷的现实,是我国股权转让个人所得税计税依据量能不均的一个重要缘由。

尽管各国理论与现实存在明显的差异,但就个人股权转让课税而言,股权

---

〔1〕 参见刘纯林:《个人所得税法变更专题研究》,中国出版集团 2015 年版,第 349 页。

转让过程中所产生的实际亏损均应当被视为股权转让个人所得税的重要考量因素。为最大可能地接近净所得,英国 1982 年的 CGT 法案开始实施指数化免税额,并于 1998 年被递减制度所代替。[1] 即依据持有年限针对经营性资产最多减少 75% 应税收益,非经营性资产最多减少 40% 应税收益的制度。[2] 同时,CGT(Capital Gains Tax Act,CGT)法案为适应不同情形引发的亏损,设置了年度减免额、滚动减免及亏损减免等多种减免方式。[3] 由于美国采取的所得概念于 1955 年美国联邦最高法院确认为"财富的不可否认的增加",[4] 资本利得也被认为是净值,因而可能出现收益减除损失为负值的情形,此时的净所得会反映为该纳税年度的利亏。[5] 对于个人产生的资本利亏可以抵扣一般的所得。利亏抵免每人每年上限为 3000 美元,对于有超出的利亏而尚未于当年抵免的,允许其结转至下一纳税年度。

我国关于个人独资企业、合伙企业投资者征收个人所得税以及企业所得税中均设计了亏损弥补机制,目的在于保障投资者利益、实现税负公平。而现行个人所得税法中"财产转让所得"属于单独的所得类型,对于财产转让所得没有设置亏损弥补机制,且按次征收个税,由此产生的税负不公是导致我国对"财产转让所得"征收个人所得税存在争议的原因。股权作为中国居民主要资产形式之一,具有交易频率高,资产数额大等特点,若只对股权转让"正所得"所得征税,而对股权交易亏损视而不见,实有违量能课税原则。因此,设计合理的亏损弥补机制是我国股权转让个人所得税计税依据构建中的重要一环。

---

[1] 递减制度仅适用于个人资本利得税制,公司税仍旧适用指数化免税额。

[2] 参见[美]休·奥尔特、[加]布莱恩·阿诺德:《比较所得税法——结构性分析》,北京大学出版社 2013 年版,第 146~147 页。

[3] 参见李春年:《英国税制中资本利得概念的引入对我国税制改革的借鉴作用》,载《东南大学学报》(哲学社会科学版)2006 年 S1 期。

[4] 财政部税收制度国际比较课题组:《美国税制》,中国财政经济出版社 2000 年版,第 64 页。

[5] 参见[美]凯文·E. 墨菲、马克·希金斯:《美国联邦税制》,解学智等译,东北财经大学出版社 2001 年版,第 107 页。

四、股权转让个人所得税计税依据的重构——以“利亏”为核心

无论是消费型所得、限制性所得及概括性所得,其对“所得”范围的追求均是以量能课税为出发点,只有将真实的净所得作为计税依据才能实现公平分配的目标。个人所得税法虽设置了一般扣除、特别扣除及专项扣除等为最大限度接近净所得的减除措施,但就个人股权转让所得而言,尚未在收入项与减除项中确立利亏抵免的制度。现行股权转让个人所得的确认虽以收入项减除原值及合理费用为原则,但在具体实施过程中,由于税收规范文件的用语局限性,对转让收入的确认往往会将非基于转让行为产生的进项计入转让收入中,而对扣除项也仅表述为股权原值与合理费用,对合理费用的具体范围未作详细列举,以致经常将税务机关的“执法惯例”作为合理费用的依据。为尽可能使个人股权转让的所得还原到净收益,确有必要将收入项与减除项进行细化。虽然复杂,但在量能课税的要求下,此种技术性安排不应该因效率要求而有所规避。

(一)收入项的“利亏”

个人股权转让的收入项应当体现股权交易中的与股权真实价值相对应的部分,因此对于名义上为股权转让收入,但实质上并不存在对价意义的“收入”部分,应当依据量能课税的基本要求作剔除。这主要包括非转让收入及交易行为完成后的收入变动。

1. 个人股权转让收入应当依据公平交易与量能课税原则对净所得的要求进行确认。对于仅属于因股权转让行为而产生的进项才有认定为收入的法理基础。确认收入的首先适用的原则为公平交易原则。对于股权转让过程中出现的转让对价均应经过公平交易原则的审视,只有将属于股权价值本身的对价作为本次交易计税依据才符合量能课税的平等内涵要求。

对于真实收入的挖掘,公平交易原则与量能课税原则的作用并不是平行的。公平交易原则着眼对交易关系中法律属性的认定,“假象”收入是梳理法律关系后进行的剥离。量能课税原则更多注重结果的合理性。二者虽都内嵌着“公平”的因素,但由于公平交易原则将视角锁定于交易本身,其难以考量股权转让中导致的负担能力变化。因此,量能课税原则在公平交易原则适用出现不符合“公平”内涵时应当成为其上位原则。即对收入项“利亏”的确认

首先适用公平交易原则,量能课税原则则用来把握底线。

2. 个人股权转让收入项的确认应当是动态的。由于复杂的经济交互模式,使市场交易中的对价时常会依据事先设定的条件进行变化,股权转让过程中最典型的即是结果不确定的对赌协议。

对赌协议本质是信息不对称条件下,当事人为弥补不对等的市场地位而为交易标的设置的估值调整机制。[1] 从对赌协议产生的功能目的看,其一开始就是为了能够使当事人了解到真实的公允对价而做出的努力。在触发对赌条件时受调整的股权价格此时才是被双方所认可的交易价格,因此,基于对赌条件发生后调整的价格才是真实的股权转让收入,对于此部分发生的计税依据变动应当被承认。这同时也解释了《个人所得税法实施条例》及国税 67 号文关于股权转让行为完成后产生的后续收入仍旧认定为股权转让对价处理的合理性。

但对于计税依据是否应当完全依据对赌协议事先约定的调整规则而变动,则需要进一步论证。由于对赌协议的性质龃龉,属于经济发展超前性与法律稳定性的矛盾面,对于其性质认定存在射幸合同一说。[2] 如将对赌协议认定为射幸协议,则双方于事先存在的投机因素将被认可。此时,如果将基于投机而获得的利益作为股权转让个人所得税的征税对象,显然是属于税目适用错误的情形。为此,有必要引入能够以调整后的价格确认为“合理价格”的措施。具体做法上可以采用类预约定价的措施,或者通过预先裁定的方式,由税务机关事先介入认可对赌的合理区间,在该区间内的价格变动应当依据初始的应纳税款做调整。

(二)减除项的利亏

减除项的设计目的在于,将因股权转让产生的市场公允对价通过扣除原先持有人的获得、持有成本,来还原股权转让人所获得的真实所得,以实现对其整体税收负担能力的考察。在个人股权转让的减除项中,应当确立刨除通货膨胀及受时间成本影响的机制,并确立有利于表达整体负担能力的“负所得”概念。

第一,个人股权转让收入在有确定的金钱对价之时,同时应当考虑金钱对

---

[1] 参见傅穹:《对赌协议的法律构造与定性观察》,载《政法论丛》2011 年第 6 期。

[2] 参见谢海霞:《对赌协议的法律性质探析》,载《法学杂志》2010 年第 1 期。

价自身对股权价值的影响机制。对于转让长期持有的股权,其以金钱为表现形式的对价中包含股权自身对应的价值部分以及因通货膨胀或汇率变动而生的“假象收入”部分。

对此,日本在设置“特别扣除项”(德国为“储户免税额”)的同时,直接以所得的50%作为计税依据(德国为60%),来削减通货膨胀或汇率变动对个人收入的影响。英国则设置了“指数化宽免”,以各纳税年度内财政部门颁布所统计的通胀程度为依据进行调整,征税机关同时要针对不同主体设置不同的标准,计算过程较复杂。相较之下,采用固定比例的方式较简单,一方面符合稽征经济原则对效率的追求,另一方面能够与我国当下税法体系建设的现实进程相互照应。我国目前对个人股权转让所得虽未采取此种做法,但在“新三板”股票的股息、红利分配中,财税〔2014〕48号与财政部公告2019年第78号[1]已经确立了对持有时间超过1个月至1年的股票所分配的股息、红利仅按其50%作为计税依据的规则。这已经为股权转让过程中适用比例扣除法对转让所得征收个人所得税作了有益探索。

但是,采用直接划断时间的方式作为比例扣除的依据是稽征经济原则的体现,并不必然的符合量能课税的要求。“概算化”是基于稽征经济原则为尽可能追求量能课税的效果而采取的具体措施,虽其本意在于实现平等课税的目的,仍需要警惕因为采取此种比例的“概算化”而带来的损害量能课税的可能。概算指数应当充分考虑我国不同类型股权的价值机制以及不同行业间股权转让为转让人带来的利益而进行分类设计。

第二,个人所得税法并未设置财产转让所得项目下的统一亏损抵免,因此对于单次的个人股权转让所得来说,其计税底线仅保持在“零所得”,而不存在“负所得”的可能。依据量能课税原则对单个纳税人的负担能力的定位,如个人经济活动产生的损失无法反映在其计税依据上,则无法实现概括性所得对“净所得”的回归。

从域外经验看,大部分国家均确认了资本亏损的相互抵免的规则。美国对于转让股权等资本资产的计税要求在本纳税年度内先进行单独核算。首先,以持有期限区分长期资本利得(LTCG)与短期资本利得(STCG);其次,依

〔1〕 详见财政部、税务总局、证监会《关于继续实施全国中小企业股份转让系统挂牌公司股息红利差别化个人所得税政策的公告》。

据资本利得总额减除资本利亏总额的公式分别单独计算长期资本利得额与短期资本利得额;最后,将长期资本交易产生的利得或利亏合并计算,即在一个是利得、一个是利亏的情形下,合并计算得出转让资本的净所得。[1] 美国虽设置了每年3000美元的利亏抵免上限,但同时允许对该亏损的无限制结转,日本更是在一般股权转让所得计税时允许跨类型的利亏抵免。[2]

我国目前采取分类综合所得税制,进行个人所得全部项目的亏损抵免并不现实。并且就个人股权转让所得的特殊性而言,将其亏损与其他项目进行抵免,可能为避税设计提供更多的选择。但仅就股权转让所得的情形下设置亏损抵免则是可行的。具体而言,在确认单次股权交易中产生的利得或利亏,如产生利得则应当按次进行征纳税,如产生利亏则应当允许将该部分利亏结转至下次相同类型的股权交易。在前述案例中,如允许亏损抵免,甲的第一次转让行为所产生的实际亏损应当被计入其个人所得之中,结果将是前次20万元的利亏与后次20万元的利得合并计算,甲将无须缴纳个人所得税。

由于我国二级市场、"新三板"市场及一般股权的价值作用机制并不完全一致,对于利亏部分的抵免应当仅限于各自的范围内。拓展至股权转让的具体税法规则而言,由于财税字〔1998〕61号文、财税〔2018〕137号文的阻却,上市公司于二级市场股票转让所得及"新三板"挂牌公司非原始股转让所得均不征纳个人所得税,因此利亏制度试行初期并不存在适用空间。"新三板"市场原始股的买受人多出于对股份未来升值空间而所作的经济决定,对时下交易价格的确定也表现出短期浮动,其价值机制打破了一般股权将公司的账面价值作为核心因素。因此,对于一般股权转让所产生的利亏与转让"新三板"原始股所产生的利亏之间应当设置"樊篱",防止纳税人以此进行的避税设计。

需要说明的是,在量能课税原则下,无论是二级市场流通股的转让所得还是"新三板"非原始股的转让所得,转让人皆会因此部分的所得增强经济负担能力,对其征收个人所得税符合量能课税的要求。但量能课税原则同样要求,所课征之税应当与纳税人的收入之间形成正比,即所课征的所得税应当以纳

---

〔1〕 参见财政部税收制度国际比较课题组:《美国税制》,中国财政经济出版社2000年版,第69页。

〔2〕 参见杨娟:《个人股权转让所得税制度的反思与重构》,载《税务与经济》2017年第2期。

税人的"净所得"为基础。考虑到现行股权转让个人所得税计税依据所确定的所得与"净所得"目标相差甚远,对二级市场流通股或新三板非原始股转让所得的课税也必须建立在计税依据引入"利亏"的基础上。当下"利亏"制度的构思或许也为开征二级市场股票转让所得与"新三板"市场非原始股转让所得的个人所得税提供了一个重要契机。

五、结　　语

现代民主与法治社会追求法制形式及法治精神,税法竞合了国家征税权与公民财产权,股权转让个人所得税计税依据的正是二者博弈的缩影。于"不平衡不充分的发展"的当下,股权转让个人所得税需要重视群体间收入差异的协调,同时需警惕因过分强调差异协调而带来的纳税人个体的不平等现象。立足量能课税原则的股权转让个人所得税要求其尽能够充当利益调节器,在特定时期有效发挥法律构建和谐社会的作用。对股权转让个人所得税计税依据的收入项与减除项的进阶需要注重制度结构带来的直接效用,于收入项中剔除"假象收入"后并以动态的视角去确定是使收入的确定符合"净收入"的基本要求,而设置考虑利亏制度的减除项是对纳税人负担能力的真实反映。完善股权转让个人所得税计税依据实则是在落实税收法定的进程中为股权转让个人所得税寻找符合税法正义的模式,以求为税法的形式正义与实质正义于微观层面的实现而努力。

高校奖学金个人所得税规则的探讨与完善

肖　芸*

摘　要:《个人所得税法》中的"奖金免税条款"将高校奖学金定性为教育领域的奖金,属于偶然所得,当奖学金的颁发主体为"省级政府、国务院部委以上单位"时可免税,其余奖学金则适用偶然所得税目,承担收入全额20%之税负。在政策效果上,奖金免税条款构成对社会供给奖学金的反向歧视,有悖高等教育多元供给的政策立法导向;偶然所得规则本身亦存在不足,得奖、中奖、中彩的所得属性差异较大,适用统一的计税规则有失公允。在概念术语上,根据颁发主体确定的免税标准存在法律解释上的争议与障碍,得奖奖金亦无法涵摄高校奖学金的全部类型。完善规则,税权应保持对课税禁区的谦抑性,取缔以颁发主体为标准的免税规则,校正对社会供给奖学金的歧视倾向,以公益受赠所得重新归纳整理奖学金等慈善公益奖金,使之与中奖、得奖奖金相区分,进而推进偶然所得内部的类型分化与边界的有序扩张。而当前政府供给奖学金的法律本质是政府基于高等教育支出责任的财政给付,基于收益的"非交易性",否定其可税性,应当排除在应税所得范畴之外。

关键词:高校奖学金;奖金所得;偶然所得;慈善捐赠;高等教育多元供给机制

一、引言:概念界定与问题提出

目前,关于我国高校奖学金个人所得税方面的研究非常有限。教育学视角下的我国高校奖学金是高等教育学生资助体系的重要组成部分,在实现和促进高等教育公平与效率方面发挥着不可忽视的功能作用。[1] 基于教育公

---

* 武汉大学法学院经济法学硕士研究生。

〔1〕 参见韩丽丽、李廷洲:《改革开放40年我国高等教育资助体系的回顾与展望》,载《中国高教研究》2018年第6期。

平与效率两大价值,可将奖学金分为“资助型奖学金”和“奖优型奖学金”,[1]也可表述为“贫寒奖学金”与“荣誉奖学金”。[2] 前者以学生家庭贫困度为核心标准,[3]彰显公平价值;而后者以学生优异度为核心标准,维护效率价值。依据资金来源的不同可将奖学金分为政府供给奖学金与社会供给奖学金。目前,尽管高校事业性收费和社会慈善捐助的规模与占比不断攀升,政府财政拨款仍然是高校奖学金主要资金来源。依据《2018 年中国学生资助发展报告》(以下简称《报告》),[4]当年政府财政拨款占高校资助资金总额的 46.1%(530.31 亿元),而源于高校事业性收费、社会慈善捐助的资金规模达 294.45 亿元,有 113.87 亿元用于设立奖助学金。本文所讨论的“高校奖学金”,是指政府、高校、企业、慈善组织、个人等公私主体无偿投入设立的各种奖助学金的总称。

高校奖学金作为高校学生的重要收入形式之一,依据《报告》,2018 年我国高校奖学金规模已达到 578.39 亿元,与 2012 年(291.34 亿元[5])相比,增幅达 98.53%。面对规模庞大、增长迅速的高校奖学金资金流动,个人所得税法需要考虑介入的可能性、必要性及合理性。文章的内容安排如下:首先,梳理与分析我国高校奖学金个人所得税规则,对现行规则的特征进行总结与概括;其次,分别从政策效果和概念术语两方面对现行规则展开分析;最后,提出完善规则的建议。

---

[1] 刘燕:《中国大学奖学金问题研究》,华中科技大学 2006 年硕士学位论文,第 21 页。

[2] 伍力、黄权标:《中美高校奖学金制度之比较研究及启示》,载《世界教育信息》2006 年第 11 期。

[3] 以学生贫困度为核心标准是指学生家庭经济状况必须符合贫困标准才有资格参与评选,学生的优异程度并不排除纳入考量范围。

[4] 参见全国学生资助管理中心:《2018 年中国学生资助发展报告》,载阳光高考网:https://gaokao.chsi.com.cn/gkxx/zc/moe/201903/20190313/1772422951-7.html,最后访问日期:2019 年 9 月 5 日。

[5] 参见《2013 年中国学生资助发展报告》,载人民网:http://politics.people.com.cn/n/2014/0827/c70731-25545733-3.html,最后访问日期:2019 年 9 月 4 日。

二、我国高校奖学金个人所得税规则梳理

(一)奖学金的所得性质:奖金所得

结合《个人所得税法》第4条第1款和财政部、国家税务总局《关于教育税收政策的通知》(财税〔2004〕39号文)[1]的规定,高校奖学金属于所得,性质为奖金所得。

《个人所得税法》第4条第1款(以下简称奖金免税条款)规定:“下列所得免征个人所得税……省级人民政府、国务院部委和中国人民解放军军以上单位,以及外国组织、国际组织颁发的科学、教育、技术、文化、卫生、体育、环境保护等方面的奖金。”该规定首先肯定了一个前提,科教文卫体等方面的奖金所得是我国《个人所得税法》所确认的一种所得形式,[2]即该项免税收入属于个人所得税的征税对象。在此基础上,科教文卫体等方面的奖金所得在进一步满足颁发主体免税要件时可享受免征个人所得税的税收优惠。财政部、国家税务总局《关于教育税收政策的通知》(财税〔2004〕39号)第1条第11款规定:“对省级人民政府、国务院各部委和中国人民解放军军以上单位,以及外国组织、国际组织颁布的教育方面的奖学金,免征个人所得税。”这一规定在《个人所得税法》第4条第1款的基础上,一方面,将范围锁定在了教育方面;另一方面,在措辞上将“奖金”调整为“奖学金”。

由此,可以构建起奖金与奖学金之间由财政部和国家税务总局认可的涵摄关系:(1)“小前提”奖学金是“大前提”奖金免税条款中教育方面的奖金。

---

〔1〕 根据财政部、国家税务总局《关于个人所得税法修改后有关优惠政策衔接问题的通知》(财税〔2018〕164号),财税〔2004〕39号文所涉及的教育领域税收优惠仍然有效。

〔2〕 值得注意的是,财政部、国家税务总局《关于继续有效的个人所得税优惠政策目录的公告》(财税〔2018〕177号文)易于引发争议。该规范性文件继续维持了财税字〔1980〕189号文关于“外国来华留学生,领取的生活津贴费,奖学金,不属于工资,薪金范畴,不征个人所得税”的规定。然而条文中的“不征”与公告标题中的“优惠政策”存在歧义。理论上,“免征”与“不征”相对,“免征”属于税收优惠的表现形式,是税法给予征税对象免于课税的优惠待遇;而对某项收入不征税是因为该项收入本就不属于个人所得税的征税对象,非立法者给予的优惠特权。只是在法律效果上,免征收入与不征收入均表现为无须负税。笔者认为,这里的“不征”仅客观描述了奖学金无须承担税负的法律结果,应替换为“免征”,这与现行规则的整体逻辑保持了一致。

(2)当满足颁发主体为“省级人民政府、国务院各部委和中国人民解放军军以上单位”时,能够享受免税优惠。[1] (3)奖学金是我国个人所得税的征税对象。

(二)奖学金的适用税目:偶然所得

不满足免税要件的奖学金应当适用哪一税目进行课税?从规则适用的形式逻辑分析,既然奖学金属于奖金免税条款定义的教育领域奖金,那么该奖金所得归属的具体税目自然是高校奖学金应当适用的税目。从规范、实践、理论等层面研判,它均可归属于“偶然所得”。从规范层面来说,《个人所得税法实施条例》第6条第1款第9项的规定很明确,“偶然所得,是指个人得奖、中奖、中彩以及其他偶然性质的所得”。中奖、得奖所得均可从文义上推导出属于“奖金所得”,中彩所得虽在字面上与奖金无涉,但中彩在生活中全称为彩票中奖,可视作中奖的特殊类型,故也可纳入奖金之范畴。可见,现行法下偶然所得的类型化成果以“奖金”为主,具体可分为中奖、得奖、中彩等类型。奖金免税条款中的“奖金所得”显然范围更狭小,被进一步限定在“科学、教育、文化、体育、卫生、环境保护等方面”。因此,有学者就认为,奖金免税条款下的奖金所得应对应偶然所得中的“得奖”所得。[2] 国家税务总局《关于个人取得的奖金收入征收个人所得税问题的批复》(国税函〔1998〕293号文)[3]可间接佐证这一推论。该批复明确,不符合颁发主体免税标准的奖金所得,无论其资金来源,不得享受免税待遇,应按“偶然所得”税目征收个人所得税。尽管该回复并不具有普遍适用的法律效力,却直接表明了国家税务总局对于此类奖金

〔1〕 在实践中,明确满足这一标准的高校奖学金有国家助学金、国家奖学金、国家励志奖学金、研究生学业奖学金,其共同特点是由教育部、财政部联合发文设立,有专门的财政立项,由中央财政独立负担或中央与省一级政府财政按比例分担,纳入相应级别的政府财政预算。此外,省级政府、军级单位设立颁发的奖学金也能满足这一免税标准,如湖北省政府奖学金、上海市奖学金、国防奖学金等。

〔2〕 参见耿颖:《奖金所得免税的法律规范与实践审思》,载熊伟主编:《税法解释与判例评注》(第10卷),法律出版社2018年版。

〔3〕 该函回复:你局《关于个人从省以下政府或政府其他部门取得的奖金征收个人所得税的请示》(桂地报二字〔1998〕20号)收悉,经研究,现批复如下:根据《个人所得税法实施条例》的规定,个人因在各行各业做出突出贡献而从省级以下人民政府及其所属部门取得的一次性奖励收入,无论其奖金源于何处,均不属于税法所规定的免税范畴,应按“偶然所得”项目征收个人所得税。

所得适用税目的立场,这对各级地方税务机关在处理相同或类似问题有非常大的参考价值。

为进一步考证实践中的做法,笔者就这个问题通过国家税务总局“12366”纳税人服务平台,选取北京市、湖北省、湖南省、重庆市、上海市、广东省税务局进行了询证。[1] 除重庆市税务局外,其余税务局均在答复中提及财税〔2004〕39号文,认为不满足免税要件的高校奖学金应当缴纳个人所得税。对于奖学金适用税目,北京市税务局明确表示,不满足免税要件的高校奖学金应按偶然所得缴纳个人所得税。[2] 此外,大多税务局建议“联系主管税务机关予以裁决”。排除消极征管等法外因素的影响,[3] 不满足免税要件的高校奖学金通过奖金所得适用偶然所得税目符合现行法的形式逻辑。

(三)现行规则的特征归纳

我国高校奖学金现行个人所得税规则的涵摄逻辑,如图1所示:

---

〔1〕 参见《高校奖学金适用税目、税率及优惠政策》,载北京市税务局官网:https://12366.chinatax.gov.cn/nszx/onlinemessage/detail?id=6bea72958a7a442e843fc79327fc9a98,最后访问日期:2019年11月19日;《高校奖学金个人所得税适用哪一税目?有何种税收优惠?》,载湖北省税务局官网:https://12366.chinatax.gov.cn/nszx/onlinemessage/detail?id=7b5fa1a46f4c429ba54a57 5dfa39a0cc,最后访问日期:2019年11月19日;《高校奖学金适用税目和税收优惠政策》,载湖南省税务局官网:https://12366.chinatax.gov.cn/nszx/onlinemessage/detail?id=1745cbcb404b4b36a68c492c9ceff68b,最后访问日期:2019年11月19日;《高校奖学金个人所得税税目、税率以及税收优惠政策》,载重庆市税务局官网:https://12366.chinatax.gov.cn/nszx/onlinemessage/detail?id=d8b176ff639947908ea12fcd 1e911110,最后访问日期:2019年11月19日;《高校奖学金适用何种税目?税收优惠如何理解?》,载上海市税务局官网:https://12366.chinatax.gov.cn/nszx/onlinemessage/detail?id=ee7e5a8e83454d5ab357f6d4 3e59ca4b,最后访问日期:2019年11月19日;《高校奖学金如何缴纳个人所得税》,载广东省税务局官网:https://12366.chinatax.gov.cn/nszx/onlinemessage/detail?id=e704cb258fc34e 308e6b0d7adef30617,最后访问日期:2019年11月19日。

〔2〕 这一回复与笔者亲身经历相符。笔者曾获得2017年度“王汉斌奖助学金”,该奖学金由王汉斌法学基金会面向多家高校法学院设立,基金会设立于北京。依照北京市税务局确认的偶然所得税目,基金会作为奖学金的扣缴义务人,按偶然所得20%税率代扣代缴所得税。奖励金额为每人6000元,实际到账4800元,可见实践做法与该回复相互印证。

〔3〕 消极征管的例子可见广州市地方税务局《关于个人所得税若干业务问题的通知》(穗地税发〔2004〕64号)第5条规定,“关于学校向学习成绩优异的学生发放奖学金的征免税问题,对学校向学习成绩优异的学生发放的奖学金,在国家税务总局未有明确规定之前,暂不计征个人所得税”。

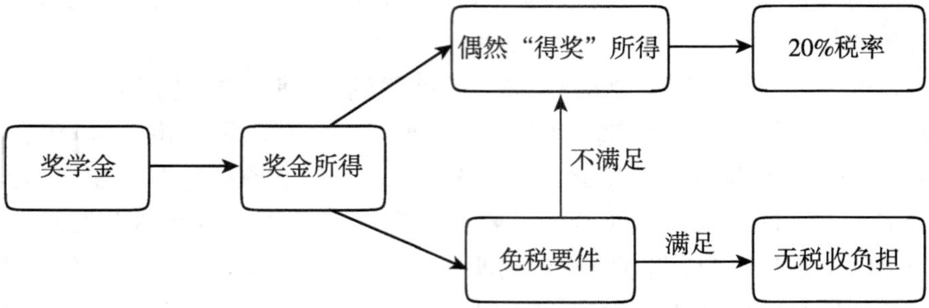

图1 我国高校奖学金个人所得税规则的涵摄逻辑

现行规则的特征可概括为两个方面:一是以“奖金所得”为纽带,二是以“免税条款”为核心。前者是指奖金所得既是奖学金与免税规则的连接点,也是奖学金与偶然所得的连接点;后者是指如何理解和解释“颁发主体”免税要件是规则适用的关键。这是因为满足免税要件的奖学金与不符合免税条件的奖学金税负差异较大,对于免税要件的解释将存在极大的利益博弈动机。

三、政策效果的反思与探讨

税法规则的政策效果是客观存在的,其哲学基础在于上层建筑对于经济基础的反作用。随着调整对象不断发展变化,规则设计之初原本积极的政策效果可能发生异化。这要求立法者时刻关注调整对象的发展变化,及时评估规则政策效果的适应性与合理性。

(一)奖金免税条款的时代局限

奖金免税条款的时代局限核心在于,将颁发主体设定为免税标准不符合高等教育多元供给和鼓励高校慈善事业发展之趋势。

尽管《个人所得税法》2018年才修改,奖金免税条款以颁发主体为免税要件却肇始于1993年。在很长的一段历史时期内(新中国成立初期到20世纪80年代中期),我国高等教育实施免费政策。[1] 高等院校长期被视作政府负责高等教育的职能机构与下设部门,政府财政拨款在高校经费资金来源中占绝对主导地位。20世纪90年代初期,高校自行筹集和社会慈善捐助虽然有

[1] 参见秦福利:《高等教育成本分担研究》,北京理工大学出版社2012年版,第49页。

所发展,但相较政府财政拨款,其资金体量还比较有限。自 20 世纪 80 年代以来,政府间高等教育支出责任主要是根据高校的行政隶属关系由中央(教育部等部委)与地方(主要是省级地方政府)分级承担。[1] 在此背景下,将颁发主体即省级政府、国务院部委以上等单位设定为免税标准,基本能够让绝大多数高校奖学金享受免税待遇。此时的税权对高校奖学金保持了谦抑态度,对此应当给予正面评价。

然而,这一积极的政策效果却随着高等教育及慈善事业的发展发生了变化。随着我国市场化改革的不断深入,高等院校外部独立、内部自治的法人主体地位在理论研究层面得到广泛的支持与推崇,相关保障和强化高校自主办学、独立办校的权利(力)的法律法规、政策文件相继出台。与此同时,高校经费来源也由政府财政拨款的一元供给模式向政府、受教育者、社会捐赠多元化供给模式转变。例如,财政部与教育部联合下发《中央级普通高校捐赠收入财政配比资金管理暂行办法》(财教〔2009〕275 号文)就明确规定,由中央财政设立配比资金,对中央级普通高校接受的捐赠收入实行奖励补助,从而推进高校积极拓宽筹资渠道,引导和鼓励社会各界向高等学校捐赠,丰富高等教育筹资渠道。立法上,2016 年制定的《慈善法》明确了国家鼓励全民参与慈善事业的政策立场:慈善主体从政府主导到积极培育慈善组织转变;慈善活动的范围从扶贫、济困、救灾的“小慈善”扩展至科学、教育、文化、卫生、体育、环保等多领域的“大慈善”;《慈善法》还特别规定了捐赠人、受益人有享受税收优惠的权利。[2] 2018 年修订的《高等教育法》确立了完善与落实高等教育多元供给

〔1〕 参见赵永辉:《我国高等教育支出责任与财力保障的匹配研究》,华中科技大学 2012 年博士学位论文,第 49 页。

〔2〕 《慈善法》第 3 条规定:“本法所称慈善活动,是指自然人、法人和其他组织以捐赠财产或者提供服务等方式,自愿开展的下列公益活动:(一)扶贫、济困;(二)扶老、救孤、恤病、助残、优抚;(三)救助自然灾害、事故灾难和公共卫生事件等突发事件造成的损害;(四)促进教育、科学、文化、卫生、体育等事业的发展;(五)防治污染和其他公害,保护和改善生态环境;(六)符合本法规定的其他公益活动。”第 4 条规定:“国家鼓励和支持自然人、法人和其他组织践行社会主义核心价值观,弘扬中华民族传统美德,依法开展慈善活动。”第 80 条规定:“自然人、法人和其他组织捐赠财产用于慈善活动的,依法享受税收优惠。”第 81 条规定:“受益人接受慈善捐赠,依法享受税收优惠。”

机制的发展目标,[1]首先要求高校通过多种渠道筹措办学经费,其次明确政府有责任保障国家举办的高等教育之投入,再次基于成本负担理论要求受教育者承担一定费用,最后鼓励企事业单位、社会团体及个人对高等教育进行捐赠投入。

应当看到,我国高等教育的属性正在经历一个转变过程:由政府唯一供给的"公共服务"逐渐转变为政府、社会、受教育者多元供给的"准公共服务"。有学者将当前高等教育供给来源分成3个维度:"一是政府,即财政拨款;二是市场,即收费;三是慈善,即捐赠。"[2]慈善捐赠与市场收费属于"社会供给"之范畴,与"政府供给"形成对照。高校奖学金作为高等教育投入的一种形式,也可分为高校自筹设立、社会慈善捐赠和政府基于教育支出责任设立3个供给维度,三者共同增加高等教育之投入,致力于高等教育之发展。[3]

根据一般经济学原理,"在公共服务供给问题上人们只关注公共服务的总供给量而不在乎其来源,私人供给与政府供给存在完全的替代效应"。[4]无论是来政府财政拨款设立的奖学金,还是高校以自筹资金设立的奖学金、社会慈善捐赠设立的奖学金,对于高校学生来说均具有相互替代性。可以看到,相较政府供给资金,奖金免税条款致使社会供给资金在参与高校奖学金供给时需要支出更多的成本。[5]如果继续维持颁发主体作为免税要件,将抑制社会资金的有效供给,不利于扩大政府以外的资金来源,有悖高等教育与慈善事业的发展趋势。

---

〔1〕《高等教育法》第60条规定:"高等教育实行以举办者投入为主、受教育者合理分担培养成本、高等学校多种渠道筹措经费的机制。国务院和省、自治区、直辖市人民政府依照教育法第五十六条的规定,保证国家举办的高等教育的经费逐步增长。国家鼓励企业事业组织、社会团体及其他社会组织和个人向高等教育投入。"

〔2〕乔春华:《高等教育供给侧改革的财务视角》,东南大学出版社2017年版,第57页。

〔3〕高校自筹设立与社会慈善捐赠设立的奖学金定义为"社会供给奖学金",而政府基于高等教育支出责任设立的奖学金为"政府供给奖学金"。

〔4〕闵琪、伊淑彪:《慈善捐赠与政府拨款的关系:以高等教育为例》,载《中国行政管理》2016年第4期。

〔5〕不考虑其他成本的情况,如果要使获奖高校学生实际得到10,000元的资助,政府供给奖学金实际支出10,000元即可实现目的,无须考虑税负;社会供给奖学金则需要实际支出12,500元才能达成相同效果。

（二）偶然所得规则的公平检视

如果说奖金免税条款造成了奖学金内部税收待遇的失衡，那么偶然所得规则则存在造成奖学金外部税收待遇失衡之隐患。所谓外部失衡，主要表现为奖学金等公益慈善奖金与偶然中彩、中奖所得之间税收待遇问题。

在实施条例层面，偶然所得类型化为得奖所得、中奖所得及中彩所得。尽管3种所得性质上有出入，但仍然统一适用相同的课税规则（按收入全额的20%计征税款）。但在规范性文件层面，部分“中奖”“中彩”所得却享受了起征点制度，如体育彩票中奖、〔1〕发票中奖。〔2〕这些规范性文件通过例外规则在扩展免税范围的同时，绕开了上位法规定的统一计税规则，自然要受到税收法定原则的质疑。正本清源，上位法本身存在的“横向公平”问题同样引人深思。

中彩、中奖、得奖所得同为偶然所得，其中中奖、中彩所得以金额为免税标准，而科学、教育、文化、卫生、体育、环境保护等领域的得奖奖金却以颁发主体为免税标准，这种免税标准差异化的正当性基础何在？或许，这种差异恰恰隐喻了偶然所得内部类型分化的趋势。得奖、中奖、中彩所得虽然均可总结为奖金所得，然而在实践中呈现的属性差异其实并不小。奖金被广泛运用在员工激励、商业销售、公益慈善、检举违法犯罪等领域，且金额大小不等。随着彩票事业的发展，大额、巨额彩票中奖事件屡见不鲜。随着慈善组织、慈善理念及相关法律法规的发展与完善，科学、教育、文化、卫生、体育、环保等领域各类公益慈善奖金名目层出不穷，资金规模也在不断发展壮大。笔者认为，“奖金免税条款”下的“奖金”，具有慈善公益属性，显然与彩票中奖、商业销售、员工激励等奖金承载不同的功能价值。此时若继续维持统一的计税规则，很难彰显个人所得税法调节收入分配、维护公平正义的价值功能。

综上所述，无论是奖金免税条款还是偶然所得计税规则均存在政策效果滞后于调整对象发展变化的问题。应当以顺应高等教育、慈善事业发展需要

---

〔1〕 财政部、国家税务总局《关于个人取得体育彩票中奖所得征免个人所得税问题的通知》（财税字〔1998〕12号文）规定：“凡一次彩票中奖收入不超过1万元的，暂免征收个人所得税；超过1万元的，应按税法规定全额征收个人所得税。”

〔2〕 财政部、国家税务总局《关于个人取得有奖发票奖金征免个人所得税问题的通知》（财税〔2007〕34号文）规定：“个人取得单张有奖发票奖金所得不超过800元（含800元）的，暂免征收个人所得税。”

为标准,通过法律解释或法律构造的方法对现行规则进行矫正和优化。

四、概念术语的反思与探讨

法律规范须回应调整对象的发展需要,但从稳定性上来讲,又不能完全摆脱既有的规则体系。概念术语是规范体系的一砖一瓦,应将两者相结合,通过完善条文术语的形式逻辑,顺应调整对象的发展趋势,追求实质层面的逻辑自恰。

(一)“颁发主体”的争议与障碍

前文提道,如何理解和解释颁发主体免税要件居于规则适用的核心。有学者以国务院部委相关的奖金为样本研究“奖金免税条款”,发现颁发主体免税标准存在边界模糊的问题,这更加为免税要件的解释提供了价值与利益博弈的空间。该学者发现,在实践中某项“奖金”的运作可能涉及设立、出资、评选、发布、冠名、主管等多方主体,这些主体的组织架构、运作方式、资金构成乃至与主管部委之间的隶属关系均会对是否符合免税要件(颁发主体)产生难以预测的影响。[1] 笔者并不赞同通过法律解释之路径理顺这些变量对于颁发主体免税要件的影响。理由在于,学理研究之所以开始关注这些因素,恰恰反映了奖金免税条款下公益慈善奖金革命性的变化,法律解释无法脱离条文字义,要受到方法选择上的限制,它不仅无法从根本上解决奖金免税条款滞后性的问题,更容易造成争议与论战,以致偏离主要矛盾。

公益慈善奖金革命性的变化具体表现为,随着慈善组织、事业单位与政府在公共职能与主体地位上的分工与分化,政府在科学、教育、文化、卫生、体育、环保等领域的公共职能开始由慈善组织、事业单位所分担。这些领域的奖金由过去以政府为主导、资金来源单一、涉及主体有限的运作模式变为公私主体交融、资金结构多元的合作化运作模式。具体到教育领域的奖金,高校以自有资金设立的“校级奖学金”是这一变化的典型例证,也是理解和解释颁发主体免税要件的争议焦点。

校级奖学金是高等院校以自筹资金为来源,面向校内学生设立的各类奖

〔1〕 参见耿颖:《奖金所得免税的法律规范与实践审思》,载熊伟主编:《税法解释与判例评注》(第10卷),法律出版社2018年版,第58~59页。

助学金的总称。校级奖学金是否满足颁发主体免税要件存在争议,根源正在于高校在运作校级奖学金时呈现的"公私交融"复杂特征。一方面,作为具体落实高等教育公共职能的事业单位,高校能够以政府供给资金作为校级奖学金的资金来源,如政府财政拨款、行政事业性收费等;[1] 另一方面,作为具有独立民事行为能力的法人主体,高校能够吸收社会供给属性的资金作为校级奖学金的资金来源,如捐赠收入、经营性收入。[2] 此外,校级奖学金的设立、管理、评选、发布主体不仅可能涉及高等院校及内部院系,还可能包括企业、依附于高校运营的慈善组织等私法主体。值得注意的是,高校与政府(部门)之间的关系也比较复杂。"自 2001 年来,中央和省级政府两级管理、以地方统筹管理为主的新的高等教育管理体制的框架基本确立。"[3] 目前,我国高等院校主要可分为公办高校与民办高校,公办高校可进一步分为中央部属高校与省属地方高校。[4] 在高校行政管理体系下,部属高校隶属以教育部为主的国务院部委,相关经费纳入中央财政预算;省属高校则由省财政供养、隶属省人民政府。

基于高校行政管理体制,有观点主张,省属、部属高校设立颁发的奖学金可等同于所属政府(部门)颁发的奖学金纳入免税范围。如果从要求校级奖

---

〔1〕 高校行政事业性收费是否属于纯粹的"政府供给"具有可辩性:高校行政事业性收费主要由学费、住宿费等收入构成,当前纳入财政预算管理,此为政府供给属性之基础。然而深究学费、住宿费的法律本质,其理论基础在于"受教育者成本负担原则",本质上属于公共服务供给中"市场收费"之维度。然而当前这种收费并不具有完全的市场化特征,受到行政法律法规之限制,故而彰显出公私交融之属性。

〔2〕 以武汉大学 2019 年预算报告为例,其收入主要可分为:(1)财政拨款收入,是指中央财政当年通过部门预算拨付教育部及所属单位的财政资金。(2)事业收入,是指事业单位开展专业业务活动及辅助活动所取得的收入。主要为科研事业收入和学校根据国家有关部门批准的项目和标准收取的学费、住宿费等。(3)上级补助收入,是指事业单位收到上级单位拨入的非财政补助资金。(4)事业经营收入,是指事业单位在专业业务活动及其辅助活动之外开展非独立核算经营活动取得的收入。(5)附属单位上缴收入,是指事业单位收到附属单位按规定缴来的款项。(6)其他收入,是指除财政拨款收入、事业收入、事业单位经营收入等以外的收入。主要是捐赠收入、利息收入等。

〔3〕 陈浩、马陆亭:《我国高等教育行政管理体制改革的反思与展望》,载《国家教育行政学院学报》2011 年第 6 期。

〔4〕 教育部、国家计委、财政部《关于调整国务院部门(单位)所属学校管理体制和布局结构的实施意见》(国发〔1999〕26 号文)。

学金与同级政府(部门)设立颁发的奖学金获得相同税收待遇的角度去理解此观点,或许具有解释目的的合理性,但解释的逻辑起点,方法、理由和效果等多方面存在问题。

首先,权衡高校“公私”属性是回答这一问题的逻辑起点。在奖学金问题上,应当尊重并维护高等院校的独立地位。高校在开展校级奖学金设立、颁发、评选等活动时应当具有独立的主体地位,与所隶属的政府(部门)相区别。在理解高校行政管理体制时,侧重点不应放在高校对于政府(部门)的隶属关系,而在于政府对高校的支出责任。高校作为独立主体除吸纳政府财政资金外,也需要发挥其平台整合优势,积极向社会筹集办学资金。在主体资格与资金来源两方面,校级奖学金与政府(部门)基于教育支出责任设立颁发的奖学金存在显著差异,故而不满足颁发主体免税要件。其次,即便将高校与政府(部门)间的行政隶属关系纳入考虑范围,省属高校、部属高校也很难认为与所隶属的政府(部门)的行政层级等同(往往要低半个层级)。这种管理与隶属关系使省属、部属高校不属于省级政府、国务院部委“本数”,而属于“以下”范畴,从而也不满足颁发主体的免税要件。再次,该观点的“等同”实质为“视同”,本质为税法上的拟制。在解释税收优惠条款时应当严守税收法定原则,禁止拟制解释的无序扩张。最后,即便将校级奖学金通过拟制解释的方法纳入免税范围,也无法解决社会慈善捐助奖学金的税收待遇问题。无论是政府供给还是社会供给(慈善捐赠、高校筹集),高校奖学金应保持税收待遇的一致性。

综上所述,相较采取法律解释方法完善规则,进行规则的整体自我革新是解决问题的根本出路。

(二)“奖金所得”的疏漏与宽泛

前文提及,奖金所得具有连接奖学金与偶然所得的纽带作用。然而,通过对我国高校奖学金体系的研究,奖金所得这一术语存在疏漏与宽泛两方面的问题,实不足以承担纽带作用。

奖金免税条款下的奖金从属于偶然所得之“得奖”所得。“得奖,是指参加各种有奖竞赛活动,取得获奖资格而获得的奖金。”[1] 它强调通过竞赛、竞争方式胜出后获得“奖”之资格,参选者与获奖者之间具有差额关系,得奖奖

---

〔1〕 刘剑文、熊伟:《财政税收法》,法律出版社 2017 年版,第 286 页。

金具有获得之不确定性的特点。而奖学金中的“奖”则在于鼓励、激励之义，并不必然要通过得奖的方式取得。奖金所得事实上无法涵盖我国高校奖学金体系下的全部类型。

奖金所得的疏漏具体表现为：其一，奖学金中的助学金具有“资助”之属性，只要满足家庭贫困的资助条件就可获取，获奖者无须通过竞争方式即获得，不以划归得奖范畴；其二，部分奖优型奖学金也无须通过竞争方式获得，例如，研究生学业奖学金以中央财政为资金来源，面向中央部门所属高校而设立，只要是中央部属高校的全日制研究生在校期间即可每年可获得定额的奖学金，[1]也不符合得奖之要义；其三，定向奖学金、专业奖学金[2]具有补偿性，亦不满足“得奖”之内涵。“专业奖学金、定向奖学金是对学习国家特定专业或对毕业后到边远地区、艰苦行业就业的学生的资金补偿，如果学生在毕业后不从事特定行业或到指定地区工作，需要返还奖学金。”[3]定向奖学金、专业奖学金具有特殊政策目的，只要进入特定专业学习或到特定地区、行业工作的学生都有资格获取，这种以“奖学金”为形式的资金补偿在学生报考之前已经明确公示，许多贫困学生正因此优厚的补偿条件才选择报考特定专业或到特定地区就业。可见，定向奖学金和专业奖学金与特殊政策鼓励的行为是相互关联的，如果学生“违反约定”需要返还受赠的“奖学金”，而这种违约返还属性很难被“得奖奖金”所覆盖。

奖金所得的宽泛则具体表现为两个方面：其一，偶然所得内部的得奖所得、中奖所得、中彩所得虽均可归属于奖金所得，但 3 种奖金所得属性差异较大，亟须分化处理；其二，广义上的奖金所得并不局限于偶然所得，还可能涉及工资、薪金所得，如雇主为员工发放的年终奖等奖金。

为此，需要对高校奖学金的本质属性进一步归纳总结，重新构建奖学金与偶然所得之间的连接点，使之与彩票中奖、商业销售、员工激励等领域的奖金相互区别。

---

〔1〕《研究生学业奖学金管理暂行办法》(财教〔2013〕219 号)。

〔2〕定向奖学金，是指有关部门和地区为鼓励立志毕业后到边疆地区、经济贫困地区和自愿从事煤炭、矿业、石油、地质、水利等艰苦行业设立的专项奖学金。专业奖学金是为了鼓励报考师范、农林、民族、体育和航海等专业的学生而设立的专项奖学金。两者都是具有特殊政策目的的专项奖学金。

〔3〕刘燕：《中国大学奖学金问题研究》，华中科技大学 2006 年硕士学位论文，第 21 ~ 22 页。

五、完善高校奖学金个人所得税规则

当前亟须解决的问题主要可归纳为两方面:政策效果层面,矫正区别对待政府和社会供给奖学金的导向,积极回应偶然所得内部类型分化处理的客观需求;概念术语层面,放弃以颁发主体为要件的奖金免税条款,重新对高校奖学金归纳定性,回应偶然所得内部类型分化处理的需要。

(一)税权恪守的谦抑立场

课税禁区理论存在广义与狭义两个层次:“狭义上的课税禁区理论主要是指维系纳税人人性尊严最低限度的生存性财产不容课税侵害;广义的课税禁区理论则扩展至再生利益的保障,体现为对纳税人的财产以及其他自由权利的保障。”[1] 课税禁区理论的核心在于,对不具备税收负担能力以及仅具备有限负担能力纳税人之收入,税权应当保持谦抑性,免除或减轻国家税权之侵害。基于课税禁区理论,税权应当对高校奖学金继续保持整体的谦抑性。这一结论既立足于高校学生的实际负担能力,也基于我国高校奖学金制度的功能价值。

首先,需要衡量高校学生的纳税负担能力。高校学生虽具有完全民事行为能力,但整体的纳税负担能力较弱。尽管大多数高校学生已经成年,但为了完成学业大多没有稳定工作。全日制在校大学生在现行规则下无法与用人单位订立劳动关系,无稳定的工资薪金收入,奖学金是在校大学生主要的自主收入来源。基于此,要求税权对高校学生的奖学金收入保持整体的谦抑性具有正当且充分的价值基础。

其次,应当考虑高校奖学金制度的功能价值。无论是资助型奖学金还是奖优型奖学金,均属于广义层面课税禁区理论之范畴。我国高校奖学金制度的功能定位是保障和激励高校学子完成学业。高等教育理论上具有素质教育的人文属性,但更承载着职业教育的社会功能——为劳动力要素市场输送高质量劳动力资源。接受高等教育是否属于狭义的基本生存权之范畴取决于一国的教育政策,且在根本上取决于一个国家的经济发展水平。当前,我国的高等教育不属于全民义务教育的保障范畴,不属于基本生存权之范畴。资助型

---

〔1〕 王婷婷:《课税禁区法律问题研究》,法律出版社 2017 年版,第 34 ~ 35 页。

奖学金与奖优型奖学金两者虽存在评选标准上的差异,但均统一于我国高等教育学生资助体系之中。资助型奖学金基于对教育公平价值的追求,对家境贫寒高校学子进行照顾;奖优型奖学金尽管引入竞争机制提高投入之效率,但本质上仍属于资金供给方对高等教育的无偿投入,是对高校学生的无偿资助。

综上所述,因为高校奖学金均属于广义层面的课税禁区,所以税权需要对高校奖学金保持一定的谦抑性。

(二)政策效果的异化矫正

税收政策不应以来源主体作为税收优惠的划分标准,应保持在政府供给与社会供给奖学金之间的中立地位。

或许,奖金免税条款以颁发主体为免税要件恰恰反映了立法者调节和抑制社会供给的政策立场。其一,即使存在抑制社会供给量之需要,奖金免税条款也存在"打击错误"的问题。当讨论奖学金是否能够享受免税优惠时,前提是奖学金已经成为高校学子的收入,捐赠者的捐赠行为已然完成。此时,税法以调节供给量为由对获得者区别对待,介入环节及作用对象都发生了偏离。若真要抑制社会供给体量,应当作用于捐赠者作出捐赠行为之前或之时,可以通过调整公益捐赠扣除限额和递延年限等方式来控制,而不应作用于捐赠者完成捐赠之后,更不应施加于受赠者。其二,当前《高等教育法》《慈善法》的立法者对高等教育慈善捐赠持有的是积极引导、正向鼓励之态度。税收立法者对于奖学金的政策立场应当与此保持协调一致。税收立法者即便无意于通过税收优惠引导和鼓励社会供给资金加大对高等教育的无偿投入,至少应当在政府供给与社会供给资金之间保持中立地位。

(三)奖学金的重新定位:公益受赠所得

与奖金所得相比,公益受赠所得能够更好地承担起奖学金与偶然所得之间的纽带作用,且对于规则的整体完善具有以下4个方面的积极作用。

其一,公益受赠所得抓住了奖学金的本质属性,能够有效覆盖我国高校奖学金全部类型,弥补得奖奖金之漏洞。接受赠与是获得奖优型奖学金及资助型奖学金的共通属性;附条件的赠与能够包含具有补偿属性和违约返还机制的定向奖学金和专业奖学金,当受赠人违反条件时赠与人可解除赠与合同要求返还所赠与的奖学金。

其二,公益受赠所得还能够覆盖"奖金免税条款"下科学、教育、文化、体育、卫生等领域的奖金所得。如前所述,公益慈善的范围已为《慈善法》扩展至科学、教育、文化、体育、环境保护等公益领域,公益受赠与慈善捐赠为一体两面,作为赠与关系的特殊类型,能够呼应实践中公益慈善奖金资金来源多元化、“公私”主体合作化及慈善组织主体化的发展趋势。

其三,公益受赠所得能使公益慈善奖金与中奖所得、中彩所得相区分,有助于偶然所得内部类型化及计税规则的进一步优化。在此基础上,可以考虑对公益受赠所得引入起征点、免征额、费用扣除等规则设计,使高校奖学金等公益慈善奖金事实上达到“只会被征很少的税或者因为金额太小事实上免于课税”[1]的立法效果,实现课税公允。

其四,公益受赠所得能够回应个人所得税法上取消“其他所得”税目后纳税人与税务机关之间的利益平衡问题。在其他所得税目被取缔之后,原先归属于其他所得税目的收入是否征税以及如何征税的问题亟须解决。在实践中,曾经归属于其他所得税目的部分受赠收入被直接纳入偶然所得税目之中,[2]这引发了理论界及纳税人对偶然所得“兜底化”的忧虑。通过公益受赠所得这种类型化的方式或可实现偶然所得边界的有序扩张,及时在行政法规乃至法律层面重新建立受赠所得与偶然所得之间的联系,为税收立法机关和行政机关的税目调整行为提供依据并设定边界。

(四)政府供给奖学金不可税性之证成

基于当前政府供给奖学金运作模式的特点,笔者认为,其具有不可税性,应排除在应税所得范畴之外。

这里以国家奖学金作为研究政府供给奖学金的样本可以发现,在名额指标的分配上,中央高校名额由财政部会商有关部门(高校的行政主管部门)确定,地方高校名额由各省(自治区、直辖市)根据财政部、教育部确定的总指标确定;在评选工作中,由各大高校在分配的限额内等额评选,并按照高校行政隶属关系分别报送中央主管部门或省级教育主管部门审核,由其审核、汇总后,统一报教育部审批;在奖学金发放管理上,财政部、教育部将相关分配名额

---

〔1〕 [美]V. 图若尼主编:《税法的起草与设计》(第2卷),中国税务出版社2004年版,第528页。

〔2〕 如受赠人因无偿受赠房屋取得的受赠收入(财税〔2009〕78号文),企业在业务宣传、广告等活动中,随机向本单位以外的个人赠送礼品(财税〔2011〕50号文),这些受赠收入曾经归属于其他所得项目,在其他所得税目废止后,财政部、国家税务总局以联合公告的方式将其归入为“偶然所得”(财政部、税务总局公告2019年第74号文),这种做法引发了理论实务界对于偶然所得税目“兜底化”的忧虑。

和预算下达中央主管部门和省级财政、教育部门，由其负责将国家奖学金名额和预算下达所属各高校，再由高校统一发放给获奖的学生。[1] 可以说，国家奖学金的设立、评选、审核及发放的整个流程执行严格的财政预算管理。

由于政府负有发展高等教育之职能，政府供给奖学金本质上属于政府（部门）履行高等教育支出责任的行为，高校学生因此获取了现金收益。税收作为财政收入的重要形式，是政府承担公共服务职能、履行支出责任的经济基础。可以说，税收的基本功能除保障国家机器运转外，根本在于保障政府履行公共职能。若对政府供给奖学金课征税赋，本质上是税权（财政收入）对政府公共服务支出的回溯调整，将导致循环征收，违背课征效率。所以，这种收益不应当具有可税性。

这一结论与"个人所得税之所得应当具有交易性"的观点能够相互印证。"所得的交易性要求所得应为通过市场交易体现出来的价值。"[2] 并非所有基于财政给付的收益都不具有可税性，"交易性"可作为取舍标准。当财政给付与个体收益之间具有交易性时，收益具有可税性。例如，个体基于政府采购合同而获益，则该项个体收益具有可税性。政府供给奖学金虽然具备所得之"收益"性，然而学生收益与财政支出之间不具有市场交易性，从而应否定其可税性，将其排除在应税所得范畴之外。

六、余　　论

"对奖学金的税务处理与综合或分类税制结构及一国对于教育服务的整体规定有关。"[3] 只是受限于文章篇幅，未能对涉及的高校行政管理体制、政府间高等教育支出责任、慈善基金会运作奖学金的理论实践进行系统而深入的研究。应当看到，高校与企业等私法主体合作设立慈善基金会，主体化运作奖学金的模式是逐渐形成趋势。政府供给奖学金可效仿这一模式，以财政出

---

〔1〕 财政部、教育部《关于印发〈普通本科高校、高等职业学校国家奖学金管理暂行办法〉的通知》（财教〔2007〕90 号）。

〔2〕 王霞：《论〈个人所得税法〉上的"所得"》，载熊伟主编：《税法解释与判例评注》（第 10 卷），法律出版社 2018 年版，第 18 页。

〔3〕 ［美］奥尔特等：《比较所得税法：结构性分析》，丁一、崔威译，北京大学出版社 2013 年版，第 224 页。

资设立基金会的方式替代财政年度列支的直接供给模式,使资金捐赠者与奖学金运作者相分离,构造捐赠人、受赠人及受益人三方主体的捐赠法律关系;同时,积极吸收来自企业、个人等主体的慈善捐助资金,实现公私资金的合作化运营。这样,政府供给奖学金就可与社会供给奖学金合流于公益受赠所得,一同纳入应税所得之范畴,在此基础上再统一安排其税法上的优惠待遇。

从自然人“住所”的意义看税法借用概念的解释标准

李　貌*

摘　要：税法上住所的规范性意义在于判定纳税义务的范围、确立纳税义务的成立与否。然而，作为借用概念的“住所”一词，在我国私法和税法上的解释标准都是不明确的。这种不明确性对我国自然人纳税义务确定、国家税源的安定都是不利的。为了解决这一问题，根据我国的法律实践和国情，宜采用实质主义和客观主义的标准将住所解释为“个人取得经济收入的生活中心”，来保证课税要件的明确与安定；另外，为了避免双重征税、确定税收管辖权，应明确税法上的住所只能有一个。在税法借用概念的解释标准上，宜采用“附条件统一说”的解释标准，即在民法解释标准满足“不违反我国的税收经济现实和税收法定原则”这一条件的情况下，税法上的借用概念的意义和民法上的意义统一。

关键词：住所；借用概念；税法解释；税收法定主义

自然人的“住所”在税法上有确定纳税义务的范围、确立纳税义务成立与否的功能。如果该概念的解释标准过于模糊，将对自然人纳税人的纳税义务确定产生不利影响，而且可能会导致税收管辖权的不确定进而影响国家税收的稳定。因此，厘清“住所”一词在税法上的意义，让纳税人的经济行为更具可预测性和确定性，以及让国家的税收管辖权更明确，是税收法定主义的题中之义。除《德国税收通则法》对“住所”有定义外，〔1〕我国及其他国家税法上

---

* 华中科技大学法学院讲师，法学博士。

〔1〕《德国税收通则法》第8条规定了负有无限纳税义务的自然人的“住所”的内容，同法第9条规定了“经常居所”内容。但是，第8条的“住所”内容仍然十分抽象，需要判例的解释进一步的明确。如德国联邦财政法就在某判例（BFH, I B79/05, juris; BFH, I R56/02, BStBl II 1978, 50）中解释《德国税收通则法》第8条规定的住所的成立与实际使用住所的时间长短无关。参见［德］迪特尔·比尔克：《德国税法教科书》，徐妍译，北京大学出版社2018年版，第226～228页。

罕有对住所的意义进行明确规定的。私法相对税法具有先在性特点,[1]税法中的"住所"一词的渊源是来自私法的借用概念。对于税法上借用概念的解释标准,我国的先行研究大部分都停留在对域外及我国台湾地区相关理论的介绍上,[2]对具体司法实践的分析尚需进一步探讨。本文拟通过对我国学界的税法解释理论产生重大影响的德国、日本税法上相关理论进行介绍,在此基础之上再对借用概念的解释标准进行分析,然后结合我国的法律实践和国情,探讨我国税法上借用概念解释应遵从的法理标准。

一、关于税法上借用概念的解释标准的学说

"住所"一词作为从私法借用过来的概念,在具体税收实务中应该采用什么样的标准去解释其意义?是机械地套用私法的解释,还是从税法自身的逻辑出发进行独立释义?关于借用概念的解释标准以及税法和私法的关系问题,本文接下来从对我国学界影响重大的大陆法系的相关学说进行探讨。

(一)大陆法系国家的相关学说

1."统一说"

"统一说",是指税法上的借用概念应该和该概念的源头所在的部门法上的意义进行同样的、统一的解释。这种学说在1919年前的德国学界占据统治地位。[3] 尽管从1919年开始至20世纪50年代,后叙的"独立说"逐渐取代了"统一说"的地位。但是20世纪50年代之后,统一说又逐渐夺回了税法解释的通说地位。在该学说的影响之下,《德国民法典》第7条上的"住所"的意义原则上适用到税法解释上。[4] 但是,第二次世界大战后的"统一说"严格意义上应该被称作"有限统一说",即借用概念的解释应该首先遵从税法的规

---

〔1〕 参见李刚:《税法与私法关系总论——兼论中国现代税法学基本理论》,法律出版社2014年版,第81页。

〔2〕 参见刘剑文、熊伟:《税法基础理论》,北京大学出版社2004年版,第115~116页;董梅:《论税法借用概念的解释问题》,载《新疆社会科学》2016年第2期。

〔3〕 参见李刚:《税法与私法关系总论——兼论中国现代税法学基本理论》,法律出版社2014年版,第49页。

〔4〕 See von Enneccerus-Nipperdey, *Lehrbuch des Bürgerlichen Rechts I*, Band 1. Halbband 15. Aufl (1959), J. C. B. Mohr. S. 552.

定,只有在税法没有明文规定的情况下,才和该概念在私法上的意义保持一致。

“有限统一说”也是现在日本税法学界的通说。[1] 在日本学界,该通说成立的理由是,首先,税法是一种侵权规范(Eingriffsnorm),为了保证税法安定性和可预测性,要求在税法概念的解释上严格实行税收法定主义,原则上只应进行文理解释。以税法的特殊性为借口而随意进行扩张解释、类推解释等是不被允许的。在税法规定缺位的情况下,只能根据民法的规定进行文理解释。[2] 其次,如果税法借用概念和私法的意义不统一,不但侵犯纳税人的信赖利益,破坏税收法定主义原则,而且势必造成法律解释的秩序混乱,破坏整个法律体系的统一性[3]。

2.“独立说”

“独立说”,是指税法的概念即便是从其他的法律分野借用过来的,但在税法上应该形成独自的概念,应该赋予不同于原法律分野的独立的意义。[4] “独立说”的法理根据是:如对所有经济活动上的税收概念都按照私法上的意义来统一解释,纳税能力不同的人可能会承担相同的税负,这样会造成课税结果的不公平。因此,税法上的借用概念应该根据各税法法规分别作出不同的独立解释,从经济活动的本质去具体问题具体分析,这样才能保证税收公平原则得到贯彻。[5] 该学说的源头可以追溯到20世纪初德国的“经济观察法”

---

〔1〕［日］金子宏「第十八章租税法と私法—借用概念及び租税回避について—」、「租税法理論の形成と解明上巻」、有斐閣2010年、第385~401頁。

〔2〕［日］金子宏「租税法」、弘文堂2017年第22版、第116~117頁。

〔3〕参见［日］中川一郎「税法の解釈及び適用」、三晃社1961年、第217~218頁。

〔4〕参见［日］金子宏「第十八章租税法と私法—借用概念及び租税回避について—」、「租税法理論の形成と解明上巻」、有斐閣2010年、第389頁。

〔5〕日本学者谷口勢津夫是独立说的支持者。参见［日］坪内みのり「租税法における住所の意義についての一考察—相続法上の住所の判定を中心として」、「租税資料館受賞論文集」、2011年(20)、第42頁。例如,日本民法上把“不动产”解释为“土地及其地上附着物”,该含义显然不包括车、船等动产。然而,在日本的《所得税法》中的“不动产所得”(财产租赁所得)中的“不动产”不仅包括传统民法意义上的不动产,还包括获得租赁收入的(机动)车、船(如出租的游览船)。这是因为随着现代社会的发展,出租车、船的经济活动远比日本民法制定时代的农业社会多,若不把它们的租赁收入算入“不动产所得”,势必会造成这部分的税源流失,而且对其他“不动产所得”的纳税人也不公平。

(Wirtschaftliche Betrachtungsweise)以及由此发展而来的实质课税原则。根据原《德国税收调整法》(Steueranpassungsgesetz,1976 年废止)的规定,税法解释的时候应该考虑一国国民的思想、法律目的、经济意义以及各种社会关系的发展。根据这一规定,德国学者贝克(E. Becker)在起草《德国税收通则法》时提出了"经济观察法"的观点,主张税法解释应该摆脱民法意义的束缚走向独立,税法解释的标准应该基于经济实质而不应拘泥于民法概念的形式。这一学术思想也体现在后来的旧《德国税收通则法》第 4 条中(1977 年该法全面修订时废止)。[1]

该学说在 1919 年至 20 世纪 50 年代、特别是 20 世纪 30 年代在德国学界居于统治地位。但是 20 世纪 50 年代之后,特别是在 1962 年 1 月 24 日德国联邦宪法裁判所关于法人的营业税的课税标准的判决之后,该学说逐渐式微,"有限统一说"取得了在税法解释中的优势地位。[2] 随着 1977 年《德国税收通则法》的全面修订,德国税法学界认为,"经济观察法"已经不能适用战后德国的税法发展趋势,税法解释的标准不应该由立法来决定,而是学说和司法实务的任务。[3]

3. "合目的说"

"合目的说"认为,借用概念的意义应该从和税法目的相关联的内容中去探求。[4] 也就是说,在解释税法概念涉及的经济现象或者状态时,应该根据该经济现象或状态涉及的税法目的来把握,私法上的意义只有在符合该税法的目的时才可以成为解释的基准。该学说的法理根据是:私法的规定是调整平等当事人利益的法律,但税法并非调整平等当事人利益的法律,而是以课税

---

〔1〕[日]金子宏「第十八章租税法と私法—借用概念及び租税回避について—」、「租税法理論の形成と解明上巻」、有斐閣 2010 年、第 388~389 頁。

〔2〕参见[德]von H. W Kruse, *Steuerrecht. 1. Allgemeiner Teil*, 3, Aufl(1973), C. H. Beck. S102.

〔3〕[日]金子宏「第十八章租税法と私法—借用概念及び租税回避について—」、「租税法理論の形成と解明上巻」、有斐閣 2010 年、第 393 頁。

〔4〕[日]金子宏「第十八章租税法と私法—借用概念及び租税回避について—」、「租税法理論の形成と解明上巻」、有斐閣 2010 年、第 392 頁。中川一郎虽然主张统一说,但是认为在文理解释难以解决税法适用问题的情况下,可以根据税法规定的趣旨来解释借用概念。[日]中川一郎「税法と私法」、「石田文次郎先生古稀記念論文集」、石田先生古稀記念論文集刊行会 1962 年、第 345 頁。

对象的事实为基础、调整税务机关和纳税人利益的法律。因此,尽管私法和税法可能有相同的概念的出现,但并不能直接认为二者具有相同的意义。税法上的借用概念应根据税法目的去理解该概念的意思,不应该拘泥于该概念所示的文理意义,而需要去理解该概念背后反映的税法本义〔1〕。与该学说相呼应的司法动态是,德国联邦宪法法院在 1991 年 12 月 27 日的判决中肯定了“合目的说”的法律地位,明确否认了民法规定有优先于税法的效力,在解释税法借用概念的时候仍应考虑税法自身的目的〔2〕。

然而,日本有学者认为,仅靠文理解释难以确定税法的借用概念的情况下,可以酌情采用“合目的说”,但这样做容易招致对借用概念的自由解释,结果有损税法的安定性和预测可能性,进而破坏税收法定原则。至于税收公平原则和税收法定原则的价值冲突问题不是法律解释的任务,该问题应该通过具体的立法来解决。〔3〕 可以看出,“合目的说”虽然在德国法上获得了通说地位,但日本学界仍然秉持“有限统一说”的观点。

(二)我国学界的观点

在我国税法学界,没有发现支持纯粹的“独立说”和“统一说”的观点。有观点认为,应该以尊重其在私法中的本来意义为原则,如果赋予其特别意义,则需要由立法机关来决定。〔4〕 这一点非常契合“有限统一说”的主张。还有学者主张,吸收“有限统一说”和“合目的说”二者的长处,在协调税法和私法关系的基础上,让二者统一于作为整体(宪)法秩序之下。在具体的税法解释中,若税法和私法没有冲突,则运用统一说的原理进行解释;若二者产生冲突,需要进一步考察应该以何者为重,根据具体的情况作出相应解释。这种观点叫作“协调统一说”。〔5〕

至于“合目的说”的观点,关键在于对税法目的的把握上面。关于这一点,

---

〔1〕 参见[日]田中二郎「租税法」、有斐閣 1990 年、第 126 ~ 127 頁。

〔2〕 参见李刚:《税法与私法关系总论一兼论中国现代税法学基本理论》,法律出版社 2014 年版,第 51 ~ 52 页。

〔3〕 参见[日]金子宏「第十八章租税法と私法一借用概念及び租税回避について一」、「租税法理論の形成と解明上巻」、有斐閣 2010 年、第 394 ~ 396 頁。

〔4〕 参见刘剑文、熊伟:《税法基础理论》,北京大学出版社 2004 年版,第 165 页。

〔5〕 参见李刚:《税法与私法关系总论——兼论中国现代税法学基本理论》,法律出版社 2014 年版,第 69 ~ 72 页。

我国有学者这样说道:“税收条文的规范目的可能是不透明的,纳税人难以从外部了解、查明并遵从此种税法的规范目的以及由此确定的规范内容,这样就会导致纳税人遵从税法的成本高昂。而且我国税务机关是最主要的税法解释者,其解释权几乎不受限制。当其主张基于规范目的对条文进行实质解释时,难免存在行政机关取代立法机关滥行解释权、背离税法文本滥行征税权、加剧纳税人的弱势地位的隐忧。以法律保留防止征税的滥用便可能成为一纸空文。”〔1〕

从上面的分析可以看出,我国学界对于税法上借用概念的解释,“协调统一说”和“有限统一说”是主流。但是,“协调统一说”主张在具体解释中,当税法和私法产生冲突时,让解释者去选取解释标准的做法还是过于抽象。下面将在分析日本和德国税法对“住所”一词的解释经验之上,来探讨我国税法上借用概念的解释应采用的标准。

二、日本税法对“住所”一词的解释

(一)税法关于“住所”的原则性规定

根据日本《所得税法》第2条,依据自然人在日本国内是否有住所的标准,将日本的所得税纳税人分为“居住者”和“非居住者”两类。又据同法第7条的规定,对居住者的全世界所得进行课税,对非居住者仅就其日本国内源泉所得课税。那么,判定“居住者”标准的“住所”一词应该怎么解释?日本最高裁判所的税法判例认为:税法上“住所”一词的含义,只要不存在和民法上规定的“住所”的含义不同的实质性的理由,那么在税法上的住所的含义就应该采用民法上的意义。〔2〕由此可见,日本的判例遵循了前述的“有限统一说”的要求,即只要税法上没有和民法解释相异的明文规定,原则上税法上的“住所”一词的解释标准应和私法一致。那么,日本私法上对“住所”一词的解释标准

〔1〕 汤洁茵:《形式与实质之争:税法视域的检讨》,载《中国法学》2018年第3期。

〔2〕 该判例第一审是日本神户地方裁判所1985年12月2日的判决,参见「判例タイムズ」、1986年10月614号、第58頁;第二审是大阪高等裁判所1986年9月25日的判决,参见「訟務月報」、1987年5月第33卷5号、第1297頁;第三审是最高裁判所1988年7月15日的判决,在该判决中日本最高司法机关明确阐述了税法上“住所”的含义应和民法统一的意见。参见「税務訴訟資料」、1989年第165号、第324頁。

是怎样的？根据《日本民法典》第22条的规定，所谓“住所”是指个人“生活的本据”。根据我妻荣先生的学说，这里所说的“生活的本据”，是指“个人生活的中心”。[1]

(二)日本私法上的解释标准

上面对“住所”原则性规定还是太过于抽象。围绕“住所”一词乃至税法上借用概念的解释标准，日本学界有以下3种学说论争。[2]

1.“形式主义”和“实质主义”

第一种是“形式主义”和“实质主义”之争。所谓“形式主义”，是指住所和现实的生活事实之有无无关，应以户籍的所在地、住民票[3]的所在地等在行政机关登记的法定形式为基准来统一认定的方法。[4] 与此相对，“实质主义”，是指不拘泥于法定形式，而是基于实质的生活关系而认定住所的方法。“实质主义”是现在日本民法学界的通说，日本最高裁判所的民事判例也采用了这一学说。[5] 实质主义的法理根据是，从期待法律关系的统一、明确的角度来说，遵循法定形式的基准来认定统一的住所(形式主义)的方式是适当的，但时至今日，人们在各地频繁移动，因交易、家族关系等各种活动而导致生活中心变动剧烈，再按照形式主义的方式来确定住所的方法逐渐变得难以维持。因此，基于实质的生活关系来决定住所的方式比起原来的形式主义更妥当。[6]

2.“主观主义”和“客观主义”

第二种是“主观主义”和“客观主义”之争。如果需要以居住人的“居住的

---

[1] [日]我妻榮「民法総則」、岩波書店1988年、第97頁。

[2] 参见[日]坪内みのり「租税法における住所の意義についての一考察—相続法上の住所の判定を中心として」、「租税資料館受賞論文集」、2011年(20)、第7-9頁。

[3] 住民票，是指记载某行政区的某个住民的姓名、性别、住所等与个人信息相关事项的载体。将住民票以家庭为单位编成并存档于行政机关的东西叫作“住民基本台账”。参见[日]宇賀克也「地方自治法」、有斐閣2009年第3版、第13~18頁。

[4] 参见[日]遠藤浩、良永和隆「基本法コンメンタール民法総則」、日本評論社2012年、第71頁。

[5] 该判例是日本最高裁判所平成20年(2008年)10月3日第二小法廷判决。参见最高裁判所事務総局「裁判所時報」、2008年1469号、第1頁。以及日本最高裁判所昭和29年10月20日大法廷判决。

[6] 参见[日]我妻榮「民法総則」、岩波書店1988年、第93頁。

意思”作为住所的成立要件的话，这种学说叫作“主观主义”；与此相对，如果只需要确定居住的客观事实即可认定住所的话，这种学说叫作“客观主义”。客观主义已经是现在日本民法学界的通说，日本的民事判例上也有支持客观主义的倾向。[1] 客观主义能成为学界通说的法理根据是：首先，个人居住的意思过于主观，也并不一定存在，以此作为认定住所的绝对要件，有可能造成具备了住所实质的居所也不能认定为住所的后果；其次，因为居住的意思在很多情况下都很难从外部识别，可能导致第三人难以对其进行预测；最后，日本民法典上没有规定给“意思无能力人”[2]设立法定住所的情况，若采用主观主义标准则会对设立该种住所的社会需求造成障碍。[3]

3.“单一主义”和“复数主义”

第三种是“单一主义”和“复数主义”之争。前者认为，为了保证法律关系的稳定和法律管辖权的确定，一个自然人在法律上只能拥有一个住所；但是后者认为，随着交通、通信技术等的发展，人类的生活圈也逐渐扩大，人们在某段时间内频繁跨区甚至跨国生活和工作的情况日益增多，完全可能在实际上拥有多个实质性的住所。在这种社会背景下，认为个人只有一个住所的想法是脱离客观现实的，故应承认个人可以同时拥有多个居所，在各种具体的生活关系、法律关系中，将其在法律上相对来说联系最密切的地方认定为住所。[4] 如今在日本民法学界“复数主义”是通说。

从上面的分析可以看出，日本私法上对自然人“住所”一词的解释采用了实质主义、客观主义、复数主义的标准，即个人住所的应根据其实质的生活关系认定，原则上不拘泥于居住者的居住意思，且一个人可以拥有多个住所。

如前所述，日本税法上借用概念的解释标准原则上应该与私法上的一致，那么在税收实践中，日本的司法机关和税务机关是否忠实地遵循了这一原则？

---

〔1〕 参见[日]水木浩編「民法Ⅰ(総則)(1)」、青林書院1995年、第112頁。

〔2〕 日本民法上的意思无能力人，是指没有意思能力的人。这里所说的意思能力，是指能够判断自己的行为的性质的精神能力。欠缺意思能力的意思表示在法律上是无效的。这一点规定在了2017年日本债法改正后的民法典第3条2款里。参见[日]道垣内弘人「リーガルベイシス民法入門」、日本経済新聞出版社2017年第2版、第70－72頁。

〔3〕 参见[日]我妻榮「民法総則」、岩波書店1988年、第94－95頁。

〔4〕 参见[日]遠藤浩、良永和隆「基本法コンメンタール民法総則」、日本評論社2012年、第72－73頁。

(三)日本税法上“住所”的解释标准

1. 实质主义

如前所述,“住所”为“个人生活的中心”。日本的税务机关是这样对“个人生活的中心”进行解释的:根据日本《所得税法基本通达 2-1》的规定,[1]是否成为生活的“中心”,要根据客观的事实来判定。什么才是和住所相关的“客观的事实”?根据日本《所得税法施行令》第 14 条第 1 款和第 15 条第 1 款的规定,“通常需要一年以上的居住时间的职业”是判断居住者和非居住者的重要判定因素。另外,前述神户地方裁判所 1985 年 12 月 2 日的判决中也提及:和住所相关的客观的事实要根据居住、职业、在国内有无与其共营生计的配偶或者其他亲属、资产的所在等因素来判定。

但随着经济全球化,一个自然人在两个甚至多个国家都有资产、职业、亲属的情况也日益增多,按照实质主义的原则,这些地方都可以成为日本税法上的“住所”吗?东京高等裁判所 2008 年 2 月 28 日的判决对这个问题,给出了一个先例性的回答。[2] 该判例的梗概如下:

本案一审被告 Y(日本国税厅)对一审原告 X(日本国籍)的没有申报的 2002 年的股份交易所得作出了课税决定和“无申报加算税”的赋课处分。原告以其进行上述股份交易时在日本没有住所为由,主张自己是日本《所得税法》上的非居住者,故不应负纳税义务,请求 Y 取消本案所得税的课税决定和加算税处分。一审裁判所承认了 X 的请求,Y 不服遂提起上诉。二审裁判所经过审理,作出如下判决:根据 X 的住民票的记载,X 于 2000 年 12 月 4 日将住所转移到新加坡,在新加坡和日本国内居住的时间几乎一样长。但是,X 在日本的居住场所几乎全是宾馆、运动俱乐部等临时居所,而在新加坡有长期的居住合同。并且,X 在新加坡有固定职业,可以据此认定为 X 已将“生活的中

[1] 所谓“通达”,是指日本上级行政机关就法令的解释、行政的运行方针等事项,对下级行政机关发布的内部命令或者指令。虽然“通达”只是行政机关的内部文件,对纳税者和司法机关均没有拘束力,但是实际上在税务实践中起着和税法法律渊源相同的作用。参见[日]金子宏「第十八章租税法と私法—借用概念及び租税回避について—」、「租税法理論の形成と解明上巻」、有斐閣 2010 年、第 109-112 頁。

[2] 日本学界将其称作“武富士判决”。参见「判例タイムズ」2008 年 11 月 15 日第 1278 号、第 163-170 頁。该案第一审来自东京地方裁判所 2008 年 9 月 14 日判决。参见「判例タイムズ」2008 年 11 月 10 日第 1277 号、第 163-170 頁。

心"转移到了新加坡。况且日本国内 X 也没有共营生计的亲属。虽然 X 在日本国内也有资产,但是本案的资产情况没有达到不在日本国内居住的话就会使 X 对该资产产生使用、收益或处分管理困难的程度。综上所述,X 进行本案股份转让时在日本国内没有住所,其身份是"非居住者",不应负该股份转让所得的纳税义务。故驳回上诉人 Y 的请求,维持原判。

该判决对住所的判定不拘泥于住民票上的形式,采用了实质主义的标准。对于在新加坡和日本国内都有居所和资产的情况下,该判决综合原告的职业、居住期限和场所性质、有无国内亲属等因素,认定 X 在日本国内的居所没有达到成为税法上住所的程度。从该判例可以看出,日本所得税法上的住所认定在法律形式和法律实质的选择上,的确是遵循着和私法一样的解释标准即实质主义。

2. 客观主义

另外,根据前述《所得税基本通达 2 - 1》的规定,只要依据和"个人生活的中心"相关的各种客观事实就可以作出对住所的认定。如果将"居住的意思"这种主观要素作为住所认定的要件,会导致主观因素左右课税所得范围,可能使恣意性因素介入课税要件。前述神户地方裁判所 1985 年 12 月 2 日的判例也认为,税法调整的是以不特定的个人作为对象的法律关系,只能着眼便利、客观的表象而去机械统一地规制某种法律概念。因此,对于"个人生活的中心"理解,应该主要基于个人的居住状况、职业、在日本国内是否有共营生计的配偶者或其他亲属、资产的所在地等客观的事实来判定。"居住的意思"这样的主观要件只是补充性的考虑要素。[1] 从这些内容可以看出,在住所解释上是否需要考虑居住者的"定居的意思"因素方面,日本税法上也采取了和私法一样的客观主义标准。

3. 单一主义

纳税人在税法上可以有几个住所? 这一点,日本的《所得税法》上没有明确。关于继承税的"通达"有如下规定:住所,是指各人的"生活的中心","生活的中心"要根据客观的事实来判定。在认定住所之时,同一个人在本法施行

---

〔1〕 参见[日]秋山友宏「国外居住者に対する所得税の納税義務の判断ポイント」、「税理」、2008 年 6 月第 7 号,第 116 - 117 頁。

地不能同时拥有两个以上的住所。[1] 如前所述，日本民法上的住所可以有多个，一个自然人在民法上既可以有生活上的住所，也可以有职业上的住所。由此可以看出，日本的税务机关在秉承“有限统一说”的同时，并没有完全照搬民法的解释标准，而是在住所个数判定上采用了和民法相反的单一主义标准。这是为了确保税务执行的简明性，避免(不同住所地的税务机关实施)双重征税而造成纳税人的损失。这和根据住所来分配国际课税权，从而避免国际双重征税的原理是一致的。[2] 也就是说，如果一个纳税人有多个住所，就会根据该课税要件成立多个纳税义务，和税法上避免双重征税的立法目的不一致。从这一点能看出同，日本税法上的住所解释标准有着淡淡的“合目的说”的影子。

从上面的分析可知，日本税法的“住所”一词解释原则上采取了“有限统一说”的原理，认为住所是指个人的“生活的中心”，“生活的中心”的标准应根据实质主义和客观主义的原理，从个人的居住状况、是否有共营生计的配偶和亲属、职业等客观情况来判定，“居住的意思”等主观因素只是辅助考虑的要件。但是，在住所数量的认定上，税法解释并没有机械适用民法上的复数主义观点，而是从避免双重征税的立法目的出发采用了单一主义的标准。

三、德国税法对“住所”一词的解释

(一)《德国税收通则法》的相关规定

根据《德国税收通则法》第 8 条，住所，是指“某人在某地拥有一个居所，且其可以保留使用该居所”。从这个法条来看，“住所”一词似乎可以看作德国税法上的固有概念。但是该法条的内容过于抽象，难以直接应用于税收实践。而且如前所述，历史上“统一说”曾经是德国税法解释的通说，也就是说，1919 年之前的德国税法上的概念解释都和德国私法上的解释标准一致。另外，“住所”一词在民商法、诉讼法等部门法中也被广泛使用，并不是税法上的专有概念，因此税法上并没有被明确定义的“住所”一词，很难说是税法的固

---

〔1〕 该文件名称是「相続税法基本通達 1の3.1の4 共 – 5」。

〔2〕 参见[日]田中治「税法の解釈方法と武富士判決の意義」、「同志社法学」、2013 年 3 月第 64 卷第 7 号、第 240 頁。

有概念。该概念的意义也需要运用借用概念解释的原理来以进一步明确。

德国税法上的借用概念的解释现在主要采取了"合目的说"的标准,下面就来检验一下德国税法上对"住所"一词解释时是否贯彻了"合目的说"的精神。

(二)德国税法上"住所"一词的解释标准

1. 实质主义

首先,根据德国税法判例的解释,[1]住所的认定原则上采用实质主义的标准,住所的意思是"个人生活的中心或重心",这点和德国民法上的住所解释一致。符合《德国税收通则法》第8条之规定的"居所"即是税法上的住所。该居所既可以是永久性住宅,也可以是临时性居所,如野营车等。并且,该居所在私法上是否被禁止居住并不影响税法上住所的成立。例如,一个美国人在美国公司A公司中担任经理,A公司因为收购了德国D公司,该美国人每年必须数次去德国出差。为此,A公司为其在D公司所在地租了一个酒店房间供A长期支配,且房间内还存放了该美国人的衣物。在这种情况下,可以认为该宾馆房间就是其税法上的住所,这个美国人在德国应负无限纳税义务。[2] 从这里可以看出,德国税法上对住所判定中具有决定意义的,是实际的使用支配性,而不是法律上的支配可能性。从这一点来看,德国税法上住所的判定具有经济实质主义的色彩。[3]

根据《德国税法通则》第9条的规定,除"居所"外,"经常居住地"也可以成为税法上的住所。这里所指的"经常居住地",是指非暂时性的停留之处,包括违法的和非资源型的停留地(如监狱和医院)。根据同条第2款的规定,

---

〔1〕 参见[德]迪特尔·比尔克:《德国税法教科书》,徐妍译,北京大学出版社2018年版,第226页。

〔2〕 参见[德]迪特尔·比尔克:《德国税法教科书》,徐妍译,北京大学出版社2018年版,第227页。

〔3〕 实质课税主义可以分为经济实质主义和法律实质主义两种。经济实质主义,是指根据税收公平原则,即便某些经济行为或现象的法律形式相同,只要其产生的经济实质有差异,在课税对象的归属认定上就应该根据其经济实质课以不同的税负,同样两种法律形式相异的经济行为或现象,只要存在相同的经济实质,就应该同等课税。而法律实质主义,是指当经济行为或现象的形式和实质不一致时,必须依据与该实质相关联的法律关系来认定课税对象的归属。参见[日]金子宏「第十八章租税法と私法—借用概念及び租税回避について—」、「租税法理論の形成と解明上巻」、有斐閣2010年、第116－118頁。

在德国境内停留超过6个月的人，无例外会被推定其在德国国内有经常居住地（根据同条第3款的规定，仅仅是为了疗养、休息及访客等目的且不超过1年而在德国国内停留的不在此例）。6个月以下的停留是否也会被推定其有经常居住地？这一点德国税法没有明确规定，但一般认为3个月内的停留不会构成经常居住地，3～6个月内的停留则视具体的居住情况而定。[1] 从这里可以看出，德国税法上的住所解释标准已经跳出了私法的束缚。私法上无效的住所在税法上并不一定当然无效，在德国停留时间的长短也会影响住所的判定，个人行为的实质经济意义是税法上判定住所的最重要的依据。

其次，由于德国是欧盟及申根成员国，欧盟内多国的资金和人员可以在德国和欧盟国家间自由流动和工作，围绕对这些欧盟境内跨国流动如何课税的问题，欧洲法院出台了一系列判例。作为对欧洲法院相关判例的回应，德国立法机构制定了相应的特别法并对《德国个人所得税法》作出了相应修改。根据这些立法规定，在欧盟境内跨国通勤、且在德国负有限纳税义务的人，若其大部分收入来自德国国内，经过申请可以被当成“虚拟的（拟制的）无限纳税人”；另外，根据《德国个人所得税法》第1款第2款的规定，具有德国国籍、但在国内既没有住所也没有经常居住地，且为国内公法法人工作并从某个德国国内的公共账户上支取工资的人负有无限纳税义务，这种纳税义务被叫作“扩大了的无限纳税义务”。[2] 从这些规定可以看出，为了防止德国的税源流失到其他欧盟国家，就算纳税人在德国境内没有物理性居所，只要其从德国境内取得收入，德国税务机关仍然可以认为其在德国国内有“拟制的住所”，从而课以“扩大”甚至是“拟制”的课税义务，来防止税收的流失。从这一点来看，德国税法在通过住所来确定税收管辖权时候，并没有拘泥于税法上的规定即根据物理性的住所这一课税要件来确定纳税义务，而是根据德国国情（欧盟及申根成员国、人员流动频繁）和实际的经济效果，制定了保证税收不流失的各种制度。这说明基于“经济观察法”的“独立说”在德国税法上并没有完全消亡。

---

〔1〕 参见［德］迪特尔·比尔克：《德国税法教科书》，徐妍译，北京大学出版社2018年版，第227～228页。

〔2〕 ［德］迪特尔·比尔克：《德国税法教科书》，徐妍译，北京大学出版社2018年版，第230～232页。

2. 客观主义

根据德国税法的判例,“住所”应按照客观主义的标准来进行解释,居住者的“居住的意思”这一主观因素并不影响住所的判定。[1] 与此相对,根据《德国民法典》第7条第1款、第3款的规定,私法上的住所通常通过意思行为来设立和废止。设立住所必要的行为目的不仅是在开始阶段的有限期限内搬入某个居所或在某地营业,而是要有在这个地方“长期居住的意思”。如在疗养地的疗养的人、监狱的犯人都欠缺长期居住的意思,因此疗养地、监狱都不能成为他们的住所。[2] 可以看出,德国民法上的住所认定有着很浓的主观主义的色彩,和税法上的客观主义的解释标准大相径庭。因此,在住所这一借用概念上,税法解释已经脱离了“统一说”的轨道。

3. 单一主义

根据德国税法规定和相关的判例解释,一个自然人可以同时有数个住所,但是只能有一个“经常居住地”。[3] 而根据《德国民法典》第11条第3款的规定,未成年子女可以拥有多个住所。并且同法典第7条第2款明确规定,自然人的住所可以有多个,根据德国联邦最高法院的解释,这种情况是指某人同时在几个地方有住房,且不以其中的一个地方作为“全部生活的中心或重心”。[4] 从上面的分析可以看到,虽然德国税法和德国民法都承认自然人实际上可以拥有多个住所,但是德国税法上的自然人只能有一个作为“经常居住地”的住所,即在德国税法上关于住所的数量解释上还是坚持了单一主义的标准。这可能是由于德国税法上对住所的解释首先要满足保证税收管辖权确定、实现避免双重征税和防止税源流失的立法目的要求。而在由哪个税务机关征税的问题上,“经常居住地”是决定要素。因此,在税法解释上,“经常居住地”必须是明确而唯一的。如此来说,在住所数量认定的解释上,德国税法和德国民法的标准也是不一致的,“合目的说”还是居于优势地位。

---

〔1〕 参见[德]迪特尔·比尔克:《德国税法教科书》,徐妍译,北京大学出版社2018年版,第226页。

〔2〕 参见[德]卡尔·拉伦茨:《德国民法通论》(上册),王晓晔等译,法律出版社2013年版,第162页。

〔3〕 [德]迪特尔·比尔克:《德国税法教科书》,徐妍译,北京大学出版社2018年版,第227页。

〔4〕 [德]卡尔·拉伦茨:《德国民法通论》(上册),王晓晔等译,法律出版社2013年版,第162～163页。

从上面的分析可以看出,德国税法上对住所的解释采用了经济实质主义、客观主义、单一主义的标准。特别是住所认定是否需要“居住的意思”这一点上,已经完全摆脱了私法上对住所解释的窠臼。虽然德国的住所解释原则上要符合税法目的,但前述的德国税务机关从实际经济效果出发,可以对在德国国内没有实际住所而课以“拟制的”无限纳税义务,并且以“经常居住地”的实质经济意义作为税法上判定住所的最重要的依据等事实来看,基于“经济观察法”的“独立说”的观点在德国税法的借用概念解释上仍然有一定影响力。

四、我国税法对“住所”一词的解释

(一)我国税法上关于“住所”的原则性规定

根据我国《个人所得税法》及其实施条例的相关规定,我国也是采用在我国境内“有无住所”和“居住时间”两个标准来判定一个自然人是否属于“居民纳税人”或“非居民纳税人”。前者原则上要负无限纳税责任,后者只承担有限纳税责任。然而,我国的税法并没有对自然人的“住所”进行明确界定。《个人所得税法实施条例》第 2 条规定,个人所得税法第 1 条第 1 款所说的在中国境内有住所的个人,是指因户籍、家庭、经济利益关系而在中国境内习惯性居住的个人。从这一规定可以看出,和前述的德、日两国的实质主义标准不同,我国个人所得税法上的住所判定既有如户籍这样的形式主义因素,也有如家庭、经济利益关系等实质主义的因素。也就是说,个人所得税法上的住所既可以指户籍等身份信息上所指的内容,也可以指“个人实际生活的中心”,是一种较模糊的认定标准,需要在法理上进一步厘清。

(二)我国民法上关于“住所”的规定

根据我国《民法典》第 25 条、《民法总则》第 25 条的规定,自然人以户籍登记或者其他有效身份登记记载的居所为住所,经常居住地(《民法典》中叫作“经常居所”)与住所不一致的,经常居所视为住所。这个规定的前半部分意味着我国民法上的住所认定采用的是形式主义的标准,但是后半部分通过将“经常居住地”拟制为住所,又体现着实质主义的精神。那么何为“经常居住地”?根据最高人民法院《关于贯彻执行〈中华人民共和国民法通则〉若干问题的意见(试行)》(1987 年 1 月 1 日开始施行,以下简称《通则意见》)第 9 条规定,公民离开住所地最后连续居住 1 年以上的地点为经常居住地,但住医院治疗的除外。这条规定说明“经常居住地”的成立要件是离开原住所地后在此地居住满1年,在时间上满足了实质主义的条件。但《通则意见》第9条第3款又规定,公民由其户籍所在地迁出后至迁入另一地之前,无经常居住地的仍以其原户籍所在地为住所。这一规定又将我国民法上的住所规定拉回了形式主义的领地。

为何我国的民法上的住所规定对户籍这个形式如此执着?有学者是这样解释的:我国的住所制度和户籍制度是相关联的。在《民法通则》颁布之前,在学说和实务上户籍所在地就等同于住所。而根据我国《户口登记条例》第15条、第16条的规定,我国公民在很长一段时间内不可以有意定住所,户籍所在地是唯一的法定住所。尽管后来住所制度发生了巨大变动,户籍地作为住所成为一个约定俗成的前提概念。[1] 也就是说,我国民法上的住所概念起源于户籍制度,对该制度的路径依赖使我国民法上的住所认定依赖“户籍”这个法定形式,导致我国民法上“住所”的解释标准也具有形式主义色彩。

(三)我国税法上“住所”的解释标准的构建

1. 实质主义标准是社会发展的要求

德国法学家卡尔·拉伦茨说过,法律解释的最终目标只能是探求法律在今日法秩序的标准意义即其今日的规范性意义。[2] 税法解释追求的目标也要立足于当下的社会现实,才能准确探寻到税法概念的规范性意义。从上面的分析可以看出,无论是我国税法和我国民法上对住所的解释,都采用了形式主义标准即户籍因素。这一点上税法、民法的标准一致,符合“统一说”要求。然而从我国的现实情况来说,在现在人户分离非常严重的情况下,[3] 如果还按照片面的形式主义的标准去解释“住所”,势必会造成税收管辖权的确定不符合实际情况,进而使纳税人实际生活地的税源流失的后果,也会带来现实的征管障碍。所以借鉴前述德、日两国的做法,再考虑我国人户分离的情况严重、人户统一的户籍制度改革(尤其是上海、北京等核心城市的户籍制度改革)难以在短期内实现等现实情况,我国的住所解释应采用实质主义的标准,

---

〔1〕 参见李永军、王伟伟:《民法上的住所制度》,载《政法论坛》2009年第6期。

〔2〕 参见[德]卡尔·拉伦茨:《法学方法论》,陈爱娥译,商务印书馆2003年版,第199页。

〔3〕 参见张维:《7省市明确今年出台户籍改革具体措施,全国人户分离近3亿人流动人口逾2.5亿》,载《法制日报》2015年3月4日,第7版。

即住所在税法上的意义是“个人取得经济收入的生活中心”。这样才符合我国社会发展的需要,保证税收管辖权的确定和税源安定。

2. 客观主义标准体现了税收法定主义的精神

从前述《通则意见》第 9 条将“医院”排除在民法上的住所之外的规定来看,可以推断出我国的司法机关认为自然人并没有在医院居住的意思,故民法上的住所解释是包含“居住的意思”的,也就是说,采用了主观主义的标准。根据前述的德国法经验,自然人一般不可能在监狱、看守所等地有“居住的意思”,所以这些地方也不可能成为我国民法上的住所。

我国税法上对住所的判定是否要考虑居住者的“居住的意思”这一问题,没有查到相关的有权解释。有观点认为,我国税法上住所,是指一个人在管辖他的法律制度的领域内具有或被视为具有永久住所时,确定与其有关的许多法律问题适用何种法律制度的连接点。个人的住所部分取决于事实推定,部分取决于本人明示的意图。[1] 该观点认为,我国税法上住所的解释应考虑主观主义的要素即“本人明示的(居住)意图”。然而根据前述德、日两国的经验,“居住的意思”很难通过外观表示识别出来,这样就会对住所这个确定课税义务要件的成立带来很大不确定性,从而影响课税管辖权和税额的确定,进而影响保证安定税收收入这一立法目的实现。税收法定主义的首要原则就是课税要件的确定原则,而住所解释的主观主义标准明显是背离这一原则的。因此,为了保证税法概念的可预测性和安定性,在税法上贯彻税收法定原则的精神,税法上“住所”一词的解释宜采用客观主义的标准,原则上不考虑个人的居住的意思。

3. 单一主义标准是明确税收管辖权的要求

根据《户口登记条例》第 6 条的规定,公民应当在经常居住地登记为常住人口,一个公民只能在一个地方登记为常住人口。这说明在形式主义的住所认定之下,我国私法上的住所制度也秉持了单一主义原则。但如前述相关法规所示,在人户分离的情况下,自然人的经常居所地也可以认定为民法上的住所。另外,根据最高人民法院《关于适用〈中华人民共和国涉外民事关系法律适用法〉若干问题的解释(一)》第 15 条的规定,自然人的经常居所地是其连续居住 1 年以上的生活中心地。有学者对此规定这样分析道:“当事人的生活

〔1〕 参见刘剑文:《财税法——原理、案例与材料》,北京大学出版社 2015 年版,第 229 页。

中心应当理解成当事人法律关系集中地,而集中程度应当结合当事人本身的利益、相对人的信赖利益和社会秩序利益来综合考量。当事人的生活中心地必须有一个而且仅能有一个。"[1]这就是说,在我国的涉外民事法律关系中,住所的解释倾向单一主义标准。

至于税法上住所的数量问题,参照前述的域外经验和我国民法的经验,税法上的住所是决定税收管辖权的事实因素。为了确保税务执行的简明性、避免(不同住所地的税务机关实施)双重征税而造成纳税人的损失,税法上的住所只能有确定的一个,我国个人所得税法上的住所解释也应该遵循单一主义标准。

从上面的分析可以看出,我国税法上的借用概念在解释的标准上,和民法一样非常看重户籍这一法定形式,有很浓重的形式主义色彩。另外,我国民法上住所认定需要考虑居住者的"居住的意思"这一主观因素,这一解释标准也得到了部分税法学者的认同。然而,形式主义的标准已经不符合我国当下大量人户分离的现实情况。个人的居住意思很难从外部识别,采用主观主义标准可能会影响课税要件和税额的确定。因此,从我国的国情以及税收法定原则要求的明确课税要件的要求出发,我国税法上"住所"的解释标准宜采用实质主义和客观主义的标准。另外,从明确税收管辖权的角度出发,税法上的住所只能有明确的一个。

五、结　　语

如上所述,本文围绕"住所"这一借用概念应采用何种解释标准的问题,对德、日两国的立法和实践经验进行了分析,并在对域外经验分析的基础上对构建我国"住所"一词的解释标准进行了探讨。

日本税法的"住所"解释的原则上采取了"有限统一说"的标准,认为住所是指"个人生活的中心",是否属于"个人生活的中心"应根据实质主义和客观主义的标准,从个人的居住状况,是否有共营生计的配偶和亲属、职业等客观情况来判定,"居住的意思"等主观因素只是辅助考虑的要件。但是,在住所数量的认定上,日本税法解释并没有机械适用民法上的复数主义观点,而是从

---

[1] 薛童:《论作为自然人生活重心的经常居所地》,载《国际法研究》2015年第6期。

避免双重征税的立法目的出发,采用了单一主义的标准。德国税法上的住所解释原则上采用了“合目的说”的标准。对住所判定采用了经济实质主义、客观主义、单一主义的标准。特别是在住所认定是否需要“居住的意思”这一点上,已经完全摆脱了私法上的住所解释标准——“统一说”的窠臼。而且从前述的德国税务机关可以根据个人“拟制住所”来对个人课以无限纳税义务等事实出发,可知基于“经济观察法”的“独立说”仍然影响着包括“住所”在内的借用概念的解释。

解决我国税法上“住所”一词解释标准存在不确定性的问题,上策是在税法(无论是《个人所得税法》这种单行的特别法,还是像《税收征收管理法》或者《税收通则法(草案)》这种税收一般法)中明确规定自然人住所的意义。但是,我国的税收立法具有一定的滞后性,在新税法规定出台之前,应在税收法定原则之下充分发挥税法解释的作用,探求自然人住所这样的税法借用概念在现今法秩序上的规范性意义。在税法借用概念的解释上,不能“一刀切”地采用何种学说。特别是在我国税务机关掌握着很大税法解释权的情况下,盲目采用“独立说”或者“合目的说”的观点,对税法特殊性的过度强调容易影响纳税者对税法的安定性和可预测性的信赖利益,加重纳税人的税负。当然,机械适用“统一说”也不可取。这是因为我国私法上概念的解释标准也是不明确的,而且民法上的解释标准很可能不符合税收法律关系的实际情况。

在分析德、日两国的相关经验和结合我国国情的基础上,我国税法“住所”一词的解释原则上宜采用“附条件统一说”的标准。这里所说的“统一”,是指税法的住所意义原则上和私法统一,但是前提条件是民法解释标准不得违反我国的税收经济现实情况和税收法定原则。首先,在我国流动人口众多、人户分离情况十分普遍的情况下,不宜采用民法上主张的“户籍”这一标准作为税法上的认定标准,而应根据实质主义标准将住所解释为“个人取得经济收入的生活中心”。其次,税收法定主义要求课税要件必须明确,若按照我国民法的有权解释和学说,在税法上采用“居住的意思”这一主观主义标准,可能会让税务机关从外部识别这一主观要件变得困难,从而导致课税要件的不确定,有违反税收法定主义之虞。因此,我国税法上的住所解释应该抛弃民法上的主观主义标准,采取纯粹的客观主义解释标准,原则上不考虑居住者的居住意思。最后,为了保证税收管辖权的确定,在住所数量的认定上,可以与民法一致采用单一主义标准,即税法上的住所只能有明确的一个。

韩国税法中借用概念之解释标准
——以"韩国星塔公司登录税案"为切入点

李首鋆*

摘　要：韩国星塔公司通过收购停业法人股份，变更全部法人信息的方法，绕过《韩国地方税法》中对大城市内法人设立需缴纳300%登录税之规定，少缴纳税款253亿韩元，并在随后与政府的诉讼中获得胜诉。通过该案可明确当时韩国大法院对税法借用概念解释之立场，即遵循借用概念私法之含义。该解释方法被称为依附说。依附说与税收法定原则及文义解释法密切相关，可确保税法的稳定性与预测可能性。此外，针对借用概念之解释之亦存在独立说与调和说。独立说认为，借用概念应按税法内在原理进行独立解释，该学说与依附说有所不同，更加注重实现税收公平与正义，其理论基础为实质课税原则，并与目的解释法关系密切。调和说将以上两种学说融合，认为在一般情况下借用概念应该按其私法本义进行解释，但如按此解释存在争议之时，可在不影响税法稳定性与预测可能性的范围之内，按立法目的对其进行解释。但该学说亦存在缺点，即对范围把控十分困难，无法确定具体解释标准。但该学说为借用概念，在税收法定原则之下，亦可进行独立解释提供了可能性。韩国大法院在近年来，逐步改变其对借用概念的解释立场，逐渐接纳调和说，可预测韩国之后出现以调和说为基础的判决会有所增多。

关键词：韩国；登录税；借用概念；固有概念；税法解释

一、引　言

税法在多数情况下是将经济行为作为征税对象，并将课税要素等内容进行规定的法律。所以在制定税法时会经常使用其他法律领域，尤其是对经济行为进行说明的民法及商法上的概念，这些概念和税法本身所固有的概念相

* 韩国首尔市立大学税务专门大学院博士研究生。

对,可称其为借用概念。[1] 无论是固有概念,还是借用概念,一旦出现在税法之中,均为税法解释的适用对象。所以当税法没有对借用概念进行特殊规定时,对借用概念应怎样解释是一个值得研究的问题。如不能很好解决此问题,纳税人和税务机关会对同一概念作出不同的理解,从而会造成不同的税法适用结果,使两者对同一个经济行为产生不同的缴税预期。一方面,会使纳税人对税法产生不信任感;另一方面,税务机关可通过对借用概念的肆意解释,扩大征税范围,从而对纳税人的财产权造成侵犯。本文将通过"韩国星塔公司[2]登录税案",简单介绍韩国大法院(相当于中国最高人民法院)对借用概念解释的基本立场,希望能起到抛砖引玉的作用,对读者理解该问题提供帮助。

二、"韩国星塔公司登录税案"介绍

(一)案情

CJ 贸易有限公司在 1996 年于首尔瑞草区方背洞进行工商、税务登记,注册资本为 5000 万韩元,主营业务为生产制造布料、塑料及帐篷制品,半年后该公司由于经营不善,进入停业状态。5 年之后的 2001 年,CJ 贸易有限公司将总部迁至首尔永登浦区,并向当地税务机构提交税务登记。随后将不动产开发加入主营业务,注册资本增加到 2 亿韩元。2001 年 6 月 15 日该公司所有股东将所持股票转让于比利时公司星控股(Star Holdings)。[3] 同日,星控股在完全收购该公司之后,将公司名称更为星塔公司(Star Tower Co.),并随即重新任命董事以及审计人员。

星塔公司于 2001 年 6 月 20 日将总部迁至首尔钟路区,并于次日将不动产租赁及管理加入主营业务,同时将注册资本增至 5.3 亿韩元(以下简称本案增资行为)。星塔公司在获得注资之后,随即购入首尔江南区某土地及该土地

---

[1] 임승준,「조세법」(제19판), 박영사, 2019, 49면.

[2] 星塔公司在该案期间以更名为江南金融中心,但星塔公司在韩国社会上具有较高知名度,所以本文将该公司称为星塔公司。

[3] 该公司的幕后股东为美国龙星基金(Lone Star Fund),该基金通过星控股于 1998 年经济危机之后大肆收购韩国不良资产,并在韩国经济恢复之后获利数兆韩元。其利用韩国税法的不完善,几乎没有缴纳税款。除本文所述登录税外,该公司还涉嫌偷逃转让所得税。

上正在施工建筑物,并对土地进行了所有权转移登记(以下简称本案所有权登记),对正在施工建筑物进行了预告登记(以下简称本案预告登记)。星塔公司在进行本案增资行为、本案所有权登记、本案预告登记时,按照一般情况申报并缴纳登录税[1]以及地方教育税[2]。

2006年钟路区区长认为,2001年6月15日星控股收购已停业5年且无任何经营痕迹的公司,并将除工商登记号码、工商登记日期外其余法人信息进行变更的行为,应视为新法人的设立。根据当时《韩国地方税法》第138条及《韩国地方税法施行令》[3]第102条之规定,为减轻人口稠密地区(以下简称大城市)压力,在大城市内进行法人设立登记、法人设立登记之日起5年内的增资登记、法人设立登记之日起5年内的不动产取得登记均需交纳300%的登录税。由于星塔公司在进行登录税申报时,仅按照一般税率进行申报并交纳税款,所以钟路区区长对其下达了补交税款和行政处罚的决定。

(二)首尔行政法院一审[4]

1. 当事人主张

星塔公司认为,依据税收法定原则,应严格按照法律法规内容对税法进行解释,所以《韩国地方税法》中所出现的"法人设立"应当理解为法人设立的登记之日。即本案增资行为、本案所有权登记行为以及本案预告登记行为均为法人设立之日(1996年)起5年(2001年)之后完成,并不符合法律中所述5年之内要件,所以该行政处罚违法。

钟路区区长认为,作为海外投资公司的星控股在2001年6月15日收购停业法人,并将该法人的组成人员、注册资本、法人名称及经营范围等进行变更的目的,仅是为逃避新设法人之时所产生的高额税款。并且,从法人人格角度分析,信息变更之后的法人与变更之前并无任何相似之处。所以根据实质课税原则及《韩国地方税法》第138条立法之目的,应将变更法人信息之行为视为法人设立,变更信息之日视为法人设立之日,该行政处罚并无违法之处。

---

[1] 登录税,是指法人设立以及法人购买不动产等物品时,伴随登记需要缴纳的一种地方税。所以在韩国地方税法条文中,针对登录税的纳税义务成立时间一般用"登记"进行规定。

[2] 类似于地方教育附加税,成比例附加于其他税种。

[3] 韩国的"施行令"相当于中国的实施条例。

[4] 案件编号:2006 구합 30683。

2. 一审法院判断

法院在判断收购停业法人并变更法人信息的行为是否可视为法人设立之时，首先，对《韩国地方税法》中提及的“5 年”是否包含法人的停业时间及法人在停业之后重新开始经营是否可以视为新的法人设立进行判断。根据《韩国商法》第 172 条的规定，股份有限公司通过基本的设立行为，完成相应的设立登记即可认为其设立成功，并根据《韩国商法》第 171 条的规定，该股份有限公司有权获得法人人格。根据《韩国商法》之规定，法人人格获取之日即为法人完成登记之时。并且《韩国商法》不存在法人处于停业之情形时，其法人人格随之作废之规定，所以并不能认定其法人人格的作废。即该法人设立之日应为该法人最早设立登记之日，5 年之规定应包含停业时间。停业法人再次营业亦不能视为新法人的设立。税法与其他法律相比，并无理由存在不同解释，所以《韩国地方税法》第 138 条之规定应从最初法人设立之时进行计算。

其次，对法人将股东、管理人员、公司名称、注册地、注册资本及主营业务等人的要素及物的要素进行变更，使变更后公司与变更前公司相比丧失共性时，是否能将法人信息变更之日视为新法人设立之日？根据法律规定，股份有限公司可自由转让其股份，并通过股东大会有权对公司的章程、主营业务及注册资本等法人信息进行变更，所以对法人信息进行变更之时，并不能认为变更之后法人与之前法人相比丧失共性。只有出现《韩国商法》中规定法人人格丧失之情形，才可认为该公司丧失其法人人格。何况，纳税人为达成相同经济目的，完全可能选择多种途径，在无特殊情况之时，税务机关应尊重纳税人选择。[1] 所以个人或者法人在开始其经营活动之时，是选择重新建立一个公司还是收购一个公司，受时间成本、纳税成本等多方面因素影响。无论选择哪种途径，在商法上都形成了与其对应的法律关系，不同的法律关系可能导致不同的税法适用结果，故无视该法律关系的差异，以两者有相同的经济实质而去适用税法是十分不合理的。假设变更法人信息视为法人丧失共性之解释合理，那么究竟何种程度的变更可视为丧失共性？税法在立法技术层面无法通过具体的法律条文来明确该丧失共性的标准。且在纳税人通过多次操作来完成法人信息变更的情况下，应怎样适用税法也无法进行明确规定。这与税法基本原则中课税要件的法定性及明确性原则相抵触，故丧失共性之主张并无任

---

〔1〕 韩国大法院 2000 두 963 判决内容。

何依据。

最后,对上述两种情况同时存在时,即长时间停业公司同时伴随资本的流入重新开始经营,在变更该法人各种信息之时,是否可视为新的法人设立?根据以上所述理由,并不能认为该行为是新法人的设立行为。但是考虑到《韩国地方税法》第138条立法目的是为减少大城市内人口过于集中问题,且大城市之内的企业相较大城市之外的企业更容易获得收益之事实,负担相对较重的登录税是合理的。所以通过回避高额登录税,选择收购停业法人股票之行为是与企业伦理及税收正义相抵触的,应对其进行一定程度上的约束。但根据《韩国宪法》第38条"所有国民依照法律规定承担相应的纳税人义务"及第39条"税种及税率应当在法律中进行规定"所述税收法定原则,税法解释之时不适用扩充解释及推测解释。[1] 即使推测纳税人有逃脱税款之嫌疑,需按行为实质进行征税之时,必须有相应的税法规定才可进行,[2] 所以该行为并不能视为法人的设立。

综合以上所有信息,钟路区区长对纳税人的行政处罚违法,理应撤销。

(三)首尔高等法院二审[3]

由于星塔公司及钟路区区长无新诉求提交,以下内容仅介绍法院判断。

首尔高等法院明确本案不对星塔公司是否存在逃税嫌疑进行判断;明确《韩国地方税法》第138条立法之必要性;并根据《韩国地方税法》第138条立法目的,承认钟路区区长对星塔公司的行政处罚之必要性。但仅因存在征税必要性,而放弃税收法定原则,是十分不合理的。所以首尔高等法院将本案的焦点限定在"法人设立"的解释,即法人设立的含义仅指"根据设立登记完成的设立",还是应包括"实质上的设立"。

首先,法院对法律形式上出现的"设立"含义进行判断。根据商法之规定,设立是指伴随设立登记所完成的设立行为。但《韩国地方税法》第138条中出现的"设立"是否可以包含"实质上的设立"其实有待商榷。按照词典解释,设立,是指"组成团体或者组织的行为",根据此定义,《韩国地方税法》第138条出现的设立的含义更应偏向词典之解释。

---

〔1〕 韩国大法院98두11731判决内容。

〔2〕 韩国大法院98두14082判决内容。

〔3〕 案件编号:2007누12691。

其次,法院根据立法目的对“设立”的含义进行判断。该条文立法之目的是减轻大城市人口及公司密集程度,改善生活环境,扶持弱势地区发展,并最终达到各地区均衡发展的政治目标。所以收购已经停业之法人,并完全改变其经营方向之行为,可视为法人“实质上的设立”。

再次,法院对星塔公司所主张的税收法定原则进行判断。税收法定原则保证了税法的稳定性和预测可能性,也保证了纳税人的财产权。但税法是将经济行为作为对象,并对其涉税结果进行规定的法律。在立法技术层面,税法规定无法紧跟时刻都在变化的经济行为,因而不可避免的针对特定单词会出现多种解释的情况。结合该条款立法目的,可比较容易地将设立理解为包括“实质上的设立”,所以此解释并不属于扩张解释及推测解释。而且大城市内大部分新设法人已按照税法缴纳了高额的登录税,纳税人理应清楚新设法人所面临的纳税问题,所以并不能认为此解释损害了税法的预测可能性及侵犯了纳税人的财产权。

最后,法院对纳税人是否具有“实质上设立”行为进行判断。星控股收购5年之内无任何经营活动的法人,并修改法人几乎全部信息的行为,除偷逃税款外,并无任何合理的商业目的。所以法人信息修改之后的星塔公司,与修改之前的公司并不存在任何共性,可以认为其完成了“实质上的设立”,即法人信息修改之日即为新法人设立之日。

综上所述,钟路区区长对其行政处罚合法。

(四)大法院终审〔1〕

韩国大法院主要针对以下两个问题进行判断,“设立”的含义及星塔公司的行为是否可视为法人设立。

首先,根据《韩国宪法》第38条及第59条之规定,税收法定原则是税法的基本原则,税务机关按照法律进行征税之时,应该严格按照条款内容对税法进行解释,禁止扩充解释及推测解释,亦不能以存在征税之必要而对纳税人进行征税。另,纳税人为达成相同的经济目的,可选择多种途径,除非有特殊情形,税务机关理应尊重纳税人的选择。如果以纳税人存在偷税嫌疑为理由,对其法律行为进行再构成之时,需要有相应的法律条款作为依据,才可对纳税人进行征税。

---

〔1〕 案件编号:2007두26629。

其次,根据《韩国民法》及《韩国商法》的规定,法人设立应包含设立行为及设立登记两部分,二者缺一不可。即法人通过设立行为完成设立登记之时,才可认为其获得相应的法人人格。如法人仅有设立行为之实,并无设立登记之形,则无法认定其完成法人设立;如法人已完成设立登记,并获得法人人格之后,即便再行设立登记之形,亦无法认定其重新完成法人设立。另《韩国地方税法》第 138 条中并不存在对"设立"一词的详细解释,理应尊重民法及商法之规定。所以星控股购买停业公司股票之行为并不能视为法人设立。即使有必要对星塔公司的此类行为进行约束,如无相应法律法规作为前提,亦不能通过扩充解释及推测解释的方法对星塔公司进行征税。

综上所述,法人设立之含义仅应解释为形式上的设立,不应包含实质上的设立,所以星塔公司并无法人设立之实,钟路区区长行政处罚无效。

三、案件评析

(一)税法借用概念之解释方法

针对税法借用概念解释的学说具体可分为 3 种:借用概念应按其原本私法含义进行解释的依附说;借用概念需进行独立解释的独立说;及在一般情况下借用概念应按其原本含义进行解释,但某些特殊情况允许其进行独立解释的调和说,该学说又可称为符合目的解释说。[1]

1. 依附说

依附说,是指为保证所有法律秩序的完整性及稳定性,税法上借用概念应依附于其原本私法含义进行解释的学说。[2] 此说将税法秩序和私法秩序乃至所有法律秩序在宪法的大框架下完成了统一。

该学说起源于税法与私法之间关系的认知。早期德国法学家认为,税法仅为私法的附属法(Annexrecht),或称其为结果法(Annexrecht)。因为针对某一行为在产生涉税问题之前,需首先适用私法规定。例如,转让房屋之时,首先转让行为按照私法规定产生效力,其次才可按照税法规定征税。根据此关

---

〔1〕 권형기, "지방세법상취득과조세법상차용개념에대한소고",「조세와법」제 6 권제 2 호, 2013,107면.

〔2〕 오창수,"명의신탁과조세",「세무사」제 6 권제 4 호,1989,64면.

系,税法作为依附于私法的法律,税法上的概念理应依附于私法进行解释,所以税法并无独立解释的权利。[1]

依附说除上述历史原因外,其主要理论基础为税收法定原则,强调税法的稳定性与预测可能性。依附说完全按照私法含义对借用概念进行解释,纳税人在进行经济活动时,根据私法价值标准去理解税法概念,保证了税法与私法的统一,同时也保证了税收法定原则所涉及的税法稳定性及预测可能性。依附说的理论基础既为税收法定原则,而税法解释方法中文义解释法又与税收法定原则关系密切,所以文义解释法可理解为依附说的一种表现形式,即税法中出现其他法律所使用概念且税法没有对其进行特别说明时,应从其原本文义出发确定其含义。[2]

时至今日,税法与私法地位平等,并且依附税的理论基础为税收法定原则,所以用“依附”一词并不恰当,它往往给予一种税法地位弱于私法之感。所以可借鉴日本、韩国之翻译,取税法借用概念的解释应与私法含义相统一之意,改为“统一说”较恰当。

2. 独立说

独立说,是指由于税法与私法基本理念不同,税法中所出现的概念应按照税法内在原则对其进行独立解释的学说。[3]

该学说亦起源于税法与私法的关系。税法作为公法的一种,与私法价值体系不同,具有自身所特有的性质。私法是对交易行为中的权利归属问题进行规定,以调节个人与个人之间利益分配为目标的法律。但作为公法的税法,是通过公平的税收分配,调节国家与国民之间的利害关系的一种法律。税法还肩负宪法中所规定的税收公平之理念。如果国家只能被动地接受纳税人所选择的交易形式,税法很难完成税收公平这一基本理念。所以,税法上的概念不应被其原本私法含义所束缚,理应按照税法独特的价值体系进行解释。

该学说的主要理论基础为实质课税原则,尤其是实质课税原则中的经济实质主义。无论纳税人选择何种交易方式,都理应按照其经济实质,对交易过

〔1〕 이동식,“사법질서의세법에서의의미”,「공법연구」제 31 집제 2 호,2002,464면.

〔2〕 박훈,“판례에나타난세법상차용개념의해석론”,「법조」제 68 권제 3 호,2019,515면.

〔3〕 김민호,“조세법에있어차용개념의해석과적용에관한연구”,「공법연구」제 31 집 1 호,2002,585면.

程进行再构成,并根据构成结果进行征税。所以按照经济实质主义,税法上的一切概念,都应按照其经济含义进行独立解释。独立说的主要理论基础既为实质课税原则,而税法解释方法中的目的解释法又与实质课税原则相关联,所以目的解释法可视为独立说的一种表现形式。即对税法概念解释之时,需考虑立法目的及立法宗旨来确定其真正含义。[1]

3. 调和说

调和说,是指从保证整体法律秩序稳定性出发,税法上借用概念理应依附于其原本私法概念,但在不超出合理的税法解释范围内,可以对借用概念赋予独立含义的学说。[2]

该学说融合前两种学说,既保证了整体法律秩序的稳定性,也为税法对借用概念进行独立解释提供了可能性。所以该学说需要同时满足税收法定原则及实质课税原则,即在不破坏税收法定原则所述税法稳定性及预测可能性范围之内,可以对借用概念进行独立解释。

目的解释法可视为该学说的一种表现形式,但是该目的解释法与独立说有所不同,它不是不加限制的目的解释法,而是在特定范围内进行的目的解释法,可称其为受限目的解释法。

4. 小结

以上3种学说各有优劣。依附说十分强调整体法律体系的统一性,它保证整体的法律秩序完整,尊重纳税人的私法选择权,但可能将国家置于不利地位。税法无法紧跟多变的经济环境,无法完成税法公平征税之目标,使遵纪守法公民相较偷逃税款之人在税法面前处于不利地位。独立说注重税法的独立解释权,无视纳税人所选择的行为在私法上所产生的法律效果,亦可认为是国库主义的体现。税务机关依据此学说,可能会对税法进行肆意解释,完全破坏纳税人对税法的预测可能性及私法秩序。但其优点也十分明显,能够较好地完成公平税收的目的,有效地防止偷税、漏税的发生,税法面对时刻都在变化的经济环境时亦不会苍白无力。调和说总体来看比较完善,但对于界限的把控十分困难,究竟何种情况可以对借用概念进行独家解释,根本无法制定准确标准定量分析,只能将判断权交给法院。但是,调和说在文义解释作为税法主

〔1〕 박훈,앞의논문, 515면.
〔2〕 임승준,앞에책, 2019, 50면.

流且重要解释法的今天,为税法进行独家解释提供了理论基础。

德国、日本、韩国在早期均采用统一说对借用概念进行解释。但德国在第二次世界大战之后对税法上借用概念可以进行独家解释不再抵触,认为税法有权对借用概念进行独家解释。[1] 日本从 2012 年逐渐改变对借用概念看法,以"私法概念在税法中的变用理论"为基础,在依附说的基础上渐渐向独立说靠拢。[2] 韩国大法院在 2010 年之前,完全遵守税收法定原则,对税法借用概念的解释基本采依附说之态度。但在 2010 年,大法院对借用概念的解释作出如下说明:大法院认为如税法无特殊规定,对借用概念的解释理应遵循其私法定义。[3] 与本案判决内容相比,"无特殊情况"可视为大法院态度松动的表现,承认可能存在某种情况,需对借用概念进行独立解释。2012 年大法院明确税收法定原则与实质课税原则之关系并非对立而是相互补充,该观点与调和说十分相近,同时点明目的解释法与实质课税原则之关系密不可分。[4] 由此可知,韩国大法院正在逐步改变其态度,逐渐接受借用概念调和说之立场。

(二)法院判决之评析

通过该案件判决内容,可明确韩国大法院在对税法进行解释之时遵循以下原则。第一,根据《韩国宪法》的规定,税收法定原则是税法的基石,为了保证税法的稳定性及纳税人的预测可能性,在对税法进行解释之时不适用扩张解释及推测解释。第二,纳税人在达成相同的经济目的时,可以选择多种途径,除非有特殊情况,税务机关应尊重纳税人的选择。第三,一般反避税条款[5]不能作为征税依据,只有存在特定、详细的反避税条款时,才能对纳税人

---

[1] Dong-Sik Lee, MethodenzurVerhinderung der Steuerumgehung und ihrVerhältniszueinander, GCA Verlag, 1999, 116 ff.

[2] 김두형,「로스쿨조세법기초이론」(제 2 판),한국학술정보, 2012, 145면.

[3] 韩国大法院 2007 두 11092 判决内容。

[4] 韩国大法院 2008 두 8499 判决内容。"实质课税原则是宪法基本理念中平等原则在税法关系中的体现,该原则是为防止纳税人采取与实质不相符、不合理的交易形式,偷逃税款之时,可不顾其外观形式对其实质进行征税的原则。通过该原则可遏制逃税行为,达成税收公平,最终实现税收正义。根据实质课税原则将税收法规适用于变化多样的经济关系之时,在不影响税法预测可能性及稳定性的范围内,可按照立法目的对税法进行灵活解释。实质课税原则可以有效避免税收法定原则沦为形式主义的情况,所以实质课税原则与税收法定原则之关系并不是相互对立,而是相互补充。"

[5] 一般反避税条款,是指《韩国国税基本法》及《韩国地方税基本法》中所述实质课税之规定。

进行征税。第四,即使对某行为有必要征税,但在无明确税法规定之时,亦不能对其征税。该4点内容充分反映了韩国大法院对税法解释采取的保守态度,其目的是保护纳税人的财产权。

该案件亦是关于税法上借用概念应当怎样解释的典型案件,与依附说一致,能够明确当时韩国大法院对借用概念进行税法上独立解释所持否定态度。[1] 但对借用概念的解释,大法院仅否定扩张解释及推测解释,并无对目的解释法作限制。早在2008年,大法院已明确,在对税法中含义不明语句进行解释之时,不可避免地需要用目的解释法,但目的解释法并不能损害税法本身的稳定性及预测可能性。[2]

一审法院并没认识到该问题的产生源于借用概念的解释,默认设立的含义为其商法含义,从多种角度论证纳税人收购停业法人股票并更改其信息的行为,无法视为法人设立,从而得出行政处罚违法的结论。二审法院明确,该案件产生之根本是,因为税务机关及纳税人对"设立"一词的含义的理解不同,即税务机关认为设立除其本身含义外,理应包含实质上的设立;但纳税人认为,税法上并无对"设立"一词解释说明,理应按照设立本身商法含义进行解释。二审法院运用税法解释方法中的目的解释法,按照该条文是为减轻大城市人口压力之目的,认为设立理应包含实质上的设立。此解释不属于扩张解释及推测解释,并没有破坏税法的稳定性及预测可能性,从而侵害纳税人财产权的行为也无从谈起。终审法院在对设立进行解释之时,并没沿用二审的思路,转而分析对"设立"一词进行税法独立解释的可能性及恰当性。终审法院认为,税收法定原则是税法的基石,在无特殊税法规定之时,借用概念应尽量遵循其原本的含义进行解释。但对有明显的偷逃税款嫌疑行为的纳税人,如此过分遵守税收法定原则是否过于仁慈,是否会打击正常纳税之人的纳税积极性,鼓励纳税人通过税法漏洞偷逃税款亦是需要考虑的问题。由于首尔高等法院对案件持有不同判断,且各级法院均认为有必要对纳税人此行为进行约束,以及纳税人的行为在某种程度上来说有违社会道德及税收正义,可认为税务机关对纳税人的处罚亦具有一定合理性。但从历史原因来看,税收法

---

[1] 이동식,안경봉,"한국에있어서조세법의해석 · 적용",「조세학술논문집」제 30 집제 2 호, 2014,140면.

[2] 韩国大法院 2007 두4438 判决内容。

定原则是韩国税法的基石，在制定税法及解释税法之时，都无法无视其存在，所以在此框架之下，当时韩国大法院的判决是相对合理的。但在2012年，大法院厘清税收法定原则与实质课税原则的关系，认可目的解释并不与税收法定原则冲突之后，对本案是否还能作出相同的判决值得考究。

(三)判决所产生之影响

该判决下达之后，最直接的影响体现在经济上。韩国首尔市政府对星塔公司235亿韩元的行政处罚无效，使首尔市政府错失一大笔税收。[1] 据统计，在首尔，类似的行政处罚一共853件，涉及公司277个，涉及金额2915亿韩元。[2] 虽大部分公司已按照行政处罚补交税款，并超过行政复议之期限，丧失复议之权利，但是其可向国家提起民事诉讼，要求国家返还已缴纳税款。首尔市政府为避免此类事件发生，在星塔案件败诉之际，当即决定撤销所有类似行政处罚，并返还纳税人已缴纳税金。

另外，由于该案件，使地方税法针对大城市内新设法人之规定形同虚设，纳税人可以通过此迂回方法来逃避缴纳高额税款。韩国政府为避免此事件持续发生，于判决下达之次年对《韩国地方税法》进行修订，将法人设立的概念进行扩充，把通过收购停业法人之行为也视为法人设立，为征税提供了合理的法律依据。此后，纳税人再无法通过此方法偷逃税款。纳税人通过税法漏洞偷逃税款并胜诉之后，政府都会尽快对税法进行修订，以免流失更多的财政收入。例如，利用非上市公司股票价格评估漏洞偷逃赠与税，[3] 利用持股比例计算漏洞偷逃取得税等。[4] 所以，可认为纳税人的偷税行为在某种程度上帮

〔1〕 신문기사,"론스타에 253 억중과세소송서서울시패소",연합뉴스,2009.

〔2〕 신문기사,"론소타소송패소서울시세수 1 천 750 억구멍",연합뉴스,2009.

〔3〕 对于非上市公司的股票价格无法做到精确评估，往往会远远低于其正常价值，所以可先将非上市公司的股票赠与亲人之后，再通过董事会决议完成公司的上市，使股票价值到达其正常水平，往往远大于赠与时评估价格。通过此类方式可以偷逃赠与税。随后韩国政府修改相关条款，再获赠非上市公司股票一定年限内，如该公司完成上市，需要从新计算赠与税或遗产税。

〔4〕 《韩国地方税法》规定，如果收购某公司51%以上股份，则视为取得该公司所拥有的不动产，需要按持股比例缴纳不动产取得税。该法律条文的制定是为防止个人及法人通过收购其他法人股票的方法，偷逃不动产取得税。新加坡投资厅旗下公司，在韩国设立两子公司来收购星塔公司股票，两子公司分别持股50.01%及49.99%，按照法律规定均没到达51%，所以不用缴纳取得税。随后韩国政府修改该法律，将51%修改为50%。

助立法者完善了税法规定,减少了法律漏洞。税法漏洞对于纳税人来说蕴含巨大的经济利益,所以相较专家学者及公务员,纳税人往往会更加积极地查找漏洞。而此类判决虽与税收正义、社会道德相违背,但在某种程度上激发了纳税人查找税法漏洞的动力,间接推动了税法发展。并且针对此类判决,许多学者亦会用论文的形式表达自己的看法,也间接推动了学术界的发展。

最后,该案件还造成了巨大的社会影响。虽然此案件为纳税人胜诉,但许多民众在博客表达了不满情绪。因星塔公司背后为美国龙星基金,该基金在韩国国内利用各种税法漏洞,多次成功偷逃高额税款。民众认为此公司严重损害了国家的合法利益,希望政府对其进行制裁。

四、结　　语

本文通过对“韩国星塔公司登录税案”的介绍,展示了韩国大法院对税法借用概念解释的主流立场。即税法没有特殊规定之时,对借用概念的解释应遵循其原本含义进行解释,从而保证税法的稳定性及预测可能性。该立场亦可称为借用概念解释依附说,是税收法定原则的体现,和税法解释方法中的文义解释法密切相关。除此学说外,还存在独立说及调和说。独立说理论基础为实质课税原则,与依附说有所不同,更加注重实现税收公平与正义,目的解释法可视作该学说的具体体现形式。调和说将以上两种学说进行了融合,在一般情况下借用概念应该按其私法本义进行解释,但如按其本义解释存在争议之时,可在不影响税法稳定性与预测可能性的范围之内,按立法目的对其进行解释。该学说看似完美,其实存在缺点,即对范围把控十分困难,无法确定具体的解释标准。但该学说为借用概念在税收法定原则大背景之下,为税法的独立解释提供了可行性。近年来,德国、日本、韩国在逐步改变其对借用概念的解释方法,逐渐接纳调和说。可以预见,今后调和说会逐渐占据主流。

税法一般条款的司法适用不应止于形式合法
——以明显偏低条款的适用为例*

吴东蔚**

摘　要：对于现代税法，一般条款不可或缺。本文以明显偏低条款为例梳理司法实务，发现法官在适用过程中，普遍存在过度依赖外观合法的税收规范性文件而未考量其实质合法性的现象。通过“孙某某案”与“周某某案”可以看出，上述做法会导致潜在的合法性风险，如错误认定比较基准。但法官可以通过解释论方法予以缓释，以选择更优比较基准、遵守30%的一般下浮标准、从宽认定正当理由情形并从严认定存否等解释路径，判断如何取舍税收规范性文件。由此出发，法官在适用其他税法一般条款时同样可采取将一般条款要素化、优先参照民商法中的共有概念、中立解释等解释思路。

关键词：一般条款；合法；明显偏低；正当理由

一、问题的提出

法律追求确定性，税法尤甚。虽然作为“帝王原则”的税收法定原则以课税要素明确为子原则，但法律所要调整的社会事实近乎无限，而法律规范的数量却必然有限，为尽可能实现税法所追求的公平正义，税法不可避免地要引入富有弹性的一般条款。遗憾的是，由于我国税法长期具有的“原则性”特点，其实施不得不依赖朝夕可改的税收规范性文件。[1]

认为自身权利遭受侵害的纳税人可寻求司法救济。但由于现行《税收征

---

* 国家社科基金项目“组织收入与调节分配二元目标下的《个人所得税法》修改研究”(18CFX056)阶段性成果。

** 中南财经政法大学法学院经济法学硕士研究生。

〔1〕 本文所称的税收规范性文件，是指除税收法律、税收行政法规外的涉税法律规范。关于税收规范性文件的朝令夕改，举例而言，财税〔2011〕61号文将20%作为认定存量房申报交易价格明显偏低的下浮下限，税总发〔2013〕129号文又将下限修改为10%。

收管理法》对纳税争议规定了纳税前置,纳税人被迫“花钱买救济”,维权成本较高。即便进入诉讼阶段,法官亦会作出有利于税务机关之判决。[1] 从理论上说,税收规范性文件对法官不具强制效力。但我国税法裁判力量相对薄弱,而税收规范性文件多由专业性更强的财政部、国家税务总局等部门颁布,故在实务中法官多依赖税收规范性文件来理解税法条文。如此语境下,税法一般条款之适用是否合法,在很大程度上已转变为其适用是否合乎税收规范性文件的问题。尽管2014年修订的《行政诉讼法》赋予法院审查税收规范性文件合法性的权力,但一方面,部门规章不在审查范围之内;另一方面,就税法一般条款的适用而言,虽然最高人民法院的司法解释规定税收规范性文件“与法律、法规、规章等上位法的规定相抵触”,[2] 但在法官仰赖下位税收规范性文件来理解上位税法的情况下,如此赋权有多大现实意义仍然可疑。若法官在适用税法一般条款时,满足于依赖外观合法的税收规范性文件(形式合法),却没有考虑规范性文件的规定是否真的与上位税法契合(实质合法),那么纳税人寻求权利救济的最后一道大门也将被关上。

《税收征收管理法》第35条第1款第6项是典型的税法一般条款,其规定“纳税人申报的计税依据明显偏低,又无正当理由的”,税务机关有权核定其应纳税额(以下简称明显偏低条款)。由于有侵犯纳税人权利之嫌,该条款在司法实务和学术研究中引发较大争议,具有一定分析价值,故本文以之作为对象。

考虑到新近颁布的《关于加快推进公共法律服务体系建设的意见》强调了典型案例研究的重要社会意义,本文将对两起具有典型意义、但学界关注较少的税收核定案进行分析,以此说明法官的上述做法可能会带来的诸如错误认定比较基准的合法性风险,最后,结合不少学者从立法论角度出发提出的完善

---

[1] 2001~2014年我国税收行政诉讼中纳税人的胜诉率在10%~20%徘徊,相比之下,德国税收行政诉讼中纳税人的胜诉率在20%~33%。参见崔威:《中国税务行政诉讼实证研究》,载《清华法学》2015年第3期;[美]奥尔特等:《比较所得税法——结构性分析》,丁一等译,北京大学出版社2013年版,第79页。

[2] 最高人民法院《关于适用〈中华人民共和国行政诉讼法〉的解释》第148条。

明显偏低条款的文本表述建议。[1] 笔者认为,这种风险可以在解释论的框架下予以缓释,法官可采取选择更优比较基准、遵守30%的一般下浮标准、从宽认定正当理由情形并从严认定存否等解释路径,判断是否应参照相关税收规范性文件。在此基础上,可进一步认识到,法官在适用其他税法一般条款时可采取将一般条款要素化、优先参照民商法中的共有概念、中立解释等解释思路。

二、明显偏低条款的司法适用现状梳理

明显偏低条款是由许多基本一致的一般条款(如《契税法》第4条第2款)组成的规则束。故而在笔者检索的部分案例中,税务机关征收税款的上位法依据并非仅有《税收征收管理法》第35条第1款第6项。笔者以"明显偏低""明显低于""正当理由""《税收征收管理法》第三十五条""《契税暂行条例》第四条"等关键词在北大法宝与无讼上进行检索,筛选出有关明显偏低条款的案例30件,其分布时间为2004~2019年。[2] 我国税收案件数量总体较少,作为样本的30起诉讼多少还是有些遗憾。依裁判文书网,我国2018年审结涉税案件仅有343件,其中还包含有信息公开和社保征缴等与税法并无实质关联的案件。由于纳税前置抬高了税务诉讼的门槛,大多数税务争议止步于行政复议,故进入诉讼程序的税务争议案件可能存在标的偏大、明显偏低条款在司法适用中存在的问题被放大等问题。

但是,根据统计学的理论,当样本数量达到30以后便能在相当程度上反映出研究对象的特征;[3] 同时,法学研究者最关注的恰恰是该条款在司法适

---

〔1〕 包括但不限于下述文献:李登喜、李大庆:《论税收核定权的裁量属性及法律控制》,载《税收经济研究》2018年第6期;黎江虹、孟思聪:《核税裁量及其限定》,载张守文主编:《经济法研究》(第18卷),北京大学出版社2017年版,第189页;汤洁茵、肖明禹:《反避税调查程序中的税收核定》,载《当代法学》2018年第4期;廖仕梅:《从民法视角探析推定课税》,载《地方财政研究》2015年第10期。

〔2〕 典型者如:新疆维吾尔自治区乌鲁木齐市中级人民法院(2014)乌中行终字第95号判决书、江苏省苏州市中级人民法院(2018)苏05行终384号判决书、上海市浦东新区人民法院(2016)沪0115行初56号判决书、广州铁路运输第一法院(2016)粤7101行初2880号判决书、苏州市姑苏区人民法院(2015)姑苏行初字第00122号判决书等,兹不全部列述。

〔3〕 [美]尼尔·萨尔金德:《社会科学研究方法一百问》,赵文等译,北京大学出版社2014年版,第107页。

用中存在的问题,问题被放大反倒有利于集中焦点。由此而言,本文的梳理仍可在一定程度上反映明显偏低条款的司法适用现状。

首先,相关案例的涉税标的物分为房屋、土地、股权、车辆四种,四者分别有24件(80%)、3件(10.0%)、1件(3.3%)、2件(6.7%)。由此可见,明显偏低条款主要适用于房屋转让价格明显偏低的情形。

其次,交易价格相较标准值的下浮幅度分属于以下5种情形:[1] 下浮幅度为0%的有1件(3.3%),幅度为0%~10%的有3件(10.0%),幅度为10%~30%的有9件(30.0%),幅度为30%~50%的有9件(30.0%),50%~100%的有7件(23.3%)。总体来说,下浮幅度暧昧(0%~50%)的案件较多,占73.3%,这意味着"明显偏低"的界定标准会在很大程度上影响相关案件的定性,无论税务机关还是司法机关在解释"明显偏低"概念时都应持慎重态度,否则可能有侵害纳税人权利之虞。明显偏低条款往往被寄予反避税之厚望,但从司法实务来看,相关诉讼案件中交易价格的下浮幅度呈一定上升趋势,该条款能否起到引导纳税人诚信纳税的作用或应存疑。当然,这也可能是因样本偏差或标准值偏离市场价格而导致的误差。考虑到该趋势未能通过显著性检验,本文无法从中得出确定结论。[2]

最后,共有27个案件中,税务机关认定为计税依据明显偏低,其余3个案件未获认定的原因有二:一是税务机关工作人员失职,对本应被认定为计税依据明显偏低的交易行为视而不见;二是当事人在房屋产权转移前产生合同纠纷,买卖合同被法院认定为无效合同。[3] 27个案件中,有2个案件未进入司法诉讼程序,原因分别是纳税人没有提起行政复议和行政诉讼,以及税务机关虽认为纳税人之计税依据明显偏低,但未予核定。[4] 余下25个案件中,仅有1个案件被法官认定为具有正当理由。[5] 该数量看似过低,但实际上,考虑到

---

[1] 吉林省高级人民法院(2017)吉行申307号未提及交易价格,故此处案例总数为29。

[2] 笔者通过SPSS软件计算发现,该数据分析的显著性未达到0.05水平。

[3] 前者见河北省保定市中级人民法院(2016)冀06刑终186号判决书、湖南省蓝山县人民法院(2015)蓝法刑初字第237号判决书,后者见辽宁省沈阳市中级人民法院(2004)沈民(2)房终字第1304号判决书。

[4] 河南省济源中级人民法院(2017)豫96刑终22号判决书、浙江省宁波市中级人民法院(2017)浙02行终322号判决书。

[5] 新疆维吾尔自治区乌鲁木齐市中级人民法院(2014)乌中行终字第95号判决书。

仅有 11 个案件中的纳税人提出了所谓的“正当理由”，其余 14 个案件中的纳税人提出之理由则与“计税依据”“比较基准”“下浮幅度”等要素相关，故认定率应为 9.1%，而非 4%。当然，两种情形的区分并非截然对立，纳税人在诉讼中往往会同时提出上述两类理由。纳税人提出的“正当理由”分为以下 7 种：一是防止群体性事件、缓和社会矛盾；二是交易价格有发票作支撑；三是拍卖价格是合理市场价格；四是商品自身的风险、问题、状况致使价格明显偏低；五是加快资金周转或急需现金；六是近亲属交易；七是涉案标的物不具有商品性质。[1] 虽然正当理由之认定率总体偏低，但无法由此得出法院偏向税务机关的结论。因为法院对纳税人提出的正当理由类型持相对肯定态度，只是法院往往不认为纳税人提供之证据能够说明其符合正当理由情形。[2]

本文将着重考察法官在适用明显偏低条款时，是否存在过度依赖税收规范性文件而未考量其实质合法性的情况。具体结果如表 1 所示：

表 1　法官是否过度依赖税收规范性文件的考察[3]

衡量标准	有	无
是否涉及通过税收规范性文件解释明显偏低条款情形	17(63.0%)	10(37.0%)
法官有无直接/间接以税收规范性文件为裁判依据	17(63.0%)	10(37.0%)
法官所依据的税收规范性文件是否形式合法	17(63.0%)	10(37.0%)

[1] 第一种情形，见新疆维吾尔自治区乌鲁木齐市中级人民法院(2014)乌中行终字第 95 号判决书；第二种情形，见浙江省杭州市中级人民法院(2016)浙 01 行终 133 号判决书、吉林省高级人民法院(2017)吉行申 307 号判决书；第三种情形，见最高人民法院(2015)行提字第 13 号判决书；第四种情形，见广西壮族自治区北海市中级人民法院(2015)北行终字第 6 号判决书、上海铁路运输法(2016)沪 7101 行初 520 号判决书；第五种情形，见广东省韶关市中级人民法院(2014)韶中法行终字第 75 号判决书、广东省东莞市第一人民法院(2018)粤 1971 行初 673 号判决书、浙江省绍兴市中级人民法院(2011)浙绍商终字第 828 号判决书；第六种情形，见江苏省淮安市中级人民法(2019)苏 08 行终 122 号判决书；第七种情形，见河南省中牟县人民法院(2017)豫 0122 行初 82 号判决书。

[2] 当然，也有应被认可的正当理由类型未获法官认可的情形。例如，《股权转让所得个人所得税管理办法(试行)》和豫地税发〔2014〕64 号文等税收规范性文件已然将近亲属交易作为合理的正当理由，但在江苏省淮安市中级人民法(2019)苏 08 行终 122 号判决书中却未获法官认可。

[3] 本表在计算时剔除了未进入司法诉讼程序的案件。

续表

衡量标准	有	无
法官有无就依据的税收规范性文件是否实质符合上位法进行说理	1(3.7%)	26(96.3%)
纳税人有无对税收规范性文件提出质疑	3(11.1%)	24(88.9%)
法官有无回应当事人对税收规范性文件提出的质疑	3(11.1%)	24(88.9%)

由此可见,通过税收规范性文件解释上位税法条款的情形十分常见。只要案件中出现相应税收规范性文件,法官就会或直接或间接地以之作为裁判依据。但仅在“德发税案”中,法官才对相关税收规范性文件是否实质符合上位法进行说理。[1] 但是,应该肯定的是,只要纳税人对税收规范性文件提出质疑,法官都会予以回应。

在上述分析的基础上,本文选取了“孙某某案”和“周某某案”两起典型案例进行分析。[2] 两案的涉税标的物都是房产,下浮幅度都位于0～50%的暧昧区间,纳税人提出的理由都与非正当理由要素相关,却被税务机关以有关正当理由的税收规范性文件否定,且法官在裁判时都存在过度依赖税收规范性文件而未考量其是否实质符合上位税法的情形。本文试图通过分析上述典型案例说明,法官在适用明显偏低条款时过度依赖税收规范性文件会导致潜在的合法性风险,但这种风险可以通过解释论路径予以缓释。

三、案情及争点

(一)“孙某某案”

2015年11月19日孙某某与案外人范某某签订房屋买卖协议,约定将名

〔1〕 法官对拍卖是否属于正当理由作了说理:“拍卖价格的形成机制较为复杂,因受到诸多不确定因素的影响,相同商品的拍卖价格可能会出现较大差异。影响房地产价格的因素更多,拍卖价格差异可能会更大。依照法定程序进行的拍卖活动,由于经过公开、公平的竞价,不论拍卖成交价格的高低,都是充分竞争的结果,较之一般的销售方式更能客观地反映商品价格,可以视为市场的公允价格。”最高人民法院(2015)行提字第13号判决书。

〔2〕 苏州市姑苏区人民法院(2016)苏0508行初374号判决书、江苏省淮安市中级人民法院(2019)苏08行终122号判决书。

下房产以225万元的价格转让给范某某。后双方发生争议，范某某起诉孙某某，但双方在法院的调解下于2016年4月15日达成调解协议，法院的调解确认书上亦载明房屋交易价格为225万元。2016年4月25日孙某某向苏州工业园区地税一分局申报交易，申报价格为154万元。苏州工业园区地税一分局利用江苏省存量房交易纳税评估系统（省级集中版）对该房产进行评估，系统估价为265万元，又依据《税收征收管理法》第35条第1款第6项“纳税人申报的计税依据明显偏低，又无正当理由的”之规定，核定计税依据为265万元。孙某某向法院提起诉讼，以225万元系真实交易价格为由，请求以该价格为计税依据。

该案的争议焦点是孙某某申报的计税依据是否明显偏低且无正当理由。

税务机关的论证思路和依据如下：首先，确认计税依据。根据《苏州工业园区地方税务局苏州工业园区国土房产局关于实施二手房交易最低计税价格的通知》（苏园地税发〔2010〕12号）第2条的规定，“对于二手房交易涉及税收的计税价格，税务机关应以房屋交易双方签订的《存量房买卖契约》中确定的成交价格为依据”，而孙某某向税务机关提交的存量房买卖合同显示成交价格为154万元，故计税依据为154万元。其次，判断计税依据是否明显偏低。根据《关于应用评税技术核定房地产计税价格的意见》（国税〔2008〕309号）第1条及《江苏省存量房交易纳税评估系统省级集中版业务规程》的规定，判断纳税申报价格是否偏低的比较基准是市场价格，又根据财政部、国家税务总局《关于推广应用房地产估价技术加强存量房交易税收征管工作的通知》（财税〔2011〕61号）第2条第2款的规定，“严格按照规定实施存量房评估。对于评估认定申报交易价格偏低的……”，故税务机关将纳税评估系统的评估价格视为市场价格，通过比较孙某某的申报价格与评估价格，认定“该房屋成交价格低于市场价格”。最后，确认孙某某是否有正当理由。孙某某以225万元为民事调解书确认的真实交易价格为由，请求以该价格为计税依据。《关于进一步加强存量房评估工作的通知》（苏地税发〔2014〕58号）第4条规定：“以下情况可视为正当理由：（一）法院判决；（二）亲属（三代以内直系血亲）间交易；（三）房屋客观上有明显缺损等严重质量问题；（四）税务机关认定的其他情形。”税务机关据此认为孙某某主张的理由不构成正当理由。

法院认为该调解书仅是确认孙某某与案外人范某某就2015年11月19日合同履行达成的意思自治，并不涉及交易价格认定问题。退言之，即便225

万元是真实交易价格,亦需经过存量房交易纳税评估系统的专业评估方能确认能否作为最终计税价格。此外,孙某某既未重新申报纳税,又未提出纳税争议处理程序。故此,法院驳回孙某某的诉讼请求。

(二)"周某某案"

2014 年 11 月周某某与王某某向苏州工业园区地税一分局申报其购买的某房产的契税款。其所提交的合同显示交易价格为 250 万元,但因江苏省存量房交易纳税评估系统(省级集中版)显示的评估价为 306 万元,税务机关依《税收征收管理法》第 35 条第 1 款第 6 项,认定周某某申报的计税依据明显偏低且无正当理由。2014 年 12 月因周某某申请计税价格争议处理,税务机关委托评估公司进行评估,评估公司在考量该房产部分墙体出现沉降裂缝及渗水等情况后,得出约 280 万元的评估价,税务机关据此将核定价修正为 280 万元。周某某不服,向法院提起诉讼,请求撤销税务机关的行政行为。据其说法,房屋的合同交易价格实为 275 万元(含车位价格),后因发现房屋有明显墙体渗水、开裂的情况,经与房东协商,交易价格变更为 271 万元。周某某已事先向房东支付 10 万元定金,而过户时房东不会退还定金,故申报的合同交易价格为 250 万元而非 271 万元。但法院以 271 万元的合同价格与该案被诉行政行为的审查不具关联性为由,不认可 271 万元合同价格的证据效力。此外,周建青方还提出,涉案房产所在小区自 2013 年 9 月开始由双学区身份变更为单学区,该情况会对房价产生影响,但税务机关在判断计税依据是否明显偏低时未予考量。

该案的争议焦点,同样是纳税人申报的计税依据是否明显偏低且无正当理由。

税务机关的论证思路和依据如下:首先,对于确定计税依据,通过判决书文本可以明显看出,税务机关同样以存量房买卖合同的交易价格(250 万元)为计税依据。其次,判断计税依据是否明显偏低,税务机关依苏地税发〔2014〕58 号文与苏地税函〔2013〕267 号文规定的"下浮比例原则上不得超过10%"标准,以系统评估价 306 万元为比较基准,判定周某某申报的计税依据明显偏低(其下浮值为 18.3%)。评估公司得出 280 万元的评估价后,税务机关仍以系统评估价 306 万元为比较基准。原告除认为应以 271 万元为计税依据外,还以财税〔2011〕61 号文为依据,认为下浮下限应为 20%。最后,判断周某某是否有正当理由。税务机关认为周某某拿出了交易价格不同的新合同并否定作为申报依据的网签合同,可以说明其不具有正当理由。

法院则首先确认系统评估价为比较基准。就下浮幅度而言,法院认为财税〔2011〕61 号文规定的是最高下浮幅度,且授权地方税务局拟定具体下浮下限,故财税〔2011〕61 号文与苏地税发〔2014〕58 号文、苏地税函〔2013〕267 号文没有冲突。关于 280 万元的最终核定价,法院认为基本符合房屋状况与市场价格,不存在过高情形。至于纳税人提出的理由是否正当,法院认可税务机关的说理,认为纳税人存在多份交易合同及价格,故不存在正当理由。故此,法院驳回周某某的诉讼请求。

(三)关键问题归纳

通过上述梳理,不难发现问题的关键在于如何理解、适用《税收征收管理法》第 35 条第 1 款第 6 项。计税依据为何?比较基准为何?下浮幅度应以多少为标准?正当理由为何?明显偏低条款的法律文本表述过于简练,致使税务机关的裁量空间过大。部分税收规范性文件看似为税法一般条款的行政适用提供了指引,实际上是进一步扩张了税务机关的裁量空间,而法官在裁判中并未考量这些税收规范性文件是否实质吻合上位税法。从理论上说,具备专业知识的税务机关更有能力解释税法条文,但事实真是如此吗?下文将以文义解释为基础、辅以目的解释和体系解释,力求厘清明显偏低条款的理解思路,并以此为基准,审视上述案件的裁判是否存在合法性风险。

四、明显偏低条款的司法适用风险

(一)条款之解释

出于论述清晰考虑,本文将《税收征收管理法》第 35 条第 1 款第 6 项分为“计税依据”“比较基准”“下浮幅度”“正当理由”四部分分别阐释。

首先是计税依据。计税依据是税法的固有概念,原则上应在税法体系内进行解释。计税依据有两种含义:一为征税对象的自然数量,如《耕地占用税法》将纳税人实际占用的耕地面积作为计税依据;二为征税对象的价值数量,如《烟叶税法》以纳税人收购烟叶实际支付的价款总额为计税依据。本文案件中的计税依据属于第二种情形,是指涉案房产的交易价格。由于计税依据之前有“纳税人申报的”作定语,故税务机关不得以未申报价格作为计税依据。

其次是比较基准。原文没有直接规定比较基准。对于比较基准有两种理解进路:其一,在社会主义市场经济语境下,判断是否明显偏低的比较基准应是市场价格。1997 年颁布的《契税暂行条例》第 4 条明确规定比较基准是市场价格,国税函〔2008〕309 号文亦持有相同观点。以比较视野观之,实行市场经济的日本亦以市场价格作为明显偏低的比较基准。〔1〕 其二,比较基准应为评估价格。《土地增值税暂行条例》第 9 条、财税〔2009〕100 号文、财税〔2011〕61 号文都以评估价格作为比较基准。值得注意的是,上述两个规范性文件都强调在计算评估价格时应采用市场法。故从本质上说,评估价格仅是市场价格的外在表现,若有更贴近市场价格的价格,应以之为准。

再次是下浮幅度标准。按通常理解,"偏"意味着"与某个标准相比有差距",而"明显"虽然是具有很强裁量性的一般条款,但考虑到其通常含义为"清楚地显露出来,容易让人看出或感觉到",〔2〕故"明显偏低"是指某数值低于比较基准值且有依通常认知来说不小的差距。因此,若下浮幅度在 0 ~ 10% 以内,税务机关认定其为明显偏低便难免引发争议,在实务中不乏相关案例。〔3〕 当然,考虑到评估价格可能高于或低于市场价格,且不同商品乃至不同地区的同种商品的价格波动幅度都可能存在较大差异,判断计税依据是否明显偏低时不宜采用过于严苛的"一刀切"标准。值得注意的是,《合同法》第 74 条规定:"债务人以明显不合理的低价转让财产,对债权人造成损害,并且受让人知道该情形的,债权人也可以请求人民法院撤销债务人的行为。"依司法解释,"明显不合理的低价"一般是指"转让价格达不到交易时交易地的指导价或者市场交易价百分之七十"。〔4〕 "明显不合理的低价"与"明显偏低"

---

〔1〕 日本《所得税法》第 59 条、《所得税法实施令》第 169 条规定,个人间转让资产价格显著低于时价的,申报价与时价之间的差额课以继承税,而所谓时价,依《财产评价基本通则》第 1 条之解释,是指"在课税时期内,与各类财产相对应的、在不特定多数的当事人间进行自由交易的情况下通常会被认可的价格"。

〔2〕 《现代汉语词典》(第 6 版),商务印书馆 2012 年版,第 990 ~ 910 页。

〔3〕 如安徽省蚌埠市中级人民法院(2011)蚌行终字第 00010 号判决书,下浮幅度为 4.7%,及浙江省杭州市中级人民法院(2016)浙 01 行终 133 号,下浮幅度为 5.2%。

〔4〕 最高人民法院《关于适用〈中华人民共和国合同法〉若干问题的解释(二)》第 19 条。

可以理解为同义，二者都是指某交易价格低于市场价格，[1]且与市场价格之间有着依通常认知来说不小的差距，都会产生损害第三方（债权人/税务机关）利益的结果。考虑到司法解释具有法律效力，故上文案件中的“明显偏低”一般应认定为低于市场价格的30%，除非税务机关提出令人信服的特殊理由。[2] 国税函〔2009〕380号文规定，白酒消费税领域的明显偏低标准为“对外销售价格70%”以下亦侧面印证了上述观点。

最后是正当理由。正当理由完全无法通过文义解释理解，但或可通过目的解释方法予以阐明。考虑到明显偏低条款属于税收核定条款之一部分，从体系解释角度言之，二者应具有相同目的。税收核定条款一般被认为具有反避税目的。尽管也有学者提出，税收核定是中立的税额确认方法，仅是纳税人违反协力义务、税务机关无法直接取得真实课税资料且已作过确实调查与计算情况下的无奈之举。[3] 但上述精辟见解并未扭转一般认知。从立法史梳理的角度出发，《税收征收管理法》于1992年引入税收核定条款时，相关的3份立法草案均未载明税收核定条款的立法目的，与明显偏低条款相关的5份立法草案也完全没有提及其立法目的。但应注意的是，2001年《税收征收管理法》修订时，税收核定条款中引入“擅自销毁账簿或者拒不提供纳税资料的”一项，立法材料明确提及其立法目的是“保证国家税收”。[4] 从体系解释角度出发，“保证国家税收”应是三者的共同目的，这亦符合最高人民法院的

---

〔1〕 司法解释中的“指导价”应指《价格法》中规定的“政府指导价”。尽管部分地方政府曾对存量房交易价格制定指导价（如厦国土房〔2009〕208号文、成房发〔2007〕10号文）以保障国家税收，但《价格法》规定政府指导价用于“指导经营者制定的价格”，而存量房出让方并不符合《价格法》中对“经营者”的定义，即“从事生产、经营商品或者提供有偿服务的法人、其他组织和个人”。由此看来，指导价不应是本文案件的比较基准。

〔2〕 也有学者认为，税法是公法，法无明文规定不可为。在未明确规定可适用合同法司法解释的前提下，直接以合同法司法解释适用税法问题存在合法性风险。参见侯卓：《“税收债务关系说”的批判性反思》，载《法学》2019年第9期。税法虽一般不允许类推解释，但其目的是避免违反税收法定原则，在法无明文规定的情况下增加纳税人税负。而相较适用税收规范性文件之规定，在明显偏低条款的适用过程中参照合同法司法解释二明显对纳税人有利。

〔3〕 参见汤洁茵、肖明禹：《反避税调查程序中的税收核定》，载《当代法学》2018年第4期；陈清秀：《税法总论》，台北，元照出版有限公司2006年版，第568页；叶姗：《税收利益的分配法则》，法律出版社2018年版，第269～270页。

〔4〕 全国人大法律委员会《关于〈全国人民代表大会常务委员会关于修改《中华人民共和国税收征收管理法》的决定（草案）〉审议情况的报告》（2001年4月24日）。

理解。[1]

所谓"保证国家税收",应理解成"减少应缴但未缴现象"为妥。纳税人的缴税情形无非4种:正常申报、节税、避税、逃税,前两者属于合法范畴,自无核定空间,逃税属于违法行为,自应绝对禁止,避税处于合法与违法之间的"脱法"地带,考虑到其违背税法目的,[2]且企业所得税法与个人所得税法都已引入一般反避税条款,故也应将之纳入"应缴但未缴"范畴。考虑到现代社会人人都有将税负最小化之意图,只要纳税人的理由能说明其交易安排的主要目的并非逃税、避税,便可认定其明显偏低情形具有正当理由,若税务机关认为纳税人的理由不正当,则应承担举证责任。

(二)或然的合法性风险

不难发现,在比较基准与下浮幅度标准部分,相关税收规范性文件的规定有与上位税法实质冲突之虞,而法官则过度信赖税收规范性文件之规定。

无论是"孙某某案"还是"周某某案",税务机关引以为据的规范性文件都以系统评估价格作为比较基准。从行政效率角度考量,上述做法自然无可厚非。但税务机关不应以之作为唯一的比较基准。系统评估价格固然参考了市场价格,但该价格是具有概算性的。系统在一定区域范围内对房产进行估价分区,使同一估价分区内的房产具有相似性,然后在每个估价分区内设定标准房产并求其价值,再利用楼幢、楼层、朝向等调整系数,得出最终评估价。[3]由此可见,税务机关往往不了解涉税房产的内部情况,而内部情况(如墙体渗水、开裂)对房价的影响不容小觑。此外,如学区房身份变更之类的因素也会影响房价,但税务机关并未将之作为影响因子,体现了系统评估价格的片面性。[4] 另外,税务机关并不公开系统评估报告。财税〔2011〕61号文规定"严格禁止……公布存量房交易价格评估值",考虑到税务机关推广存量房评估的初衷是反避税,上述规定自然无可厚非。然而,"公开是专断的天敌,是对抗非

---

〔1〕 "保障国家税收的足额征收是税务机关的基本职责,税务机关对作为计税依据的交易价格采取严格的判断标准符合税收征收管理法的目的。"最高人民法院(2015)行提字第13号。

〔2〕 参见刘剑文、熊伟:《税法基础理论》,北京大学出版社2004年版,第154页。

〔3〕 苏州市姑苏区人民法院(2016)苏0508行初443号判决书。此案与"孙某某案""周某某案"在时间、地域上都相似,故其判决书中的论述有参考价值。

〔4〕 苏州市姑苏区人民法院(2015)姑苏行初字第00122号判决书。

正义的天然盟友”,[1]哪怕税务机关的裁量合理正当,秘密的评估也难免使纳税人感到不公,使其难以从内心肯认税务机关行政行为的合法性。在“周某某案”中,评估公司的280万元评估价格系考量了更多因素后得出的结论,显然更符合市场价格,税务机关对此亦表示认可。考虑到系统评估价格本身就以贴合市场价格为追求,自然应以280万元为比较基准。但法官只是简单地遵从税收规范性文件之规定而将306万元的系统评估价格作为比较基准,实际上有违背上位税法之虞。

无论是“孙某某案”还是“周某某案”,税务机关还都引财税〔2011〕61号文为据。该文将《税收征收管理法》中的“明显偏低”表述为“偏低”,省去了对下浮幅度应达相当程度的强调,很可能会使一部分未“明显”偏低的情形也被纳入明显偏低条款“射程”之内。实际上,税务机关对于明显偏低的界定标准有日趋严苛化的倾向。最初,税务机关对明显偏低未有统一的判断标准,财税〔2011〕61号文将20%作为下浮下限,税总发〔2013〕129号文又将之修改为10%,如此变化系出于政策与调控考量,与房产的商品特性或地区差异无关。[2] 一方面,无论依通常认知还是合同法司法解释的30%标准,财税〔2011〕61号文和税总发〔2013〕129号文的规定都有违背上位税法之嫌;另一方面,且不说税收是否真能发挥宏观调控实效,[3]既然税法以税收法定为帝王原则,若容许税务机关以税收规范性文件的形式肆意解释税法一般条款而不受限制,税收法定原则将沦为一纸具文。诚然,由于明显偏低条款的适用存在盖然性判断部分,法院一般应尊重身为专业者的税务机关的行政适用,[4]但前提是税务机关须充分论述其裁量理由,仅以政策考量为理由是不足够的,

---

〔1〕 [美]戴维斯:《裁量正义》,毕洪海译,商务印书馆2009年版,第109页。

〔2〕 财税〔2011〕61号文规定:“应用房地产估价技术对存量房交易申报价格进行评估,防范存量房交易‘阴阳合同’所形成的税收风险,不仅是税法赋予税务部门必须履行的责任,也是国家房地产市场调控措施的重要内容。”税总发〔2013〕129号文规定:“自应用房地产评估技术加强存量房交易税收征管工作开展以来……降低了存量房交易‘阴阳合同’引发的税收风险,提升了税收征管的质量和效率。”

〔3〕 参见侯卓、吴东蔚:《税法是宏观调控的合适场域吗》,载《探索与争鸣》2019年第7期。

〔4〕 参见王贵松:《行政法上不确定概念的具体化》,载《政治与法律》2016年第1期。

否则便有以政策取代法律之嫌。[1] 有趣的是,税务机关本身也认为规定下浮值之举仅是权宜之计。[2] 在这样的情况下,相关规范性文件的实质合法性惹人非议自然就不足为奇了。可惜的是,在"孙某某案"中,法官对下浮幅度标准完全未作讨论,直接以〔2011〕61 号文为依据得出明显偏低结论;在"周某某案"中,法官虽分析了下浮幅度标准问题,但完全是照搬税收规范性文件之规定。

本文并非试图论证"孙某某案"与"周某某案"的裁判业已导致实质的不公平结果,而是旨在说明其存在诱发实质不公平的风险。实际上,"孙某某案"与"周某某案"的法官在论述计税依据与正当理由部分时都有着清晰的逻辑。

一方面,孙某某与周某某都提出应以"真实"的合同价格为计税依据,但《税收征收管理法》第 35 条第 1 款第 6 项规定的是"纳税人申报的计税依据",因此哪怕存在当事人主张的"真实"的合同价格,如果没有申报,也不能作为计税依据,故两案中的法官都否定了纳税人的上述请求。如"孙某某案"的法官所言,纳税申报价格与真实交易价格并非同一概念,民事调解书不能成为计税价格应以真实交易价格为准的依据。

另一方面,税务机关在说理部分存在混淆计税依据与正当理由、滥用税收规范性文件规定等问题。法官虽未直接指出税务机关的问题,但也没有遵循税务机关的论证逻辑。明显偏低条款中的正当理由是指,"纳税人申报的计税依据明显偏低"的正当理由,应以纳税人承认该事实为前提,税务机关以有关正当理由的规定否定纳税人关于变更计税依据的请求,或是以纳税人关于变更计税依据的请求不合理为由认定纳税人不具有正当理由,都是犯了逻辑错误。在"孙某某案"中,税务机关认为孙某某的理由不属于苏地税发〔2014〕58 号文中规定的 4 项正当理由之一,故不构成正当理由。税务机关的上述做法还存在滥用税收规范性文件规定的问题,运用反面解释的前提是,构成要件是

---

〔1〕 学界和实务界普遍认同司法的有限性,即"法院是解决法律问题的,不宜解决政策问题"。但前提是"缺乏可以直接适用或参照的法定标准",在存在合同法司法解释二的 30% 标准的情况下,税务机关要执行更为严苛的下浮标准,必须给出其他的充分理由。参见最高人民法院(2017)最高法行申 7080 号。

〔2〕 "在条件允许时应取消下浮比例。"国家税务总局《关于进一步加强存量房交易税收征管工作的通知》(税总发〔2013〕129 号)。

法律效果的必要条件或充分必要条件。[1] 而苏地税发〔2014〕58号文仅规定"以下情况可视为正当理由",并非"只有以下情况可视为正当理由",符合其规定的4种情形之一不是构成正当理由的必要条件。由此看来,税务机关是否更有能力解释税法文本,值得怀疑。法官未犯上述错误,应予肯定。

五、缓释合法性风险的解释论进路

明显偏低条款并非特别复杂的税法一般条款,法官有能力判断税收规范性文件是否与上位税法存在实质冲突,自然应当对税收规范性文件的内容作实质考量。尽管不少学者从立法论角度出发,提出完善明显偏低条款文本表述的建议,但实际上,现行法律规范已然赋予法官足够的解释空间,法官在适用明显偏低条款时并非一定要依赖税收规范性文件。因此,法官应结合具体案情判断税务机关适用相关税收规范性文件是否会导致实质的不公平结果,以便缓释合法性风险。[2] 具体来说,法官可考虑遵循以下3条解释路径。

其一,选择更合适的比较基准。相关税收规范性文件以系统评估价格为比较基准,尽管系统评估价格存在不公开、不透明问题,但考虑到税务机关的评估系统具有相当程度的专业性且正在不断完善,[3] 在一般情况下自然应以系统评估价格为比较基准。但系统评估价格具有概算性,若有更贴近市场价格的评估价格,法官应将之解释为比较基准。

其二,下浮幅度一般应遵守合同法司法解释规定的30%标准。一方面,司法解释具有法律效力,法官在解释明显偏低条款时应优先适用司法解释;另一方面,民法是"市场经济的基本法",受税收中性原则束缚,仅在有令人确信的理由存在时,税法才得违背其所依赖的民法秩序。[4] 因此,除非税务机关的

---

〔1〕 参见王利明:《法学方法论》,中国人民大学出版社2011年版,第360页。

〔2〕 也就是说,税收规范性文件的实质合法是一种动态概念,应结合具体案情进行判断。原因在于,从本质上说,相关税收规范性文件是税务机关对税法一般条款所作的统一解释,这种解释在具体个案中既可能是公正的,也可能是不公正的,自然难以将其视为绝对地实质合法或绝对地实质不合法。

〔3〕 财税〔2011〕61号文和税总发〔2013〕129号文都规定了完善系统评估价的措施。

〔4〕 参见陈清秀:《税法总论》,台北,元照出版有限公司2006年版,第213页;[德]迪特尔·比尔克:《德国税法教科书》(第13版),徐妍译,北京大学出版社2018年版,第98页。

税收规范性文件提出了令人信服之理由,否则不应仅凭税收规范性文件便使纳税人受更为严苛标准之约束。当然,这不意味着税收规范性文件成为无用之物,只是税务机关在以税收规范性文件为据时应承担说理义务。

其三,在认定正当理由时,应秉持从宽认定情形、从严认定存否的思路。税务机关在实务中有从严认定正当理由情形的倾向,一旦纳税人申报的计税依据明显偏低,往往便被视为无正当理由。虽然部分税收规范性文件规定了数种正当理由情形,[1]但对于规定之外的情形可能成为正当理由时,税务机关往往不愿意认定。实际上,当纳税人提出的理由能说明其不具有避税、逃税目的时,若税务机关认为纳税人的理由不正当,应承担举证责任,否则有举证责任倒置之嫌。[2] 为允执厥中起见,法官一方面应从宽解释正当理由情形,不可将正当理由局限于税收规范性文件之规定;另一方面应从严认定纳税人是否真的具有其所提出的正当理由,从实务梳理中也可以看出法官确实是如此行事的。

进言之,为避免税收规范性文件反客为主,法官在适用税法一般条款时应遵循的解释思路是:首先,法官在适用税法一般条款时应将之要素化,例如,明显偏低条款便可拆分为"计税依据""比较基准""下浮幅度""正当理由"四要素。要素划分虽无法直接起到具体化税法一般条款的作用,但可以避免一般条款在适用过程中出现要素混同谬误,避免实际上不相关的税收规范性文件影响法官对一般条款的理解。其次,法官在理解税法一般条款的组成要素(概念)时,应优先参考民商法之理解,除非该组成要素是税法固有概念。相比民商法,税法是个年轻的法律部门,且最根本性地规范经济交易的是民商法而非税法,因此除少数税法固有概念外,出现于税法条文中的大多数概念都源自民商法。如此环境下,税法一般条款中的概念与民商法概念存在重叠便是平常之事,民商法能够为法官适用税法一般条款提供充足的概念资源。此外,若对借用概念适用不同解释,有实质立法、违背税收法定之虞。最后,法官在解释

---

〔1〕 例如,豫地税发〔2014〕64 号文列明了低价转让房屋的 6 条正当理由(交易双方为父母与子女等)。有的规范性文件甚至直接限定了正当理由的范围,如《车辆购置税征收管理办法》。

〔2〕 参见葛克昌:《租税法发展专题回顾:近年来行政法院判决之分析》,载《台大法学论丛》2011 年第 4 期;汤洁茵:《不可承受之重:税收核定的反避税功能之反思》,载《中外法学》2017 年第 6 期。实际上,财税〔2010〕105 号文直接规定举证责任归属于纳税人:"申报价格低于计税参考值的,如果纳税人不能按要求陈述、举证正当理由,以计税参考值作为计税价格。"

时应秉持折中立场，既不应持国库中心主义，也不应持纳税人中心主义。缓释税法一般条款适用过程中的合法性风险，意味着法官应尽力将量能课税理念转变为现实。考虑到税务机关与纳税人都有可能提出更符合量能课税原则的税额，法官不应持偏重某一方之立场，这也是为何法官在认定正当理由时应持从宽认定情形、从严认定存否之态度。

六、结　　语

本文针对税收规范性文件过度影响税法一般条款适用的问题，在梳理司法实务概况与分析典型案例的基础上，提出解释论层面的完善建议。笔者所意图强调的是，面对模糊又富有弹性的税法一般条款，法官不应毫不犹豫地依赖税收规范性文件，而是应该最大限度地利用现有法律资源，提炼出一般条款的适用框架，对税收规范性文件采取合则取、不合则舍的态度。

增值税的集团纳税制度比较研究及立法借鉴*

郭水苗**

摘　要：增值税集团纳税制度在欧盟成员国中日益受到重视，同时澳大利亚、新西兰以及新加坡等施行商品与服务税的国家亦相继引入集团纳税制度。目前，增值税集团纳税这一新兴制度在我国立法以及学理上均留有空白。作为独立纳税原则的例外，集团纳税制度以英美法的实质重于形式原则以及大陆法的实质课税原则为法理基础，允许具有共同控制实质的多个独立纳税人合并纳税，以真实反映企业集团作为一个经济整体的交易状况及纳税能力。增值税集团纳税的施行通过减少纳税申报单位，不仅节省了征纳双方的征管成本，还直接或间接地减少了增值税成本，为企业集团获取了巨大的现金流利益并使这种组织形式得以高效运行。基于前述法理基础，本文对增值税集团纳税的纳税登记、成员范围、行业范围以及准入条件等重点问题进行了深入探讨。在此基础上，笔者认为，我国当前经济的快速发展以及企业集团的日益壮大，为所得税合并纳税与增值税集团纳税提供了共同的现实基础，而企业集团的集中管理与集中核算则为集团纳税提供了必要条件。最后，本文结合我国目前所得税汇总与合并纳税、增值税汇总纳税以及增值税立法现状，为我国借鉴增值税集团纳税制度提出具体的立法建议。

关键词：增值税；集团纳税；合并纳税

自19世纪70年代起，欧盟各成员国开始引进增值税集团纳税（VAT grouping）规则，在欧盟境外实行增值税的国家中，澳大利亚、新西兰及新加坡均引进了增值税集团纳税规则。这个现象值得关注——增值税集团纳税制度的原理及其价值究竟何在？

---

* 本文系作者在中山大学经济法专业硕士学位论文《增值税集团纳税立法研究》的基础上修改而来，在此谨向指导教师杨小强教授致谢。当然，文中观点与杨小强教授及本人所任职单位无关，由作者文责自负。

** 普华永道咨询（深圳）有限公司高级经理。

依据独立纳税原则，只要是税法上的独立纳税主体（其未必有民商法上的独立主体资格）就应当独立纳税，而不应当与其他主体合并汇总纳税，这涉及纳税义务的归属以及义务的独立承担问题。作为独立纳税原则的例外，增值税集团（VAT group）可被描述为为增值税而创设的“拟制物”。一个增值税集团是仅应用于增值税的一种特定类型的纳税人，其基于公司之间实际存在的财政、经济及组织联系而存在。集团成员仍旧保留各自依据民法或者公司法而享有的法律形式。几个法律上独立但相互间存在紧密的共同控制关系的纳税人，在整体上被视为一个单独的纳税人，即增值税集团。每个纳税人作为集团成员，将各自的经济后果合并在一张报税表上，由增值税集团的代表成员合并报税。与此同时，集团成员之间的交易视为集团这个单独的纳税人的内部交易，因而不在增值税应税范围之内。之所以作出这种忽视几个独立纳税人独立纳税身份的安排，原因在于集团成员之间存在的共同控制关系。正是出于对几个纳税人的独立身份这一形式背后隐藏的共同控制关系这一实质的尊重，才在法律上选择合并纳税，真实反映企业集团作为一个经济整体的交易状况及纳税能力。

在理解增值税集团以及合并纳税概念之前，有必要对企业集团这一概念进行厘清。企业集团主要特征体现在：首先，它是一种分层次的多个（群体）企业的经济组织；其次，在这些企业之间具有内在的经济技术的紧密关系，需要而且能够协调行动；最后，这些企业之所以能协调行动，是因为资本是他们的主要联结纽带。也正是由于以资本为主要依据的各种联结纽带的不同组合，从而形成各有特色的企业集团模式。[1] 这种经济上的企业集团与税法上的企业集团应相区别：并非所有经济上的企业集团均可以申请成立增值税集团，尽管增值税集团是以这种经济上的企业集团为基础而创制的。

在税法上，国家之间关于成立企业集团所需的精确的持股数以及其他条件，依据各自的特定税收规则而各异。[2] 经济上的企业集团必须满足税法规定的特定准入条件才能成为增值税集团。目前，在我国的增值税立法上，并不存在适用于母子公司的增值税集团纳税制度，而仅存在适用于总分支机构的

---

〔1〕 参见中国集团公司促进会：《母子公司关系研究——企业集团的组织结构和管理控制》，中国财政经济出版社2004年版，第6~7页。

〔2〕 See Barry Larking, *International Tax Glossary*, IBFD, 2001, p. 172.

增值税汇总纳税制度。[1] 此文意在思考我国增值税立法时,分析借鉴欧洲模式集团纳税制度应考虑的要点,并提出相应的制度设计建议。

一、增值税集团纳税登记:强制性与选择性的选择

增值税集团纳税设计的第一步,在于集团纳税登记。在强制性与选择性集团纳税登记之间作出选择是一个政策抉择,并且明显属于最困难与重要的抉择。[2] 强制性集团纳税登记,是指两个或者两个以上的符合集团纳税条件的纳税人自动视为一个单独的纳税人,纳税人对于是否组建增值税集团没有选择权。选择性集团纳税登记,是指符合集团纳税条件的纳税人,有权选择是否组建增值税集团,单个纳税人有权选择是否加入已经组建的增值税集团。

(一)强制性集团纳税登记

在增值税强制性集团纳税制度下,无论集团纳税是否对纳税人产生税收利益或者不利,对所有符合条件的纳税人同等对待,可预防避税行为。同时,企业及政府在引进集团纳税时均面临一些深远的影响。例如,倘若特定条件满足时,一个增值税集团自动成立,该集团的规模或许将发展得相当巨大以致难以管理与控制。[3] 规定过渡期或者公布法案后一段时间再生效,可有效解决这一问题,即将纳入集团纳税登记适用范围内的纳税集团可以在过渡期内对该集团的规模进行调整。

(二)选择性集团纳税登记

在增值税选择性集团纳税制度下,企业可在考虑自身的营业需求后决定是否加入增值税集团,仅当其可从集团纳税中获得利益时才会行使其选择权,从而提高企业的竞争力。增值税集团纳税的目的在于行政简化,仅有选择性

---

[1] 《增值税暂行条例》第22条第1款规定:"固定业户应当向其机构所在地的主管税务机关申报纳税。总机构和分支机构不在同一县(市)的,应当分别向各自所在地的主管税务机关申报纳税;经国务院财政、税务主管部门或者其授权的财政、税务机关批准,可以由总机构汇总向总机构所在地的主管税务机关申报纳税。"

[2] See Kenneth Vyncke,"EU VAT Grouping from a Comparative Tax law Perspective", *EC Tax Review*,2009(6).

[3] See Kenneth Vyncke, *VAT Grouping in the European Union: Purposes, Possibilities and Limitations*, *International VAT Monitor*,2007(5).

集团纳税可以实现前述目的。[1] 在此,首先需要明确的是该选择权的宽泛含义与严格含义。从增值税集团与其成员两个层次出发,选择权相应分为集团整体的选择权与独立成员的选择权。前者是指两个或者以上的独立纳税人具有是否组建增值税集团的选择权;后者是指符合准入条件的独立纳税人具有是否加入增值税集团的选择权。从宽泛的含义上而言,纳税人不仅具有组建增值税集团的选择权,而且具有决定纳税人是否加入的权利;而从严格意义上而言,纳税人仅具有组建增值税集团的权利,一旦选择组建,则符合准入条件的纳税人必须全部加入增值税集团。

倘若赋予纳税人宽泛含义的选择权而不加任何限制,则避税行为必将大量存在。例如,通过简单的加入或者退出方案即可进行避税。为了防止纳税人滥用增值税集团纳税规则,欧盟成员国多采取一系列的反避税措施。

严格意义的选择权,要求符合准入条件的纳税人全部加入增值税集团,则集团的成员会随着企业集团的扩张而变得规模巨大难以管理与控制。例如,当符合条件的成员均强制加入增值税集团时,由于增值税集团作为一个整体进行纳税,在纳税申报期内必须将整个集团所有成员的纳税信息予以收集之后进行申报,由于集团成员众多而集团成员之间未必采取同一套财务核算方式或者税务申报系统,信息的归集则可能存在时效等方面的困难。这可能使企业集团对于增值税集团纳税望而却步。

(三)集团纳税登记实践

目前为止,在欧盟境内,奥地利、德国、荷兰以及爱沙尼亚 4 个国家采取强制性集团纳税,而大部分国家最终选择了选择性集团纳税。

在众多的选择性集团纳税制度中,比利时的增值税集团纳税制度以灵活、平衡、稳定以及透明为特征,被喻为基准(benchmark)制度。原则上,比利时集团纳税规则的适用具有选择性,这种选择权是宽泛意义上的选择权。然而《第 55 号敕令》规定,当存在以下两种情形时必须强制适用集团纳税规则:(1)倘若作为集团成员的一个公司直接控制另一个公司(持有 50% 或者更多的股份),则后一个公司必须加入该集团;(2)倘若作为集团成员的一个公司购买作为另一个集团成员的公司前述(1)中的股份,则后一个公司必须加入购买

[1] See Sebastian Pfeiffer, *VAT Grouping from a European Perspective*, IBFD, 2013, p. 196.

公司所在的集团。[1] 当然,如果前述公司可以证明他们之间没有经济、组织联系时,可以不加入(option out)。

(四)对我国增值税集团纳税登记的立法建议

1. 申请——选择性集团纳税

关于增值税集团纳税的申请,笔者建议,实行选择性与强制性并存的集团纳税登记。在企业集团层面,由企业集团自主决定是否实施集团纳税。在子公司层面,子公司亦可自行权衡是否加入增值税集团。当特定子公司符合准入条件,为打击避税,应当强制该子公司加入增值税集团。这是结合集团纳税可简化税收征管程序并打击逃避税的需要而得出的结论。同时,作为一项税收优惠性制度,必须考虑到企业集团从中获益才会有实施该项制度的动力,国家税收立法中蕴含的税收政策才会发生作用。

适用强制性集团纳税,要求一个国家的集团纳税规则对于准入条件的规定必须十分清晰明确,不存在任何协商与灵活的空间。一方面,现实生活瞬息万变,有限含义的规则不可能体现现实百态;另一方面,税务机关如未能根据其征管水平精确控制该制度的适用范围,则有可能导致该制度的失控。所以适当考虑适用宽泛意义的选择性集团纳税很有必要。其准入条件存在一定的灵活性,满足法定条件的企业因此享有一定的选择权,在逐利动机下设立可使自身利益最大化的增值税集团,这些利益是集团纳税这一规则本身赋予企业的竞争优势,并非不正当税收利益。至于宽泛意义的选择权所可能引起的避税行为,可通过以下多种方式进行克制。

第一,可借鉴比利时模式的集团纳税登记,宽泛意义的选择权与强制性并存。强制性的并存令具有共同控制实质的企业必须加入增值税集团,是贯彻实质重于形式的体现,在一定程度上可有效防止避税行为。

第二,对于无节制的加入与退出增值税集团之类的避税行为,可通过设置加入最低年限进行规制。例如,在西班牙,集团成员必须加入集团至少 3 年,每 3 年重新开始自动计算,集团成员必须至少再满 3 年才能退出集团。由此,

---

[1] See Jan Werbrouck, Kurt Demeyere, Recent Developments in VAT Grouping Belgium, http://www.newsletter-nautadutilh.com/EN/xzine/brussels_to_the_point/brussels_to_the_point/recent_developments_in_vat_grouping_belgium.html? cid = 4&xzine_id = 3933&aid = 9661. Accessed January 6, 2010.

退出可发生在加入集团3年、6年、9年后等，同时在退出后仅在至少3年后才能重新加入集团。在捷克，存在类似的1年期限要求。在比利时，集团成员必须加入集团至少3～4年，这取决于加入日期，而在罗马尼亚，则至少2年。[1]

第三，赋予税务机关对于组建或加入增值税集团的自由裁量权。英国、爱尔兰、瑞典以及新加坡规定了“税收保护权”（revenue protection powers）。税务机关为了保护国家税收收入，可拒绝一个增值税集团的设立、责令一个增值税集团的中止，或者拒绝一个成员的加入或者退出。

2. 审批制或者备案登记制的选择

在探讨了强制性与选择性纳税登记后，下一步需要讨论对于成立增值税集团的申请是应当采取审批制抑或是备案制。采取审批制的国家一般出于防杜纳税人滥用集团纳税规则从而获得不正当税收利益的目的。从前述外国立法例得知，实行增值税集团纳税的国家大多对集团纳税的准入条件以及集团成员的范围有明确的法律界定，因此对申请集团纳税的企业集团一般实行备案登记制。符合条件的企业集团一般均可实行集团纳税，税务机关仅在特殊情形下可拒绝增值税集团纳税申请。例如，在英国，倘若申请人不符合准入条件，或者税务机关为保护国家税收认为确有必要拒绝该申请时，税务机关可以拒绝增值税集团纳税申请。当批准集团纳税申请将对欠缴税款安全征收构成威胁，或者该申请将利于增值税避税，或者税收收入损失源于许可集团纳税已超出合理程度，则税务机关为保护国家税收有权拒绝该集团纳税申请。[2]

现阶段，倘若我国借鉴增值税集团纳税制度，在集团纳税规则施行之初，由于征管经验的不足以及纳税人对规则的理解不够透彻，建议可以先行试点采取审批制。采取审批制的增值税集团纳税，必须考虑审批主体。一般而言，全国性企业集团，由于在全国范围内跨省市跨行业经营，因此必须由国家税务总局作为审批主体；至于仅在一省范围内经营的企业集团，国家税务总局可授权省级国家税务机关进行审批。

---

〔1〕 See Kenneth Vyncke, “EU VAT Grouping from a Comparative Tax law Perspective”, *EC Tax Review*, 2009(6).

〔2〕 See Notice 700/2, Group and Divisional Registration, December 2004.

在集团纳税规则逐步完善并且试运行一段时间后,税务机关已经积累了相应的征管经验,此时建议采取前述国家的立法例实行备案登记制,这与我国现行简政放权的大环境相符。在备案登记的前提之下,另行赋予税务机关基于一般反避税规则对特定情形下的增值税纳税集团申请进行否决的权力,可以有效地控制滥用增值税集团纳税的情形的发生。

二、增值税集团纳税的成员范围

由于现代民商法在尊重意思自治的基础上,提供多种组织形式供企业进行选择,企业进行经营活动的组织形式各异,那么是否所有的组织形式,如子公司、合伙、个人等均有资格加入增值税集团?

从逻辑上讲,个体成员均为增值税纳税人的所有类型的企业集团都能够成立增值税集团,即个人、合伙、信托、非法人实体以及公司等均能成为增值税集团的成员。然而,关于增值税集团的成员范围,却存在两类立法例:一是荷兰与澳大利亚的宽范围准入;二是其他国家仅限于公司或者以公司为中心的规定。

(一)关于集团成员的两类立法例

依据荷兰《1968 年流转税法》(Wet op de omzetbelasting 1968)第7(4)条,荷兰的增值税集团纳税向众多组织形式不同的机构开放。[1] 澳大利亚《1999 年商品与服务税法》则规定公司、合伙、信托及个人可申请加入增值税集团。[2] 与前述立法例相对,英国与新西兰只规定公司与有限合伙可以组成增值税集团[3]。

导致前述不同立法例的原因何在?下面分别对几种重要的组织形式进行分析,以评估其加入增值税集团的合理性。

---

[1] See Paul Stacey, *A Rational Basis for Setting GST and VAT Grouping Thresholds*, International VAT Monitor, 2006(5).

[2] Section 48 - 10(1)(a) of A New Tax System(Goods and Services Tax Act 1999 of Australia).

[3] Notice 700/2, Group and Divisional Registration, December 2004, Section 55(1) of Goods and Services Tax Act 1985 of New Zealand.

(二)不同组织形式的剖析

1. 公司(company)

公司在民商法上具有独立的法律人格,享有独立的权利义务,独立承担责任。目前借鉴增值税集团纳税制度的所有国家,一致规定公司可以作为集团成员合并纳税,可以说,公司是增值税集团成员的基本组织形式。集团纳税规则本身是为了企业集团的合并纳税而制定的,而在税法上企业集团(group of companies)的定义通常为,当一个公司是另一个公司的子公司或者前述公司均为第三方公司的子公司时,前述公司可组成一个有资格享有集团纳税处理的集团。[1] 企业集团是以公司为基本单位而组成的,以企业集团为适用对象的集团纳税规则,自然而然地应该允许公司加入增值税集团。

2. 合伙

如前所述,英国及新西兰均明确规定有限合伙可加入增值税集团,而澳大利亚则规定满足特定准入条件后的合伙均可成为增值税集团成员。因此,对于合伙加入增值税集团的合理性,可从两个方面——有限合伙与除有限合伙外的普通合伙——出发进行分析。

有限合伙是由承担无限连带责任的一般合伙人和承担有限责任的有限合伙人按共同出资、共享利益和共担风险的原则组成的,其产生迎合了风险投资的需要。[2] 有限合伙在风险投资领域中相对其他组织形式具有其天然的优势。此外,与普通合伙一样,有限合伙享受有利的税收待遇,因为在有限合伙层面不需要缴纳所得税。[3]

---

〔1〕 See Barry Larking, *International Tax Glossary*, IBFD, 2001, p. 172.

〔2〕 例如,新西兰《2008 年有限合伙法》第 3 节中阐明的立法目的包括:一是为新西兰企业界提供一个灵活并且国际公认的,与外国适用的有限合伙相类似的企业组织结构;二是促进新西兰风险投资业的发展。

〔3〕 有限合伙并不被当作独立实体而征税,其利润都分配给合伙人,合伙人根据其组织形式不同可能缴纳个人所得税和企业所得税,这就避免了双重税负。实际上,目前众多国家与地区对于风险投资公司,采取多种税收优惠政策以免除风险投资机构与风险资本提供者的双重征税。我国目前亦存在此类税收优惠,创业投资企业采取股权投资方式投资于未上市的中小高新技术企业 2 年(24 个月)以上的,可以按照其对中小高新技术企业投资额的 70%,在股权持有满 2 年的当年抵扣该创业投资企业的应纳税所得额;当年不足抵扣的,可以在以后纳税年度结转抵扣。参见国家税务总局《关于实施创业投资企业所得税优惠问题的通知》(国税发〔2009〕87 号)。

与此同时,赋予公司向合伙企业转投资的能力是意思自治这一现代法治理念在企业法中的要求和反映。尽管关于公司能否成为普通合伙人,各国规定不尽相同,但公司可以成为有限合伙人这一规定,却基本得到各国的立法认同。各国或各地区的有限合伙法大多规定法人团体可成为有限合伙责任人。[1] 允许有限合伙加入增值税集团,一方面,可能源于有限合伙人合与资合、无限责任与有限责任相结合的特征;另一方面,则可能出于鼓励公司通过有限合伙进行风险投资的目的。[2]

允许普通合伙加入增值税集团的澳大利亚规定,只要合伙满足特定条件,则可以申请成立或者加入增值税集团。[3] 在修订《商品与服务税条例》的过程中,初级生产企业、小型家庭企业、医疗及专业服务机构(如会计师事务所与律师事务所)被考虑在内。关于合伙与信托的集团纳税规则已考虑到经常存在于前述安排中的家庭企业关系。[4] 由此可知,澳大利亚规定合伙可加入增值税集团,是出于合伙在本国企业组织形式中所起的广泛作用。合伙在该国前述初级生产、律师及会计师事务所以及医疗业中广泛运用公司或信托结构以促进经营,因此,澳大利亚规定对前述中小企业适用增值税集团纳税规则,从而使中小企业实际性降低其增值税纳税遵从成本。[5]

---

〔1〕 我国香港特别行政区《有限责任合伙条例》第3(4)条规定,法人团体可成为有限责任合伙人。

〔2〕 有限合伙公认为,在风险投资领域最具效率,其在美国风险投资市场中,占全部风险投资机构的80%以上;但在英国,风险投资基金的组织形式包括有限合伙、公司和信托等。风险投资比较发达的国家有相当数量的风险投资活动是通过信托基金制运作的,尤其是在英国这样有基金制传统的国家,但从总体上看,占主流的风险投资主要采取公司制形式。由于独特的传统企业文化以及社会环境,日本的风险投资机构多依附于大企业,采取子公司形式。我国台湾地区的风险投资公司则多采用股份有限公司。总的来说,组织形式的选择受到一国文化背景、经济发展程度、资本市场发育程序及法律法规政策等因素的影响。也就是说,仅从组织形式的角度讲,有限合伙制是目前最有效的一种组织形式,但放到社会这个复杂的大系统之中,则适应性的重要性显然大于效率性,失去适应能力效率无从谈起。参见龙海莉:《风险投资组织形式演进与法制变迁的关系研究》,载《北方经济》2005年第12期。

〔3〕 Section 48 – 10.01 of A New Tax System(Goods and Services Tax)Regulations 1999.

〔4〕 Explanatory Statement of A New Tax System(Goods and Services Tax)Amendment Regulations 2000(No.1).

〔5〕 澳大利亚很多家族经营在组织形式上都采用混合型结构,例如,合伙与公司,或者合伙与信托并存,所以在这些行业里合伙很常见。

3. 个人

个人在增值税集团纳税中扮演的角色有两个：一为共同控制人，另一个角色则为集团成员。仅有荷兰与澳大利亚规定个人可以加入增值税集团。在其他国家的立法中，个人仅能成为共同控制人。

2000 年 9 月澳大利亚间接税立法修订[1]将增值税集团纳税规定的适用范围扩张至个人。[2] 规定个人可加入增值税集团，将可通过免除关联实体之间收取销项税、抵扣进项税以及开具发票义务，从而使独资营商者实际性降低其增值税纳税遵从成本。[3] 澳大利亚允许合伙与个人加入增值税集团，可以看出，其尽可能在所有行业及所有组织形式上实现增值税的行政简化。

(三) 对我国增值税集团纳税成员的立法建议

澳大利亚目前之所以规定公司、合伙、信托及个人均可加入增值税集团，这缘于集团纳税在澳大利亚的发展。[4] 澳大利亚由于政治游说 (political lobbying)，集团纳税的成员扩展至合伙、信托及个人。[5] 即使这种大范围的组织形式参与增值税集团会导致集团纳税规则的复杂化，但该复杂化规则仍可获得执行。究其根源，澳大利亚经验丰富的税收征管能力，精密的数据收集体系为其复杂性的规则提供了执行的可能性。

诚然，澳大利亚宽范围的组织形式准入，有效地贯彻了税收中立，扩大了集团纳税的适用范围。但倘若未能有效实施，则世界上最好的税收制度亦不具有太大的价值。因此，发展中国家制定税收政策时必须谨慎地将税收行政能力考虑在内。[6] 我国税务征管水平的现状制约了我国增值税集团纳税的

---

[1] Indirect Tax Legislation Amendment Act 2000.

[2] A New Tax System (Goods and Services Tax) Amendment Regulations 2000 (No. 5) of Australia.

[3] Explanatory Statement of a New Tax System (Goods and Services Tax) Amendment Regulations 2000 (No. 5) of Australia.

[4] 澳大利亚《1999 年商品与服务税法》规定了增值税集团纳税制度。2000 年 4 月对《商品与服务税条例》作出修订，概述信托、合伙成为增值税集团成员的特定准入条件。2000 年 9 月对该条例的进一步修订将增值税集团纳税规定的适用范围扩展至个人。

[5] See Paul Stacey, *A Rational Basis for Setting GST and VAT Grouping Thresholds*, International VAT Monitor, 2006 (5).

[6] See World Bank Group Richard M. Bird, Administration Dimensions of Tax Reform, International Tax Dialogue, http://www.itdweb.org/pages/Search.aspx? q = administrative + simplification + &st = 1&sort = 1&lang = 3.

立法选择。

基于逐步推进的思路,我国的增值税集团纳税最开始可能局限于大型企业集团,这一政策出发点亦决定了,我国在引进集团纳税之初不可能平等地对待所有组织形式不同、规模不同的企业集团。现阶段,我国不适宜采取澳大利亚模式,将公司、合伙、信托以及个人等多种组织形式纳入集团纳税范围。理由有二:一是目前我国的信托业发展尚不成熟;二是我国个体工商户的数量较庞大,部分实行核定征收,会计核算不健全,未具备实行集团纳税的条件。因此,信托与个人这两种组织形式目前不宜纳入集团纳税的范围。

英国及新西兰立法将有限合伙视为可进行集团纳税的另一种组织形式,原因可能在于,鼓励外国企业在本国进行风险投资。我国同样存在这种现实需求,所以就组织形式而言,笔者倾向借鉴英国及新西兰的窄范围立法例,将有限合伙作为我国增值税集团纳税的合理选项。

三、增值税集团纳税的适用范围:仅限于部分行业?

借鉴增值税集团纳税规则的成员国是否应将该规则适用于经济活动的所有部门?这在欧共体内引起争议。瑞典与芬兰将集团纳税规则限定只适用于金融业。与此同时,实行集团纳税的非欧盟成员国并未对集团纳税进行行业限制。

将集团纳税限定于金融业,主要出于以下原因:第一,《增值税第六号指令》规定对金融服务实行免税,导致从事免税金融服务的企业产生不可抵扣的增值税。在金融业实行集团纳税,有助于减少金融企业不能抵扣的增值税成本。第二,为获得规模效应,金融机构的集团成员也许会将部分内部职能集中于一个共同子公司(共享服务中心),倘若前述各方成立增值税集团,该子公司不必就其提供的服务征收增值税。因此,对于金融机构,增值税集团纳税安排会降低国内采购服务的成本。[1] 第三,跨境增值税集团纳税的借鉴将极大提高金融业的竞争力,大多数保险公司与银行均认为引进跨境增值税集团纳

---

〔1〕 See Martin Havran, Stanislav Rusinko, VAT grouping-new way of optimizing business structures, http://www. deloitte. com/view/en _ SK/sk/services/tax-and-legal/article/b7a08bed57912210VgnVCM100000ba42f00aRCRD. htm. Accessed January 5, 2010.

税十分必要。[1]

金融业或许是展现增值税集团纳税优势最明显的行业，但这并不意味着增值税集团纳税仅应适用于该行业。笔者认为，由于增值税集团纳税除能减少只享有部分抵扣权或不享有抵扣权的集团成员间的交易产生的成本外，还可以作为一项财政与行政简化措施，减少享有完全抵扣权的集团成员间的增值税成本：此外，增值税集团的实施亦能有效地提高增值税集团成员的纳税遵从度，由于增值税集团成员之间的内部交易无须征收以及开票，税务机关的征管成本亦大为降低。这些制度优势应开放给所有的行业。仅当明确认定的交易存在规则滥用的可能，从而确有必要采取行动予以打击之时，限定该规则的适用范围才具有正当性。倘若不存在该正当理由，一国立法不宜将该规则限定于特定行业，否则将有违税收的公平性与中立性。我国于2016年5月1日在所有行业推行营业税改征增值税改革，金融保险业需要按6%的税率缴纳增值税，而非实行免税政策。鉴于此，增值税集团纳税对于金融企业虽然值得尝试，但对不可抵扣增值税的影响并不会如在欧盟那样明显。

四、增值税集团纳税的准入条件[2]

（一）确定准入条件的一般思考进路

由于增值税集团纳税主要是作为一项行政简化措施而引进的，则其准入条件的设置亦应遵循这一目的，由此可得出一条确定集团纳税准入的思考进路：[3]

首先，增值税集团纳税的准入应基于“控制”概念。倘若缺乏共同控制（common control），则即使经济上的企业集团亦将不存在。

其次，“控制”的类型应与准许成立增值税集团的企业集团类型相对应。从逻辑上讲，个人、合伙、信托、非法人实体以及公司等均能成为增值税集团的

---

〔1〕 European Commission, Summary of Results Public Consultation on Financial and Insurance Services.

〔2〕 “Membership requirements”或者“VAT eligibility”。

〔3〕 See Paul Stacey, *A Rational Basis for Setting GST and VAT Grouping Thresholds*, International VAT Monitor, May/June 2006, p. 187.

成员。然而,如前所述,除荷兰与澳大利亚外,绝大多数国家仅允许公司加入增值税集团。

再次,倘若增值税集团成员仅限于公司,则需要从表决权的角度考虑“控制”。此处依据传统公司法理论,将有两种重要的准入条件:简单多数(simple majority)或者特别多数(special majority)。倘若增值税集团的成员范围十分宽泛,包括个人、合伙、信托以及公司等,相应地,每种经营形式均有其相对应的“控制”标准。例如,荷兰规定公司的准入条件是超过50%附表决权的股份,〔1〕这与荷兰公司法规定通过一般决议所需的条件一致;至于不存在股份资本的实体,如基金会,准入条件则是一个团体的财务状况与行为直接依赖或者直接影响另一个团体的财务状况。〔2〕对于除公司外的其他成员如信托、合伙及个人,澳大利亚则设定一个拟制条款,将前述非公司成员视为公司,以符合前述的控制标准。〔3〕

最后,需要考虑的是,集团纳税的准入是否仅由两个公司之间存在的法律控制决定,或者同时考虑事实上的控制?〔4〕倘若集团纳税的准入同时应考虑事实上的控制,则可将集团纳税准入条件与公司合并财务报表所定的“控制”标准相联系。国际会计准则第27号规定,“控制”是指一个企业能够决定另一个企业的财务和经营政策,并能据以从另一个企业的经营活动中获得利益的权力。当适用合并财务报表的“控制”标准时,即意味着一个企业在其仅持有另一个企业半数以下的表决权的情况下,仍可能对该企业实行控制。

起源于欧洲的现代增值税制度,经过几十年的发展大体可分为两种模式:欧洲模式与新西兰模式。鉴于此,下文以英国与新西兰的立法为例,对增值税

---

〔1〕荷兰属于欧共体成员国,其国内法的制定受欧盟增值税《第六号指令》的约束,因此组建增值税集团的成员之间必须存在财政、经济及组织联系。此处涉及的准入条件仅指财政联系。

〔2〕See Paul Stacey, A Rational Basis for Setting GST and VAT Grouping Thresholds, *International VAT Monitor*, 2006(3).

〔3〕澳大利亚除在“section 48 – 10 of a New Tax System(Goods and Services Tax) Act 1999”中规定一般准入条件外,还在“section 48 – 15 of a New Tax System(Goods and Services Tax) Regulations 1999”中专门针对公司成员与非公司成员之间的关系作出规定,这些规定则构成了合伙、信托及个人的特别准入条件。

〔4〕例如,一个公司实施“毒丸”计划,通过制造经济上的抑制因素以防止其他股东试图通过增加持有股份数而对公司获得控制,以使持有股份小于50%的股东能够实际上控制公司。

集团纳税准入条件进行评述。

(二)英国立法例——与公司法的控制标准相关联

《增值税第六号指令》第11条规定,集团成员间必须在财政、经济及组织上(financial, economic and organizational links)紧密联系,在增值税集团存续期间,这些联系必须同时存在,缺一不可。经济联系与组织联系的定义并不存在疑问,[1]争议较多地存在于财政联系,或者更确切地说,关于财务核算上"控制"的标准上。欧盟各成员国对于"控制"标准的规定存在差异。[2]

英国《1994年增值税法》第43A(2)、(3)节对"控制"的定义引用英国《1985年公司法》第736节规定:一家公司为另一家公司的子公司,倘若该另一个公司(控股公司)(1)持有子公司半数以上表决权;(2)是子公司的一个成员,并且拥有任免子公司董事会半数以上成员的权力;(3)是子公司的一个成员,并且依据与其他股东或者成员的协议独自拥有子公司的半数以上表决权;或者,当一个公司为该控股公司子公司的子公司时,该公司为控股公司的子公司。[3]

总体而言,英国增值税集团纳税的控制标准具有以下4个特征:

第一,英国在集团纳税的控制标准上直接采用了公司法的规定,一方面与英国仅允许公司作为增值税集团成员这一规定有关;另一方面也体现了税法与民事法之间的密切联系及法际间的相互尊重。毋庸置疑,税法具有其个性化的存在价值与独立性,因此,税法具有自行发展其独特的概念、建构其法律关系发生的构成要件的权限与自由。问题是:这种权限的边界在哪里?这是部分与整体之循环回授的互动问题,当中必须特别考虑民事法的制度或规范

---

[1] 例如,比利时规定,集团成员直接或者间接地在法律或者实质上处于共同的管理下,在组织活动时部分或者完全地向另一个成员进行咨询,或者他们直接或者间接地在法律或者实质上由同一个人进行控制,则成员之间的组织联系视为已存在;集团成员的最重要的活动具有相同的性质,互补、互相依赖或者服务于共同的经济目标,或者一些成员的活动部分或者完全地服务于其他成员的利益,经济联系视为已经存在。See EU VAT Compass 2008 Excerpt-VAT Options Exercised by the Member States.

[2] 例如,捷克的控制标准为40%,比利时、塞浦路斯、爱沙尼亚、芬兰、德国、匈牙利、爱尔兰、拉脱维亚、荷兰、罗马尼亚、西班牙及瑞典为50%,奥地利为75%,丹麦为100%。

[3] 英国《1985年公司法》第736节已经被《2006年公司法》废止,但《2006年公司法》对控制的规定并未发生变化。

机能。不是因为民事法当然优越于其他法律,而是民事法作为私人社会或经济活动的基本体制,自然成为其他法律在立法及解释适用上必须斟酌、避免矛盾的规范。任何法律中的规定如与民事法的规定发生冲突,马上会大量地引起伦理价值系统的迷惑,妨碍社会或经济活动的正常运行。[1] 集团纳税的控制标准与公司法中的控制标准一致,不仅在适用民事法与税法时不会引起混乱,且能提高企业组织运行效率及便于集团纳税规则的应用。

第二,在控制标准涉及公司的表决权时,在简单多数 50% 与特别多数 75% 之间选择了 50% 。前者是指通过一般决议所需的 50% 或以上的表决权,后者则是指通过特别决议所需的 75% 或以上的表决权。企业通过企业集团的形式从事经营的原因之一在于希望从经济规模中获益,公司日常的采购及财政政策通常由股东会或者其授权人员予以决定,这些决定通常无须特别决议。因此,简单多数相较特别多数而言,更合理。[2]

第三,英国集团纳税的控制标准同时考虑了事实上的控制关系。《1985 年公司法》第 736 节规定的"拥有任免子公司董事会半数以上成员的权力"以及"依据与其他股东或者成员的协议独自拥有子公司的半数以上表决权",正是事实上控制关系的体现。一个实体持有少于 50% 的表决权亦可能实行控制。

第四,自 2004 年 8 月 1 日起,对于年营业额超过 1000 万英镑的增值税集团,在适用前述控制标准的前提下进一步适用合并财务报表的会计标准。[3] 合并财务报表的标准虽然相对《1985 年公司法》的控制标准低,因而合并范围更宽泛,但该标准是出于反避税的目的而引进的,实际上并未拓宽集团纳税的标准,相反进一步限制了集团纳税的适用范围。

英国增值税集团纳税的控制标准,以公司这一组织形式为中心,考虑到法律与事实上控制的各种情况,同时注重法际的统一,不可谓不合理。然而,这一控制并不能盲目借鉴,因为英国增值税集团纳税控制标准的适用,极大依赖

---

〔1〕 参见黄茂荣:《税法总论——法学方法与现代税法》,台北,植根法学丛书编辑室编辑第一册增订二版,第 626 页。但同时,这并不表示民事法中的规定都是不可动摇的。当发现其他法律发展出来之新价值更符合文明进步社会或国家的需要,该价值还是会为民事法所内化。

〔2〕 Paul Stacey, A Rational Basis for Setting GST and VAT Grouping Thresholds, International VAT Monitor, 2006(5).

〔3〕 The Value Added Tax(Groups: eligibility) Order 2004.

其经验丰富的税收征管以及精密的数据收集体系的配套,而这些条件在很多国家和地区并不具备。

（三）新西兰立法例——考虑企业所得税合并纳税的影响

一般而言,如果以企业集团形式进行经营的实体同时为所得税与增值税的纳税人,在立法上设立所得税与增值税的合并纳税共同标准将极大简化征税程序,而这正与增值税集团纳税的初衷——行政程序的简化相吻合。此外,一般而言,增值税是在所得税体制已存在的情况下引进的,在这种情形下增值税的设计者们很自然地将利用现存类似的所得税标准。[1]

新西兰增值税与所得税的集团纳税体现出的协调性与一致性很有特点。

在新西兰,公司成立增值税集团的控制标准为66%。这与所得税集团内亏损转移标准相一致。根据新西兰的所得税集团内亏损弥补规则,倘若两个或者以上的企业66%或以上的股权共同地被同一家企业控制,或者一家企业控制另一家企业66%以上的股权,则前述企业可以组建亏损弥补集团。该集团内的亏损企业产生的亏损可以用于抵减同一集团另一家企业的盈利。[2]需要说明的是,前述66%的控制标准仅适用于集团内亏损弥补。[3]

另外,如前所述,新西兰仅允许公司及有限合伙成立增值税集团,这与新西兰的所得税集团内亏损转移的规定亦相吻合。

（四）对我国增值税集团纳税准入条件的建议

1.“控制”标准

在此探讨我国增值税集团纳税的“控制”标准时,假设我国增值税集团的成员仅限于公司,这就需要从表决权的角度考虑对“控制”的界定。对此,有3

---

〔1〕 See Paul Stacey, *GST Grouping Nine Out of* 10 *ain't Bad*, Taxation in Australia, 2006(8).

〔2〕 See Inland Revenue Department, Consolidated groups and foreign losses, https://www.ird.govt.nz/technical-tax/legislation/2006/2006 - 81/2006 - 81 - foreign-losses. Accessed March 26, 2019.

〔3〕 依据新西兰的企业所得税集团纳税规则,当共同控制权上升至100%时,这些企业可以成立企业所得税纳税集团,该集团将被认定为一个单独的纳税人并进行企业所得税的合并纳税。合并纳税的有利之处主要包括集团成员之间转让资产以及支付股息的免税、税前抵扣控股公司的行政成本、成员之间的亏损弥补、归集抵免(Imputation Credits)的转移与抵销等。See Inland Revenue Department, Consolidating your company, https://www.ird.govt.nz/yoursituation-bus/running/co-consolidation/company-consolidating.html. Accessed March 26, 2019.

种较为重要的“控制”标准——半数、2/3 以上多数以及 100% 的全资控股。[1]

我国《公司法》规定,公司的日常事项需要获取半数以上表决权,以普通决议的形式通过。根据 2007 年 1 月 1 日起施行的《企业会计准则第 33 号》,“控制”,是指投资方拥有对被投资方的权力,通过参与被投资方的相关活动而享有可变回报,并且有能力运用对被投资方的权力从而影响其回报金额。除非有确凿证据表明投资方不能主导被投资方相关活动,投资方拥有半数以上的表决权,即表明投资方对被投资方拥有权力。拥有半数以上的表决权,可决定公司的日常经营事项,相当于拥有了“控制”该公司的能力。因此,半数这一表决权标准作为增值税集团纳税的标准具有相当合理性。

此外,我国《公司法》均规定,股东大会(股东会)作出修改公司章程、增加或者减少注册资本的决议,以及公司合并、分立、解散或者变更公司形式的决议,必须经出席会议的股东所持表决权的 2/3 以上(经代表 2/3 以上表决权的股东)通过。由此可知,倘若股东要真正决定公司的重大事项,必须具备 2/3 以上的表决权。

100% 控股的准入百分比要求企业集团采取全资子公司形式进行投资,不利于企业集团的多元化发展,这是 100% 控股准入标准一直为人诟病之处。但出于对纳税人的怀疑及受现阶段税收征管水平的制约,为保障国家税收收入,避免对少数股东权的复杂会计处理,采取 100% 的控股百分比仍有其合理之处。我国曾经执行过的所得税合并纳税正是出于上述考虑采用 100% 的“控制”标准。

从实施策略上讲,随着税务征管水平以及企业集团的核算水平的提高,可以适当将准入百分比逐步降低。

我国可以借鉴两种主要的立法例:第一种是英国的立法例。其将公司法与税法的规定相连,使集团纳税的“控制”标准与《公司法》中的“控制”标准一致。但增值税集团纳税与所得税的亏损转移标准不相一致,增值税集团纳税适用 50% 的“控制”标准,而所得税的亏损转移适用 75% 的“控制”标准。第二种是新西兰的立法例。增值税与所得税亏损弥补的“控制”标准相同。除新西兰外,澳大利亚增值税集团纳税的“控制”标准亦参考了企业所得税的相

---

[1] 由于我国目前不具备先进的税收征管水平,只能采取相对较严格的“控制”标准,因此低于半数表决权时需要考虑的事实上的控制关系,不在笔者的建议之列。

关标准。澳大利亚增值税集团纳税的“控制”标准为 90%，这一标准不与澳大利亚所得税集团内亏损转移(intra-group loss transfer)100% 标准相关，亦不与公司治理所需的 50% 或 75% 的标准相联系。有税务专家分析政治妥协可能是原因所在。[1] 直接依赖财政部与税务局建议的澳大利亚议会，习惯于怀疑纳税人。所得税集团内亏损转移 100% 的标准，相对于国际水平以及公司治理及会计标准而言很高，由此可看出对纳税人的明显怀疑。原本依据税务局的建议，可能采取所得税的 100% 标准，但由于财政部部长技术咨询委员会(Technical Advisory Committee to the Treasurer)中包括学者与税务从业者，他们倾向采取更低的标准，以便与减轻企业集团纳税负担的目的相一致。他们建议采用会计或公司治理标准，90% 的标准可能是政治妥协的产物。并且 90% 的标准可顾及小规模的雇员退休基金持股，并与加拿大集团纳税标准一致。[2] 但无论如何，澳大利亚规定 90% 的控制标准，体现了所得税合并纳税控制标准对增值税类似制度的影响。

这两种立法例均存在合理之处。英国的立法例不会引起民事法与税法适用上的混乱，且能提高企业组织运行效率及便于集团纳税规则的应用。增值税集团纳税与所得税的亏损转移标准不相一致，亦存在合理性。一方面，所得税的亏损转移相对增值税集团纳税而言，更具有“税收优惠”的性质，纳税人更容易通过前者进行逃避税。因此，出于对纳税人的怀疑以及打击逃避税，需要制定一个相对较高的准入标准。另一方面，缴纳所得税之后对于净利润，股东可直接进行分配，所得税的合并纳税直接涉及股东的股息红利分配，这不同于公司的日常经营事项，采取高标准的准入可能更尊重股东的权益。新西兰的立法例最重要的特点体现在增值税以及企业所得税合并纳税的高度一致上，这可以降低行政机关的征管成本以及纳税人的税收遵从成本。

出于上述理由，倘若我国在增值税立法中要有所借鉴，笔者建议，将增值税集团纳税的“控制”标准确定为半数。目前许多公司对外投资，其子公司的控股比例在 50% 以上，低于 100%。倘若采取半数这个“控制”标准，有利于母公司对其成员企业进行财政统一管理，实施宣传、税务检查、自查等一些规范

---

〔1〕 See Paul Stacey, *A Rational Basis for Setting GST and VAT Grouping Thresholds*, International VAT Monitor 2006(3).

〔2〕 See Paul Stacey, *GST Grouping Nine Out of* 10 *ain' t Bad*, Taxation in Australia, 2006(8).

税务措施,从而降低纳税风险;同时采取半数这个"控制"标准,与企业合并财务报表的标准一致,有利于跟会计核算挂钩,使很多不同质业务的处理上维持一贯性。

需要指出的是,倘若采用50%的标准,是否需要考虑少数股东的权益?当成员企业当期的进项多于销项时,纳税人可获得增值税退税。[1] 此项退税将会增加纳税人的账上现金资产,但不会影响损益。在纳税人的正常经营过程中,纳税人的股东并不能从增值税退税中获得收益。但当纳税人由于破产或者终止经营等原因而进行清算时,股东对企业的剩余财产拥有所有权。从保护小股东的前述剩余财产所有权的角度出发,可以尝试提高"控制"的比例。在企业所得税的合并机制下,可适用合并缴税的"控制"标准越高,则需要为少数股东提供特殊操作条款予以保护的需求性越低。前述情形不应适用于增值税集团纳税,原因有二:一是适用增值税集团纳税产生的更多是行政简便利益;二是集团纳税带来的财政收益并不能对股东进行利润分配。[2]

2. 其他准入条件

如前所述,"控制"标准仅为其中一个准入条件,并且是相对硬性的规定。为使增值税集团纳税的适用更高效,可规定其他准入条件,如纳税年度与会计核算。只有采用相同会计基础的企业,才可以申请合并纳税。

此外,企业集团健全的内控机制亦十分重要,可在立法中对此予以一般性的规定,由申请企业所在地的税务机关进行实地核查。

五、增值税集团纳税的后果及其税收管理

如何将增值税集团纳税融合至现行的增值税体制?第一种方法是采取单一财政主体的模式。也就是说,将增值税集团内企业的各自独立的法律人格从增值税的角度上予以否认,而将其视为一个单一的纳税主体;第二种方法是

---

〔1〕 依据中国相关增值税的规定,2019 年 4 月 1 日之前,增值税纳税人的当期进项税仅能结转留抵以后纳税期产生的销项税。根据财政部、国家税务总局、海关总署公告〔2019〕39 号,自 2019 年 4 月 1 日起,针对纳税信用等级为 A 级或者 B 级的纳税人,试行增值税期末留抵税额退税制度。

〔2〕 See Sebastian Pfeiffer, VAT Grouping from a European Perspective, IBFD, 2013, p. 178.

由每一位成员企业各自计缴其增值税税款，并将各自的应缴增值税或留抵进项税转移到母公司或集团的代表成员，从而实现增值税的合并报税。主要欧盟国家、新西兰以及新加坡目前采取第一种方法。适用第二种方法的国家较少，西班牙曾采取第二种方法。事实证明，第一种方法在征纳实践中纳税主体接受度相对较高，因此适用范围较广泛。[1] 第三种方法则是采取混合方式，如在澳大利亚，增值税集团不需要额外进行税务登记，其并不被认为是一个独立的纳税主体。增值税集团的每个集团成员必须保持其税务登记，因为集团纳税实质是符合条件的集团成员之间缔结的并已向税务机关报备的协议。然而，增值税集团实质上需要为集团成员履行其绝大部分的税务义务。[2]

笔者认为，倘若采取第二种方法，则每一位成员仍需各自计缴税款，在很大程度上不能满足行政简化的立法目的，并且在实践中鲜有国家采取这种方法。本文对集团纳税的后果及税收管理参考第一种以及第三种方法进行分析。

（一）集团成员

1. 代表成员

一个增值税集团必须具有一名代表成员（representative member），该代表成员一般由集团成员在申请成立增值税集团时选定。基于所有集团成员的代理委托，集团代表成员必须代表并且为整个集团的成员的利益而办理所有的手续，其中最重要的手续即为就集团与集团外的第三人之间的交易所应缴的税款进行核算，在此基础上，向税务机关提交集团的纳税申报表，缴纳税款及获取退税，这对于采取集中核算的企业集团来说尤其有利。

除前述税款计缴义务外，增值税集团的代表成员一般还负有下述义务：

（1）就增值税集团成员的变化（包括集团成员的加入与退出、更换集团代表成员）与税务机关进行沟通；

---

〔1〕 See Sebastian Pfeiffer, *VAT Grouping from a European Perspective*, IBFD, 2013, p. 22.

〔2〕 See Millar, Rebecca Mescal and Moon, Lorenna, *Designing a Simple and Fraud-Proof Tax System: Australia*(May 9, 2016). Improving VAT/GST: Designing a Simple and Fraudproof Tax System, M. Lang, I. Lejeune, eds, IBFD, The Netherlands, 2014; Sydney Law School Research Paper No. 16/34.

(2)就取消集团纳税事宜,与税务机关进行沟通。

通常而言,该代表成员为企业集团的母公司,但不仅限于母公司。

2.除代表成员外的其他集团成员

在“Ampliscientifica案”中,[1]欧共体法院认为,将增值税集团作为独立纳税人,这一税收处理排除了增值税集团成员继续作为个体纳税人必须各自提交纳税申报表的义务,而作为独立纳税人的集团必须提交前述报税表,这是由增值税集团规则主要作为行政简化措施而得出的结论。[2]

除代表成员外的其他成员,虽然无须提交纳税申报表,但仍负有部分税收遵从义务,如开具发票及进行会计记录。具体规定应各国的具体制度设计存在差异。

3.集团成员之间的交易

增值税集团在税法上视为一个独立纳税人,集团成员则为其组成部分,集团成员之间的应税交易视为集团的内部交易。集团纳税的立法一般会规定应忽视前述内部交易,并重新认定为非应税交易。一般而言,集团成员需要就前述内部交易保留相应的支持性文件,以备税务机关的核查。

对于集团成员之间的免税交易,则不能进行忽视。这是因为有可能需要判断,为免税交易进行采购而获得的增值税进项税是否可以抵扣。

另外,出于反避税或者其他原因,一国的增值税集团纳税立法可能规定,对于集团成员之间的特定交易,视为应税交易。[3]

(二)增值税集团与第三人

所有集团成员向第三人销售货物或者服务,均视为该集团向第三人销售货物或者服务;所有集团成员向第三人采购货物或者服务,均视为该集团向第三人进行前述采购。相对集团成员企业之间的内部交易,增值税集团成员与第三人之间的交易被称为外部交易。该外部交易,与普通的纳税人之间进行的交易无异,应缴纳增值税。

---

〔1〕 Ampliscientifica, Case C－162/07.

〔2〕 Communication from the Commission to the Council and the European Parliament on the VAT Group Option Provided for in Article 11 of Council Directive 2006/112/EC on the Common System of Value Added Tax, Brussels, 2.7.2009, COM(2009)325 final.

〔3〕 Australia, Section 48－40(2)(a) of a New Tax System(Goods and Services Act)1999.

(三)增值税集团及其成员的实体权利义务

1.增值税集团代表成员的权利义务

既然增值税集团被视为一个独立的纳税人,该集团与任何其他纳税人一样承担相同的权利义务,如及时进行税款缴纳及抵扣。将增值税集团视为独立的纳税人,决定了进项税抵扣的权利取决于该集团与第三人的交易性质。倘若该增值税集团与第三人之间的交易为应税交易,即使集团成员之间发生的中间环节的内部交易可能存在免税的情况,为进行该应税活动进行采购而获得的进项税仍然可以进行抵扣。

每个集团成员的增值税权利义务均由集团承受,集团的一个成员所进行的任何应税活动均视为代表成员所为,而不视为集团的任何一个成员个体所为;一个集团成员向集团外第三人所为的应税交易,应视为该集团应税交易。因此,所有集团成员的销项税视为集团代表成员的销项税;所有集团成员的进项税视为集团代表成员的进项税。基于前述规定,增值税集团的一些成员的退税额可与其他成员的未缴税额相抵销,即所有成员的退税与未缴税款均为集团整体的退税与未缴税款,而并非属于个别成员。正是因这一规定的存在,带给增值税集团现金流利益。

2.增值税集团成员的权利义务[1]

集团成员最重要的义务在于,集团所有成员对于代表成员未缴税款负有连带责任。已退出增值税集团的成员对于其加入期间的未缴税款同样负有连带责任。代表成员必须确保所有的集团成员对此责任明晰。强制性的增值税集团纳税制度,有可能强制符合条件的企业加入增值税集团,尤其是那些资不抵债不履行义务的企业,因为一旦其加入增值税集团,集团内的其他成员会就其增值税承担连带责任。[2] 为了减轻增值税集团纳税的连带责任对于集团

[1] 基于我国特有的财税体制,倘若针对大企业集团实行增值税集团纳税,此时需要考虑中央与地方以及集团成员企业所在的各地方财政之间的税收利益分配。在企业所得税领域,针对总分支机构之间的企业所得税汇总纳税,汇总纳税企业实行“统一计算、分级管理、就地预缴、汇总清算、财政调库”的企业所得税征收管理办法,财政部定期将缴入中央国库的汇总纳税企业所得税待分配收入,按照核定的系数调整至地方国库。此处参考的分配标准包括各分支机构的营业收入、职工薪酬和资产总额。在增值税集团纳税领域,亦需要参考特定标准对各地财政之间的税收利益进行分配。

[2] Australia, Section 48 - 40(2)(a) of a New Tax System (Goods and Services Act) 1999.

成员的影响,澳大利亚允许集团成员之间签订增值税税款分配协议(Indirect Tax Agreement),在前述协议中,集团成员可以合理标准在成员之间分配增值税集团的增值税纳税责任,从而令该集团成员在退出增值税集团时不存在遗留未决的增值税税款。[1]

3. 加入时的权利义务转移

当增值税集团成为一个独立的纳税人时,所有成员的增值税权利义务自动地转移至增值税集团。当一个纳税人加入已经存在的增值税集团时,该规则同样适用。[2]

(四)增值税税务登记号

当一个增值税集团成立时,对于增值税集团整体及其成员的税务登记号,存在两种立法例。

英国规定,当一个增值税集团成立时,所有集团成员的增值税登记号将被注销,而增值税集团作为一个整体将被分配一个新登记号。这个登记号作为增值税集团的识别号,并将保持不变,即使该集团的成员或者代表成员发生改变,所有的集团成员仍然必须使用该登记号。类似地,倘若一个集团解散,它将被注销登记,负有税务登记义务的任何成员,倘若申请税务登记,将会分配新的增值税登记号。[3] 大多数成员国均采取分配给每个集团一个增值税识别号,同时废弃各成员在加入集团之前的单独增值税识别号的立法例。

但比利时规定,除集团分配有增值税识别号外,集团的每个成员将有一个增值税的子识别号。这些号码为每个成员单独的增值税识别号,由每个成员保留并用于向第三人开具发票、记录年度内部交易清单以及共同体境内采购

---

〔1〕 See Millar, Rebecca Mescal and Moon, Lorenna, *Designing a Simple and Fraud-Proof Tax System: Australia*(*May* 9, 2016). Improving VAT/GST: Designing a Simple and Fraudproof Tax System, M. Lang, I. Lejeune, eds, IBFD, The Netherlands, 2014; Sydney Law School Research Paper No. 16/34.

〔2〕 Communication from the Commission to the Council and the European Parliament on the VAT Group Option Provided for in Article 11 of Council Directive 2006/112/EC on the Common System of Value Added Tax, Brussels, 2. 7. 2009, COM(2009)325 final.

〔3〕 Notice 700/2, Group and Divisional Registration, December 2004.

清单。丹麦、德国、爱尔兰及荷兰采取类似的制度。[1]

结合我国目前的征管实践,纳税人拥有各自的纳税识别号,该纳税人识别号可以用于申报包括增值税在内的所有税种。倘若单个纳税人加入增值税集团,尽管该单个纳税人的增值税将由集团代表成员代为申报缴纳,但该单个纳税人仍旧负有向税务机关申报缴纳企业所得税、代扣代缴个人所得税、土地增值税、房产税等其他税款的义务,因此不能取消集团成员的纳税人识别号。鉴于此,笔者建议,可借鉴比利时的方式,各个集团成员可以保留各自的纳税识别号,用于申报其他税种。同时,赋予增值税集团一个单独的增值税识别号,以便代表成员用于办理增值税的纳税申报。

(五)发票的开具

集团成员间的交易无须开具发票,但集团成员向集团外的第三人进行应税交易时,是由进行交易的该成员自行开具,抑或是由集团代表成员统一开具,各国做法不一。澳大利亚[2]、新西兰[3]采取第一种做法,并且在向第三方开票时必须使用集团成员各自的税务登记号。但无论何种做法,向第三人开具的发票必须注明增值税集团的税务登记号。

结合前述保留集团成员各自的纳税识别号的建议,由各集团成员各自就外部交易向第三人开具发票,在开具发票的同时注明增值税集团的增值税识别号以及集团成员各自的纳税识别号。目前,这种开票方式对于交易第三方的冲击最小,交易第三方可以通过票面上的纳税识别号知悉其交易对方的信息。尤其在开具增值税专用发票的情形下,此种开票方式便于交易第三方自行证实以及税务机关核实专用发票的开具是否满足“三流合一”的要求。

(六)税务机关的权力

一般而言,税务机关基于法律规定或者当集团成员不满足准入条件时,可以责令该成员退出增值税集团。如新加坡规定,税务局长可以书面形式责令

[1] Ine Lejeune, Bart Caluwé and Melissa De Craemer, The Belgium VAT Grouping Rules Compared with the Non-harmonised Rules Used in the E. U. by 13 other Member States, Pricewaterhouse Coopers, Belgium.

[2] See Australian Taxation Office, GST groups, http://www.ato.gov.au/businesses/content.asp?doc=/content/13189.htm. Accessed February 16, 2019.

[3] See New Zealand Inland Revenue, Registering for GST as a group, http://www.ird.govt.nz/gst/gst-registering/register-who/register-groups/register-groups.html. Accessed March 24, 2019.

增值税集团的一个成员,自通知指定的日期起退出该集团,倘若税务局长确信:(1)该纳税人不再满足集团纳税的准入条件;(2)该纳税人未能遵循税务局长依据规定加于其身上的任何条件或要求;(3)该纳税人在其申请加入增值税集团的申请书中提供错误、不准确或具有误导性的陈述或信息;(4)出于保护税收收入的需要。[1]

在适用选择性与强制性并存的增值税集团纳税制度时,出于反避税的目的,当一个纳税人的相关准入条件满足时,税务机关甚至可以责令其中另一个纳税人加入或者拒绝其加入增值税集团。

---

〔1〕 Regulation 6 of Goods and Services Tax(General)Regulations of Singapore.

虚开增值税专用发票罪量刑中“国家税款”的司法认定*

樊聪颖**　王宗涛***

摘　要：虚开增值税专用发票罪的量刑问题是在司法实践中争议较大的问题。《刑法》第205条及司法解释确立了以“虚开数额”“其他严重情节(特别严重情节)”为主的法定量刑标准，后者在司法实践中衍生出对“国家税款”这一概念的理解及认定问题。本文筛选出150份司法判例作为分析样本，考察司法判例中关于“国家税款”的认定情况，进而从法理角度剖析司法判例认定差异悬殊的原因所在。立法与司法解释关于虚开专用发票罪的规则设计不足、对虚开专用发票罪法益保护的认识偏差、学理关于虚开专用发票罪性质的不同观点以及增值税全链条征管体系建设等问题，导致在实践中对虚开专用发票罪量刑甚至是定罪的误解。未来我国刑法、增值税法的立法及司法解释应据此作出修订与调整。

关键词：虚开增值税专用发票罪；国家税款；国家税款被骗数额；司法认定

一、问题的提出：虚开专用发票罪量刑中“国家税款”司法认定争议

(一)增值税的计税原理分析

“增值税是以商品生产和流通中各个环节的新增价值额或商品附加值额为征税对象的一种流转税。”[1]其中，新增价值额或附加值额，是指纳税人在一定时期销售产品或提供劳务所取得的收入与购进商品或取得劳务时所支出

* [基金项目]国家社会科学基金一般项目“新一轮税制改革的宪法学思维及进路研究”(编号：18BFX035)。

** 厦门大学法学院财税法学硕士研究生。

*** 厦门大学法学院助理教授，法学博士、法学博士后。

[1] 刘少军、翟继光：《税法学》，中国政法大学出版社2008年版，第86页。

的金额的差值。增值税只对流转中增值的部分征税,税款随着销售环节逐渐向下转移,层层征税、层层抵扣。“对于同一纳税人而言,其在一个生产流通环节购进货物或者接受应税劳务时负担的进项税额正是上一环节销售方销售货物或者提供应税劳务时负担的销项税款。”[1]借助抵扣机制,纳税人在任何一个环节所应缴纳的增值税税款便通过商品销售或提供劳务转嫁给下一环节的纳税人,如果在其中任何一个环节开票方虚开增值税专用发票而受票方抵扣应当缴纳的税款,将会造成国家税款损失。

根据我国《刑法》第205条的规定,[2]实施虚开增值税专用发票的行为即构成虚开增值税专用发票罪(以下简称虚开专票罪),在量刑上主要以虚开数额、国家税额被骗取或损失数额为标准。问题在于,理论界关于虚开专票罪的定性争议不断,基于不同观点,对于该罪中所涉税款数额的认定也大相径庭,即各方观点针对“国家税款”的认定差异悬殊。按照刑法及相关司法解释,法院在审理涉及虚开专票的案件时,“虚开数额”的多少是界定有期徒刑年限以及罚金数额的法定量刑标准,而准确认定“国家税款”被骗取数额或损失数额也是量刑的重要标准。然而,在司法实践中对于“国家税款”的认定存在较大差异,在实务中也呈现各种不同的裁判案例。

(二)典型案例分析:“刘某某虚开专票案”

案情简介:被告人刘某某在无注册资金的情况下,于1999年10月虚假注册成立了良旭公司,任法定代表人。2000年3~12月,在无货物购销的情况下,用良旭公司的增值税专用发票为宁波市江东恒盛电器供应站(以下简称恒盛公司)虚开了24份,虚开税额计人民币66,454.62元。恒盛公司向当地税务部门申报抵扣税额计人民币61,443.54元。刘某某还于2000年8~12月为上海琪腾电器成套有限公司(以下简称琪腾公司)虚开税额计人民币82,185.86元的专票。琪腾公司已全部向税务部门申报抵扣。为弥补进项发票的不足,刘某某虚构无锡市万达工贸发展有限公司(以下简称万达公司)、

---

[1] 岳彩林:《虚开增值税专用发票犯罪行为的认定及法律适用》,载《法律适用》2004年第6期。

[2] 《刑法》第205条第1款规定,虚开增值税专用发票或者虚开用于骗取出口退税、抵扣税款的其他发票的,处3年以下有期徒刑或者拘役,并处2万元以上20万元以下罚金;虚开的税款数额较大或者有其他严重情节的,处3年以上10年以下有期徒刑,并处5万元以上50万元以下罚金;虚开的税款数额巨大或者有其他特别严重情节的,处10年以上有期徒刑或者无期徒刑,并处5万元以上50万元以下罚金或者没收财产。

镇江市江川实业有限公司(以下简称江川公司)等11家单位为供货方,为自己虚开专票共计162份,虚开税额计人民币2,117,746.86元,并全部向税务机关申报抵扣。在虚开专票的过程中,刘某某曾向上海市税务机关纳税人民币2.5万余元。案发后,刘某某的家属退赔税款人民币2万元。交易过程如图1所示。

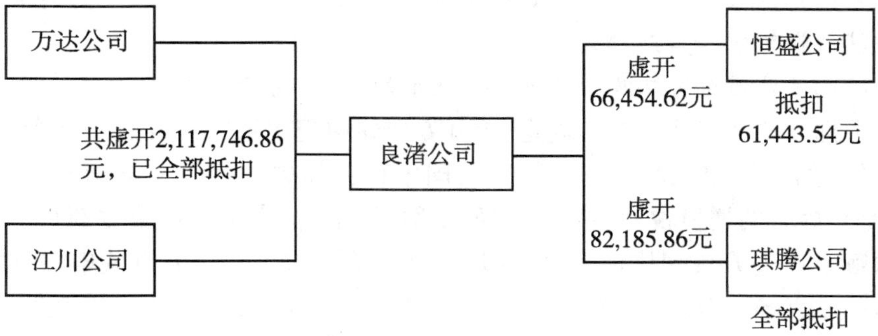

图1　刘国良虚开专票案交易过程

一审法院审理认为,被告人刘某某在无货物购销的情况下,以假发票为自己虚开及为他人虚开增值税专用发票,虚开数额共计人民币226万余元,非法抵扣税款数额人民币226万余元,其行为已构成虚开增值税专用发票罪。虚开税款数额及造成非法抵扣税款数额均应以进、销项税额合计计算。认定刘某某虚开税额共计人民币226万余元,非法抵扣税额人民币226万余元,判处刘某某无期徒刑。

二审法院审理认为,上诉人刘某某在无实际货物购销的情况下,为非法牟利,虚开增值税专用发票税款数额计人民币200余万元,其行为已构成虚开增值税专用发票罪,且虚开数额巨大,致使国家税款被骗人民币14.3万余元,扣除刘某某已缴纳的2.5万余元增值税及案发后刘某某家属退赔的2万元税款,实际造成国家税款损失人民币9.7万余元。刘某某让他人为自己虚开税款数额人民币211.7万余元并向税务机关抵扣,因没有实际从事购销活动,并不需要向税务机关缴纳增值税,国家在此环节上没有实际损失。因此,刘某某让他人为自己虚开税款数额人民币211.7万余元并向税务机关抵扣,不应计算为国家税款被骗数额。二审法院最终认定,刘某某虚开税款金额应为2,117,746.86元,实际造成国家税款损失仅为人民币9.7万元,改判刘某某有期徒刑 15 年。

从“刘某某虚开专票案”看,虚开专票罪中虚开数额、国家税款被骗数额以及国家税款损失的数额对该案的定罪量刑产生重要的影响。然而,一审、二审法院对于虚开数额以及国家税款被骗数额认定却存在巨大差异。该案并非个案,本文梳理了大量司法判例中对于上述数额认定标准的差异,试图从理论上揭示当前司法实务中存在不同标准的原因,为该罪中“国家税款”的司法认定及立法改造提供些许思路。

(三)立法与司法依据:虚开专票罪量刑的数额标准及其演变

根据立法及司法解释的规定,虚开专票罪中犯罪数额涉及 3 个概念:虚开(税款)数额、国家税款被骗数额以及国家税款损失数额。[1] 虚开(税款)数额,是指虚开的增值税专用发票上所载明的数额;国家税款被骗数额与虚开税款数额呈递进关系,即因为虚开专票致使受票方向主管税务机关申报抵扣的国家税款,法官在法律实务中往往认定,受票方让他人为自己虚开专票时,抵扣了多少税款就相当于国家税款被骗了多少,即受票方应纳税额的减少便是国家税款被骗取的数额;而国家税款损失数额则是国家税款被骗数额的延伸,是指国家被骗税款在侦查终结前仍无法追回的数额。[2] 笔者总结了在虚开专票罪立法及实务处理的长期历史进程中,不同阶段关于该罪量刑的数额标准及其演变如表 1 所示:

---

〔1〕 最高人民法院《关于适用〈全国人民代表大会常务委员会关于惩治虚开、伪造和非法出售增值税专用发票犯罪的决定〉的若干问题的解释》(法发〔1996〕30 号)第 1 条规定的虚开增值税专用发票罪的定罪量刑标准:“虚开税款数额 1 万元以上的或者虚开增值税专用发票致使国家税款被骗取 5000 元以上的,应当依法定罪处罚。虚开税款数额 10 万元以上的,属于‘虚开的税款数额较大’;具有下列情形之一的,属于‘有其他严重情节’:(1)因虚开增值税专用发票致使国家税款被骗取 5 万元以上的;(2)具有其他严重情节的。虚开税款数额 50 万元以上的,属于‘虚开的税款数额巨大’;具有下列情形之一的,属于‘有其他特别严重情节’:(1)因虚开增值税专用发票致使国家税款被骗取 30 万元以上的;(2)虚开的税款数额巨大并有其他严重情节的;(3)具有其他特别严重情节的。利用虚开的增值税专用发票实际抵扣税款或者骗取出口退税 100 万元以上的,属于‘骗取国家税款数额特别巨大’;造成国家税款损失 50 万元以上并且在侦查终结前仍无法追回的,属于‘给国家利益造成特别重大损失’。利用虚开的增值税专用发票骗取国家税款数额特别巨大、给国家利益造成特别重大损失,为‘情节特别严重’的基本内容。”

〔2〕 参见王春慧:《虚开增值税专用发票犯罪数额的认定》,载《会计师》2007 年第 9 期。

表1　虚开发票罪量刑数额标准及演变历程

时间	1995年10月30日至2011年4月30日	2011年5月1日至2014年11月27日	2014年11月28日至2018年8月21日	2018年8月22日至今〔1〕
定罪量刑法定数额标准	1. 虚开税款数额 2. 国家税款被骗数额 3. 国家税款损失数额	1. 虚开税款数额 2. 国家税款被骗数额	1. 虚开税款数额 2. 造成国家税款损失数额	1. 虚开税款数额 2. 造成国家税款损失数额
发文字号	法发〔1996〕30号	法发〔1996〕30号、《刑法修正案(八)》	法释〔2002〕30号、法研〔2014〕179号〔2〕	法释〔2002〕30号、法〔2018〕226号〔3〕、法研〔2014〕179号

值得一提的是,法〔2018〕226号文明确规定:人民法院在审判工作中不再参照执行最高人民法院《关于适用〈全国人民代表大会常务委员会关于惩治虚开、伪造和非法出售增值税专用发票犯罪的决定〉的若干问题的解释》(法发〔1996〕30号)第1条规定的虚开增值税专用发票罪的定罪量刑标准。即自2018年8月22号之后对于法发〔1996〕30号文第1条规定的量刑数额标准以及量刑的“其他严重情节”的标准不再适用。而法〔2018〕226号文第2条虽然

〔1〕 参见赵琳:《虚开增值税专用发票罪的数额认定》,载搜狐网:http://www.sohu.com/a/320534545_100115146,最后访问日期:2019年12月20日。

〔2〕 最高人民法院研究室《关于如何适用法发〔1996〕30号司法解释数额标准问题的电话答复》为了贯彻罪刑相当原则,对虚开增值税专用发票案件的量刑数额标准,可以不再参照适用1996年最高人民法院《关于适用〈全国人民代表大会常务委员会关于惩治虚开、伪造和非法出售增值税专用发票犯罪的决定〉的若干问题的解释》。在新的司法解释制定前,对于虚开增值税专用发票案件的定罪量刑标准,可以参照《关于审理骗取出口退税刑事案件具体应用法律若干问题的解释》的有关规定执行。

〔3〕 最高人民法院《关于虚开增值税专用发票定罪量刑标准有关问题的通知》规定:(1)自本通知下发之日起,人民法院在审判工作中不再参照执行最高人民法院《关于适用〈全国人民代表大会常务委员会关于惩治虚开、伪造和非法出售增值税专用发票犯罪的决定〉的若干问题的解释》(法发〔1996〕30号)第1条规定的虚开增值税专用发票罪的定罪量刑标准。(2)在新的司法解释颁行前,对虚开增值税专用发票刑事案件定罪量刑的数额标准,可以参照最高人民法院《关于审理骗取出口退税刑事案件具体应用法律若干问题的解释》(法释〔2002〕30号)第3条的规定执行。

明确规定了虚开专票罪定罪量刑的数额标准,但却仅仅是明确了数额的标准,而对“其他严重情节”等标准未有规定。按照此通知的规定,一方面,不再适用之前法发〔1996〕30号文的量刑标准;另一方面,对于“其他严重情节”的标准又未在通知中明确,此时应当如何衡量该标准? 对此,法研〔2014〕179号文件规定:在新的司法解释制定前,对于虚开增值税专用发票案件的定罪量刑标准,可以参照《关于审理骗取出口退税刑事案件具体应用法律若干问题的解释》的有关规定执行。因此,在当下未明确的情况下,可参照法释〔2002〕30号文件对“其他严重情节”予以认定。

总结上述规则,我国当前立法及司法解释关于虚开专票罪的量刑标准如表2所示:

表2　虚开专票罪的量刑标准

虚开增值税专用发票罪量刑	3年以下有期徒刑	3年以上10年以下有期徒刑	10年以上有期徒刑
虚开数额	5万元以上	50万元以上	250万元以上
国家税款被骗数额	—	因骗取国家出口退税行为受过行政处罚,两年内又骗取国家出口退税款数额在30万元以上的	因骗取国家出口退税行为受过行政处罚,两年内又骗取国家出口退税款数额在150万元以上的
造成国家税款损失的数额	—	造成国家税款损失30万元以上并且在第一审判决宣告前无法追回的	造成国家税款损失150万元以上并且在第一审判决宣告前无法追回的

需要说明的是,一方面,若依法〔2018〕226号文仅以虚开税款数额作为量刑标准,而未规定“其他严重情节”(“国家税款被骗税额”属于此处情节考虑的因素之一)作为量刑标准,实则虚开专票罪所保护的法益——保障国家增值税税款并不能得到有效的落实。但囿于本文仅讨论虚开专票罪量刑的数额标准问题,对于相关数额及标准设定是否正当、合理的问题不再展开。另一方面,按照法〔2018〕226号的规定,尽管国家税款被骗数额未被规定为法定的量刑标准,但若参照法释〔2002〕30号文的规定,它仍属于虚开专票罪的量刑标准。此外,不可否认的是,虚开专票罪造成的直接后果就是国家税款被侵蚀,

而国家税款被骗数额作为侵蚀国家税款这一犯罪后果的一个量化指标，当然应属于虚开专票罪的酌定量刑情节，对量刑起到重要作用。

二、司法判例中“国家税款”认定的实务考察：基于150个判例的分析

由上文分析可见，虚开数额与国家税款被骗数额、国家税款损失数额三者之间虽具有联系，但实属不同的概念。然而，实务中的判决在这个问题的处理上不尽一致，有些判决认定国家税款被骗数额等同于虚开数额，当然，也有与此不同的判决。下文对司法实践的案例进行样本分析，研究比较实务中关于“国家税款”以及其与“虚开数额”关系的司法认定。[1]

（一）单向虚开情况下“国家税款”的认定

单向虚开既包括让他人为自己虚开也包括为他人虚开的两种情况。在单向虚开专票情形下，司法机关对数额认定观点不同，以下两则判例可管窥一二：

（1）2007年6月至2008年1月，被告人李某某为非法抵扣税款，在无业务往来情况下，支付开票费让他人从上海雄翼橡塑有限公司、上海歆讴电气成套设备有限公司、上海熠仝物资有限公司、上海贶翮工贸有限公司、上海远助经贸发展有限公司虚开专票共计41份，价税合计1,157,509元，税额168,185.11元。上述增值税专用发票均已向税务机关申报抵扣，造成国家同额税款被骗取。[2]

（2）关于上诉人陈某甲及其辩护人提出的“上诉人陈某甲涉案的419,610.89元仅仅是虚开数额，并非国家税款被骗取数额，本案原审法院认定419,610.89元为骗税数额属于认定事实上的错误，从而导致适用法律错误，应依法予以纠正”的上诉理由和辩护意见，法院认为，虚开的税款数额系指所虚开的增值税

---

〔1〕 检索说明：笔者在“北大法宝”上以2000年1月1日至2019年1月1日的裁判期限为检索范围，以“破坏社会主义市场经济秩序罪”为案由，以“虚开增值税专用发票”“骗取国家税款”为关键词进行检索，共搜索获得2629条记录。其中，推荐案例共400份案例，在确保每个地区均有案例参考的基础上进行筛选整合，选取其中近140份案件。同时，将学者针对“双向虚开”所写文章中引用的案例进行整合列入判例样本，最终共有150份案例列入样本。由于数据量较大，且时间和能力有限，统计过程中关键词检索以及案例分类选取可能存在误差。

〔2〕 参见上海市青浦区人民法院（2009）青刑初字第271号刑事判决书。

专用发票、用于抵扣税款发票上所载明的税额;骗取税款数额系指以受票人已抵扣的税款减去虚开行为人已向国家缴纳的税款,差额即是骗取国家税款的数额。故虚开的税款和骗取的税款数额并非同一概念。就该案原审判决在没有查清并扣减开具增值税专用发票的上游企业屯留金某公司、辉南宏丰公司是否缴纳税款及缴纳税款数额的情况下,把虚开税款数额等同于骗取税款数额,认定国家税款被骗取40万元以上,并以此判处上诉人10年有期徒刑属事实不清,适用法律错误。故上诉人及其辩护人的该上诉理由及辩护意见成立,法院予以采纳。[1]

从这两则判决看,法院对于国家税款被骗取数额的认定截然不同。不止于此,本文共找到虚开专票罪中单向虚开情形案例100例,就法院判决对于国家税款被骗数额的认定归纳如下:在采取的100个样本中,有84%的法院将受票方用虚开的增值税专用发票向主管税务机关抵扣的税额认定为国家税款被骗数额,11%的法院认为国家税款被骗数额等同于虚开数额,然而仅有5%的法院认为国家税款被骗数额应当认定为受票方用虚开的增值税专用发票向税务机关抵扣的税额扣除上游开票方对于该部分虚开税款已实际缴纳的数额(见图2)。

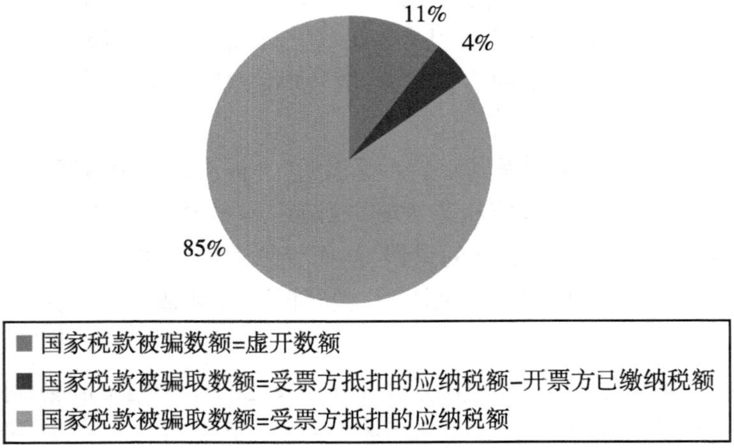

图2　“单向虚开”情况下国家税款被骗数额的认定

[1] 参见山东省泰安市中级人民法院(2014)泰刑三终字第38号刑事判决书。

（二）双向虚开情况下“国家税款”的认定及其与“虚开数额”的关系

“双向虚开”，是指既为他人虚开，同时又让他人为自己（或自己为自己）虚开专票的情形。基本模型为乙公司为丙公司虚开税额为 X 元的增值税专用发票，同时让甲公司为自己虚开税额为 Y 元的增值税专用发票（甲乙丙均为一般纳税人且不存在增值税税收优惠、走逃税款等特殊情况），即如图 3 所示的虚开链条上乙公司的行为。在此情况下，甲公司为乙公司虚开进项或丙公司接受乙公司开出的销项，行为本身已构成犯罪，属于上文所述的“单向虚开”行为。这里仅讨论行为人乙公司（同时为开票方和受票方）虚开专票罪中国家税款的认定。

图 3　“双向虚开”模型

在实践中，“双向虚开”又分为行为人在购销环节存在部分真实交易与均不存在真实交易两种情形，具体如下所示。

1. 行为人在购销环节存在部分真实交易、部分虚假交易的情形

在此种情况下，行为人为他人虚开专票的情形构成犯罪。行为人让他人为自己虚开专票的目的是抵扣其真实的增值税销项税款，同时客观上亦实施了虚开专票的行为，其受票行为符合虚开专票罪的构成要件。即双向虚开的两个行为均构成犯罪，类似于单向虚开情形，分别按照为他人虚开和让他人为自己虚开的情形计算国家税款损失，然后累计相加即可，在此不再赘述。当然，正如前文所言，在单向虚开情况下国家税款被骗数额有 3 种认定标准，由此，累计相加也有 3 种结果。

2. 行为人在购销环节不存在真实交易的情况

首先，讨论行为人为他人虚开专票的情况。对于不从事增值税应税业务，倒卖专票而无实际交易的开票公司来说，其客观上通过为他人虚开专票赚取开票费，且主观上具有利用虚开的专票帮助他人偷逃国家增值税税款的故意，符合虚开专票罪的构成要件，构成《刑法》第 205 条规定的为他人虚开专票的犯罪。其次，为掩盖其对外虚开专票的犯罪事实，同时解决因虚开销项而带来的进、销项税额的不平衡问题，行为人让他人为自己虚开专票，故主观上行为人的受票行为并非为抵扣真实的增值税销项税款，从而达到骗取国家税款的

目的。因而,其让他人为自己虚开专票的行为似乎不符合犯罪的构成要件。即在该种无实际交易的情况下,行为人为他人虚开专票构成犯罪但接受他人虚开的专票并不符合犯罪要件。当然,也有法院基于对虚开专票罪的理解不同,认为均构成虚开专票罪。在这种情况下,虚开数额以及国家税款被骗数额应当如何认定?

本文选取涉及此类“双向虚开”50余个案例进行数据分析,得出如下结论:在“双向虚开”情况下,44%的判决认为国家税款被骗数额等同于行为人为他人虚开的专票被实际抵扣的数额,32%的判决将行为人让他人为自己虚开并抵扣的进项数额与为他人虚开的专票被实际抵扣的数额之和,认定为国家税款被骗数额,还有24%的判决中未提及国家税款被骗数额(见图4)。

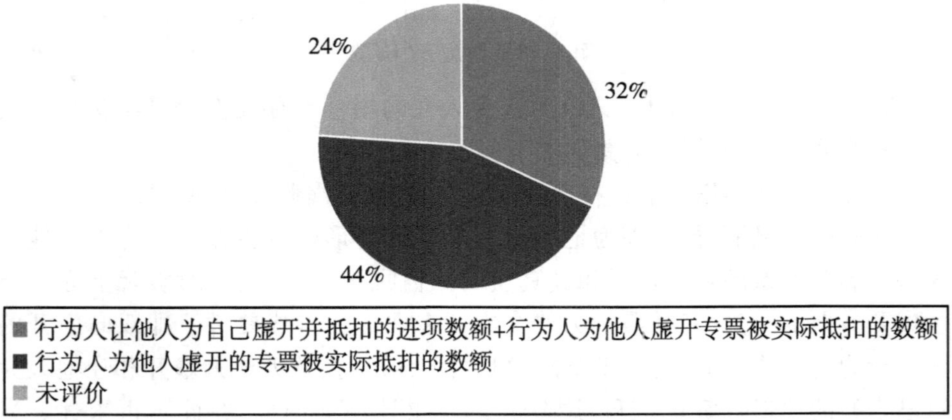

图4　“双向虚开”案例中国家税款被骗数额的认定情况

若进一步对双向虚开案件中“国家税款被骗数额”与“虚开金额”之间的联系进行统计分析,可以得出以下结论:在“双向虚开”情况下,当虚开金额被认定为虚开的销项金额与虚开的进项金额之和,以及对于虚开的进项数额与虚开的销项数额分别认定时,国家税款被骗取数额通常也被认定为行为人让他人为自己虚开并抵扣的进项数额与为他人虚开专票被实际抵扣的数额之和;当虚开数额采取从大数原则认定以及虚开金额认定为销项数额时,国家税款被骗数额基本会被认定为行为人为他人虚开专票被实际抵扣的数额(见图5)。

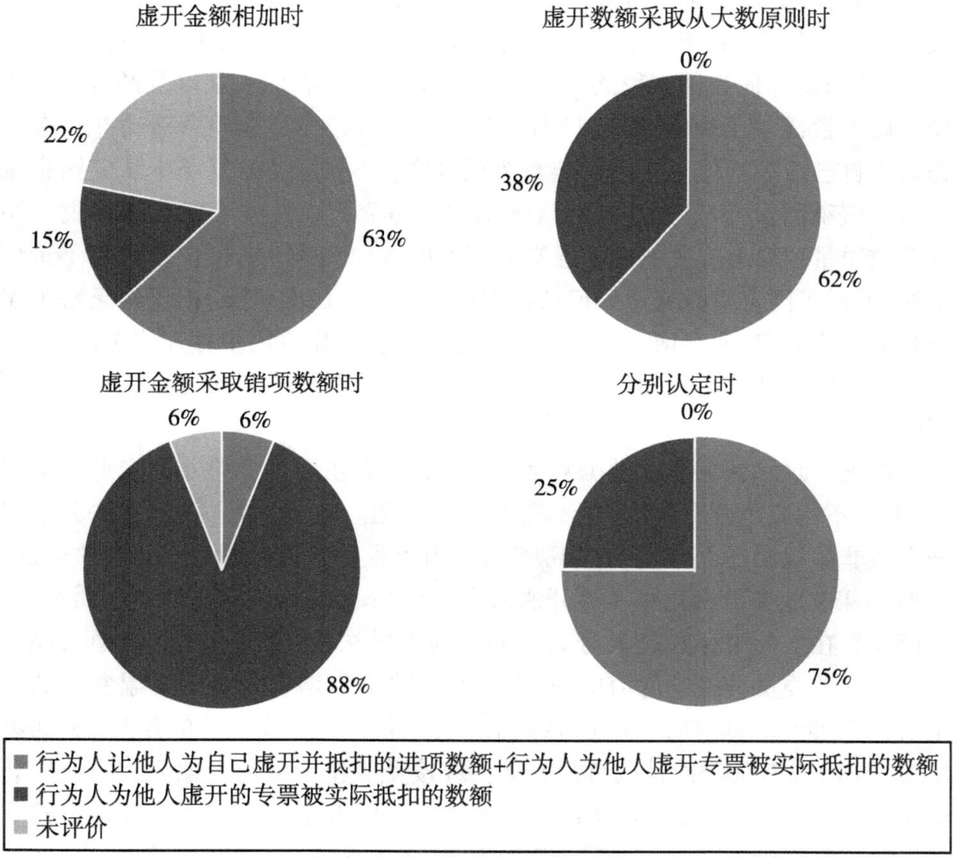

图5　“双向虚开”案件中虚开数额与国家税款被骗取数额认定之间的联系

注:“相加”,是指行为人虚开的进项数额与虚开的销项数额之和;“进项”,是指行为人虚开的进项数额;“销项”,是指行为人虚开的销项数额;“从大数”,是指选取行为人虚开的进项数额与销项数额中较大数额;“分别认定”,是指在法院判决中对于虚开的进项数额、销项数额均与虚开数额的量刑标准进行比较。

三、司法判例中“国家税款”认定差异之法理分析与思考

(一)虚开专票罪的规定不足与“国家税款”认定差异

我国《刑法》第205条“虚开专票罪”对该罪量刑中的犯罪数额并没有实

质性的解释,即并未对作为量刑标准依据的国家税款被骗数额进行解释;全国人大常务委员会《关于惩治虚开、伪造和非法出售增值税专用发票犯罪的决定》也并未解释何为国家税款,是否仅是受票方所抵扣的税款以及是否仅包含增值税税款;《关于如何认定以"挂靠"有关公司名义实施经营活动并让有关公司为自己虚开增值税专用发票行为的性质》征求意见的复函中认定国家税款指增值税税款,但是究竟如何认定却并未解释。[1]《关于虚开增值税专用发票定罪量刑标准有关问题的通知》(法〔2018〕226 号)也仅仅是提高了量刑标准,但对于国家税款究竟如何认定也没有解释。由此可见,由于缺乏对国家税款的明确规定,使字面意思通俗易懂的词语在法律适用中存在诸多问题,导致不同法院出现了不同的认定标准,甚至于最高人民法院的司法认定也有不同结论。

不止于此,"国家税款被骗数额"的认定建立在虚开专票罪的定罪基础之上,如果不构成虚开专票罪,也不存在定量问题。遗憾的是,我国立法关于虚开专票罪的规定先天不足,直接决定了"国家税款被骗数额"计量上的争议。《刑法》第 205 条简明列举了虚开的情形,但并未能准确界定该罪的本质特征,从而导致在实务中存在较大分歧。如最高人民法院《关于适用〈全国人民代表大会常务委员会关于惩治虚开、伪造和非法出售增值税专用发票犯罪的决定〉的若干问题的解释》(法发〔1996〕30 号)第 1 条列举虚开专票罪 3 种典型情形:"(1)没有货物购销或者没有提供或接受应税劳务而为他人、为自己、让他人为自己、介绍他人开具增值税专用发票;(2)有货物购销或者提供或接受了应税劳务但为他人、为自己、让他人为自己、介绍他人开具数量或者金额不实的增值税专用发票;(3)进行了实际经营活动,但让他人为自己代开增值税专用发票。"但基于司法实务的考察,对于代开发票、有货虚开,有些法院不认定为虚开专票罪。如最高人民法院研究室曾经表明对"挂靠""代开"等行为

---

〔1〕 最高人民法院研究室《关于如何认定以"挂靠"有关公司名义实施经营活动并让有关公司为自己虚开增值税专用发票行为的性质》征求意见的复函(法研〔2015〕58 号)规定:虚开增值税发票罪的危害实质在于通过虚开行为骗取抵扣税款,对于有实际交易存在的代开行为,如行为人主观上并无骗取抵扣税款的故意,客观上未造成国家增值税款损失的,不宜以虚开增值税专用发票罪论处。虚开增值税专用发票罪的法定最高刑为无期徒刑,系严重犯罪,如将该罪理解为行为犯,只要虚开增值税专用发票,侵犯增值税专用发票管理秩序的,即构成犯罪并要判处重刑,也不符合罪刑责相适应原则。

“不宜”以虚开专票罪论处。此外,《刑法》第205条规定作为该罪之一种的“让他人为自己虚开”也存在歧义。“对于‘让’字,通常做两种解释:一是积极、主动地要求他人为自己虚开(直接故意);二是在明知的主观状态下,任凭他人为自己虚开发票(间接故意)。一般而言,直接故意定性为虚开应无争议,但间接故意是否属于‘让他人为自己虚开’则存在弹性的语义空间,税务和司法部门对此产生了‘逃税’或‘虚开’两种不同意见。”[1]由此可见,在“让他人为自己虚开”的情形下,若受票方让开票方开票,其恶意抵扣税款的情形,可能会存在偷税罪和虚开专票罪的竞合。上述种种争议,直接决定了虚开专票定罪及国家税款被骗具体数额计算上的悬殊差异。

(二)*虚开专票罪性质的学理争议与“国家税款”认定差异*

关于虚开专票罪的定性,学术上与司法实践中一直以来都有争论,而司法所援引理论观点的不同决定了对“国家税款”的认定不同。

1.行为犯说

该说认为,“只要行为人着手实施犯罪并达到法律要求的程度就是完成了犯罪行为”。[2] 本罪不要求行为人主观方面具备骗取国家税款的目的,客观方面更不要求本罪必须造成国家税款损失的结果。“虚开增值税专用发票罪是行为犯,虚开行为一旦完成,就构成该罪,不以国家税款的被骗或流失为必要。”认为该罪是行为犯的理由在于:从文义上解读《刑法》第205条,并没有要求主观上“以偷逃国家税款为目的”,只要存在虚开增值税专用发票的行为,“即使是虚开一份发票、涉及一分钱,无论是否给国家造成税款流失,都构成虚开增值税专用发票罪”;[3]“只要实施了虚开行为即构成犯罪,并不以造成国家税款的被骗或流失为必要。”[4]行为犯理论认为,虚开专票行为一旦完成,即侵犯了该罪保护的法益即国家的税收管理秩序和增值税税收利益。如果持这一观点,虚开这一行为(包括虚开进项与虚开销项)已经构成该罪,在这一定性下,应将虚开销项税额作为国家税款被骗数额;在双向虚开中,将让

---

〔1〕 郭晓亮:《虚开增值税专用发票税法定性的实证探究》,载熊伟主编:《税法解释与判例评注》(第8卷),法律出版社2017年版,第169页。

〔2〕 陈宝生、胡玲蕊、李娜:《虚开增值税专用发犯罪认定难点探讨》,载《经济与法》2013年第10期。

〔3〕 张忠斌:《虚开增值税专用发票罪争议问题思辨》,载《河北法学》2004年第6期。

〔4〕 于伟伟:《如何认定虚开增值税专用发票罪》,载《山东审判》2002年第4期。

他人虚开的进项税额和为他人虚开的销项税额相加作为国家税款被骗的数额。问题在于,根据行为犯理论,虚开行为的实施并非必然会导致国家税收秩序的损害、造成国家税款的必然流失。在实践中,行为人实施了虚开行为,若其目的并非骗取国家税款,而是为了营造企业虚假繁荣的现象抑或其他,在此种情况下国家税款未必减少。

2. 结果犯说

该说认为,"虚开专票罪以国家税款实际损失作为必要构成要件,其罪名的既遂也必然需要虚开专票导致国家税款的实际流失"。[1] 在这种理论指导下,虚开税款数额和国家税款被骗取数额都需要依据最终国家税款的实际损失进行衡量,以此判定是否符合定罪标准和量刑数额。依据结果犯说的观点,国家税款被骗数额应当认定为受票方用虚开的增值税专用发票向税务机关抵扣的税额,扣除上游开票方对于该部分虚开税款已实际缴纳的数额,甚至还要扣除案发以后公安机关已经追缴税款以后的余额;在双向虚开中,也需要采取类似的扣除处理。这种观点也存在诸多问题。首先,该种理论需查证国家税款实际流失才能定罪,然而在实务中由于涉及不同的税务主管部门,国家税款是否真正损失难以认定。其次,只要在虚开专票的链条上有任何一个环节足额缴纳税款,国家税款损失就不好认定。最后,等到国家税款已经损失的情况下再对该行为进行定罪,对税款追缴形成隐患,可能会造成执行的困难。

3. 危险犯说

危险犯包含抽象危险犯与具体危险犯两种。二者的差异在于,判断行为人实行的行为有无发生严重后果的危险是否需要结合案件具体情况判断。前者只要行为人实施了特定行为,即具有危险,无须再结合案件具体事实加以判断;后者则必须结合案件的具体事实得出结论。关于抽象危险犯又存在两种观点:一种观点认为,"虚开专票罪构成抽象危险犯,不需要判断主观上是否具有骗取国家税款的目的与意图,也不需要损害结果的出现,即不需要出现所谓的具体的危险结果"。[2] 另一种观点认为,"司法机关应以一般的经济运行方式为根据,判断是否具有骗取国家税款的危险(造成国家税款损失的危险)。

---

[1] 王佩芬:《论虚开发票犯罪的刑事立法误区——建议取消我国刑法第 205 条与第 205 条之一》,载《政治与法律》2014 年第 12 期。

[2] 杜文俊:《发票犯罪若干问题辨析》,载《政治与法律》2013 年第 6 期。

如果虚开、代开增值税等发票的行为不具有骗取国家税款的危险,则不宜认定为本罪”。[1] 即受票方抵扣增值税税款的可能性作为该罪的重要条件。具体危险犯学说认为,虚开专票必须将“造成国家税款流失的现实危险”作为该罪构成要件,根据行为当时的具体情况判断是否具有造成国家税款流失的危险,如果没有造成危险,则不适用该罪。[2]

基于虚开专票罪属于危险犯说这一理论,法院常常以虚开销项数额作为虚开数额的认定标准。此时,国家税款被骗取数额应被认定为行为人为他人虚开专票被受票方可能抵扣的数额(处于危险状态的数额),或者直接认定为虚开数额即为国家税款被骗数额;在双向虚开中,国家税款被骗数额应被认定为,行为人让他人为自己虚开并实际抵扣的进项数额与为他人虚开被可能抵扣(直接为虚开数额)的数额之和。因为,对于开票方来说,只要认识到有受票方而开票,即可判定国家增值税税款处于损失危险的状态;对于受票方来说,只要认识到有上游开票方并继续申请抵扣,即可判定国家税款处于可能流失的状态。此处应当注意时间节点的把握:至少应是开票方将虚开专票交付受票方时,才会产生税款可能损失的危险状态。笔者认为,这种观点也有不妥。该观点类似于行为犯学说,没有考虑虚开犯罪的主观目的,可能造成犯罪打击面过宽问题;此外,依照立法规定,虚开专票罪保护的法益应当是国家增值税整体税款,但虚开行为是否会造成整体税款处于损失的危险状态,还需要考虑是否存在增值税税收优惠政策,是否具有足额缴纳增值税税款的能力等因素。

4. 目的犯说

该说认为,虚开专票罪主观上应当具有骗取国家税款、危害税收征管秩序的目的;同时,根据司法解释规定,该罪应以骗取税款为目的作为构成要件。[3] 陈兴良教授主张,虚开专票罪为目的犯亦即成立本罪要求行为人具有

---

〔1〕 张明楷:《刑法学》,法律出版社 2011 年版,第 725 ~ 726 页。

〔2〕 参见刘荣:《中美税收犯罪比较研究》,法律出版社 2014 年版,第 201 页。

〔3〕 全国人民代表大会常务委员会《关于惩治虚开、伪造和非法出售增值税专用发票犯罪的决定》规定:“为了惩治虚开、伪造和非法出售增值税专用发票和其他发票进行偷税、骗税等犯罪活动,保障国家税收,特作如下决定”。此规定是虚开增值税专用发票罪的立法渊源。

骗取税款的目的。[1] 曾任最高人民法院副院长刘家琛也持这一观点,[2]浙江省高级人民法院[3]以及最高人民法院[4]在司法实践中都认同了这一学说。在目的犯的属性下,有观点进而认为,虚开专票罪应当定性为“短缩的二行为犯”,具体如下:

从目的与行为的关系考察,表现为两种情形:一种是行为人实施符合构成要件的行为就可以(但并非必然)实现的目的。如盗窃罪,行为人实施盗窃行为即可实现非法占有目的,在德国刑法理论中称为断绝的结果犯,日本有学者称为直接目的犯;另一种是实施符合特定罪名的构成要件后,仍需行为人或第三人实施其他行为才能实现目的。例如,非法拘禁型的绑架罪,行为人本身具有向第三人勒索财物的目的,当其实施非法拘禁的行为时已经符合构成要件,但是仍需其向第三人勒索才能最终实现目的,但是否实施勒索行为并不影响犯罪构成。即行为人以实现第二个行为为目的而实施了第一个行为,就以犯罪论处,而不要求行为人客观上必须实施第二个行为;相反,若行为人并不具有实施第二个行为的目的,即使实施第一个行为也不成立犯罪。此种目的犯即是“短缩的二行为犯”也被称为“间接目的犯”,即原本应有两个行为,但是法律出于对法益提前预防、保护的考虑,将二行为缩短为一行为,第二个行为只要存在于行为人的意识中,不一定必须实施。

短缩的二行为犯理论不同于行为犯理论,是对行为犯的限缩,要求成立虚开专票罪需要有特定的目的作为限制。依照这一理论,只有以逃避缴纳税款为目的的虚开才构成虚开专票罪。换言之,若行为人本身并不具备骗取国家税款的目的,只是利用虚开的专票营造企业虚假繁荣现象、逃避当期应纳税义

---

〔1〕 陈兴良:《规范刑法学》,中国人民大学出版社2008年版,第627页。

〔2〕 2002年6月4日时任最高人民法院副院长刘家琛在重庆召开的全国法院审理经济犯罪案件工作座谈会上讲话指出:《刑法》第205条虽然没有规定目的犯的要件,但虚开增值税专用发票罪规定在危害税收征管罪中,根据立法原意,应当具备偷骗税款的目的。

〔3〕 浙江省高级人民法院《全省法院经济犯罪疑难问题研讨会纪要》(浙高法刑二〔2005〕1号文)第7条规定,虚开增值税专用发票的真正危害在于抵扣税款,从而给国家税款造成损失。对于确有证据证实行为人主观上不具有偷骗税目的,客观上也不会造成国家税款损失的虚开增值税专用发票行为,不应以虚开增值税专用发票罪论处。

〔4〕 2018年12月4日在最高人民法院公布的典型案例中明确,不具有骗取国家税款的目的,未造成国家税款损失,其行为不构成虚开增值税专用发票罪。它肯定了该罪的目的犯性质。

务或者骗取银行贷款,并不构成虚开专票罪。依照这一理论塑造量刑标准,国家税款被骗数额应当认定为,受票方用虚开的增值税专用发票向税务机关实际抵扣的数额,扣除上游开票方对于该部分虚开税款已实际缴纳的数额;在双向虚开中,国家税款被骗数额应当认定为,让他人为自己虚开并抵扣的进项数额与为他人虚开的专票被实际抵扣的数额之和。

(三)对虚开专票罪保护法益的认知偏差与“国家税款”认定差异

在立法与司法实践对于虚开专票罪保护法益的认知不同,导致在实践中对该罪的认知偏差,从而造成量刑中“国家税款”数额认定的差异。

从立法层面看,1995 年全国人大常委会通过《关于惩治虚开、伪造和非法出售增值税专用发票的决定》对虚开专票罪作出专门规定,明确了该罪要保护的法益即为保障国家税款。[1] 最高人民法院印发《关于适用〈全国人民代表大会常务委员会关于惩治虚开、伪造和非法出售增值税专用发票犯罪的决定〉的若干问题的解释》、最高人民检察院《关于惩治虚开、伪造和非法出售增值税专用发票犯罪的决定》的通知[2]以及《刑法》第 205 条关于虚开专票罪的规定,均指出虚开专票罪所保护的法益是国家税款。其中根据最高人民法院印发《关于适用〈全国人民代表大会常务委员会关于惩治虚开、伪造和非法出售增值税专用发票犯罪的决定〉的若干问题的解释》特别提到“虚开增值税专用发票犯罪分子与骗取税款犯罪分子均应当对虚开的税款数额和实际骗取的国家税款数额承担刑事责任”。由此可知,虚开专票罪保护的法益是国家税款,并且是国家的整体税款,即国家税款被骗数额或损失数额倾向以开票方与受票方共同造成的国家税款损失为计量标准。

不同于立法预设,司法层面一般认为,尽管是虚开的发票,但其结果也不一定导致国家税款损失。如在虚开专票情况下,如果受票方减少多少应纳税

---

[1] 《关于惩治虚开、伪造和非法出售增值税专用发票犯罪的决定》规定:“为了惩治虚开、伪造和非法出售增值税专用发票和其他发票进行偷税、骗税等犯罪活动,保障国家税收,特作如下决定……”

[2] 《决定》是为了适应我国社会主义市场经济发展的需要,维护国家正常的税收和发票管理秩序而制定的。它的颁布施行,对严惩虚开、伪造和非法出售增值税专用发票和其他发票的犯罪活动,保障国家税收,保证税制改革的顺利进行,维护社会经济秩序,促进社会主义市场经济的健康发展,具有十分重要的意义。

额,开票方同时增加相应的应纳税额,并不会导致国家税款的损失。[1] 只有在受票方减少应纳税额(增加进项抵扣),且开票方并不会增加相应的应纳税额,将会导致国家税款的损失。如在开票方享有即征即退、免税等税收优惠政策时,虽然由于开票方虚开发票导致受票方多抵扣进项税款、少缴纳应纳税额,但开票方由于税收优惠政策的存在其实不需要缴纳税款;又如,在票货分离的情形中,开票方本应当开具给不能抵扣的对象发票,但由于不能抵扣的对象本身并不需要发票,而开具给可以抵扣的受票方。故对开票方来说,只要其不存在税收优惠、不存在票货分离的情形,并且正常申报纳税的情形下,并不会造成国家税款的损失,但会导致受票方应纳税额减少进而使受票方主管税务机关应当征缴的税款减少(虚开双方为同一主管税务机关的情况除外)。在司法实务中,受票方实际缴纳的税款减少是基本确定的,然而,开票方应纳税款或实际缴纳税款在有些情况下不可知、不可控,可能未必得到相应的增加,故而造成国家税款的损失。法院往往将受票方用虚开专票抵扣税款导致的受票方应纳税额减少的金额认定为国家税款被骗数额。正如前文所述,在司法实践中虚开专票罪倾向保护的法益是"受票方应纳税额",即相应的以受票方实际抵扣的进项税额作为"国家税款被骗数额"。

(四)增值税全链条征管体系建设不足与"国家税款"认定差异

在司法实践中,对"国家税款"的准确认定取决于增值税全链条征管体系建设。税收征管所面临之重要议题是征纳双方的信息不对称,这一点在增值税征管中体现得较明显。我国采用税额抵扣的增值税计税模式,增值税征收需要上、下游交易双方的交易信息,涉及跨地区、跨部门的信息汇集和交叉比对。尽管我国的发票抵扣制度以"金税工程"为基础,形式上可以实现对上、下游交易及跨地区的信息搜集与交叉比对。但从实践看,这一系统并没有完全解决各地区之间、跨税务部门之间的涉税信息共享与协调检查问题。正是由于全链条征管体系的建设不足,部分税务机关仅关注所辖区域虚开发票方的虚开交易及数额,而难以有效掌握其他地区受票方的抵扣情况;或者仅关注虚开受票方的抵扣情况,而没有顾及开票方的申报纳税情况等,直接导致司法实践中对国家税款数额认定的差异。

---

[1] 值得注意的是,本结论前提是开票方按照开票金额申报缴纳增值税。但在实践中大量开票方往往是并不申报缴纳税款,甚至"暴力虚开"后注销公司、走逃失联。

四、虚开专票罪“国家税款”司法认定的制度改进方案

(一)修订或重新解释《刑法》第205条,明确虚开专票罪的性质

通过前文分析,虚开专票罪量刑及定罪问题争议不断,原因在于《刑法》第205条采取简明罪状形式,对该罪的定性模糊,相关的司法解释规则也不够清晰。笔者认为,对虚开发票罪如采取行为犯、危险犯的定性思路,将过度扩大虚开专票罪的范围,不利于纳税人权利保护;采取结果犯的定性思路,又可能过于缩小虚开专票罪的打击范围,容易导致对犯罪的放纵。结合刑法原理及司法经验,以及征纳双方的利益平衡,虚开专票罪应定性为兼具行为犯和目的犯的双重属性,即虚开专票罪属于“短缩的二行为犯”,纳税人虚开专用发票并辅之以逃避税款缴纳为目的则构成虚开专票罪;没有以逃避税款缴纳为目的的虚开,并不构成虚开专票罪的辐射范围。这一观点从最高人民法院司法解释、相关司法政策及典型判例中也可以得到侧面佐证。正如有观点指出:“结合该罪设立的历史渊源、该罪社会实践的新情况、刑法的罪责刑相适应原则及主客观相统一原则,虚开增值税专用发票罪,包括刑法第205条第一款规定的虚开用于骗取出口退税、抵扣税款发票罪在内,均要求有骗取税款的主观目的,如不具备该目的,则不能认定为《刑法》第205条之‘虚开’行为,不能以该罪论处。”〔1〕

所以,有必要对《刑法》第205条虚开专票罪进行重新解释,或待立法修订之际对其进行修改,明确其“短缩的二行为犯”的属性。相关的司法解释也应该重新阐释,明确将其解释为“短缩的二行为犯”。对于代开发票、有货虚开,必须严格以逃避缴纳税款为目的作限缩解释,如果有真实交易的代开、有货虚开并不以逃漏税为目的,不应构成虚开增值税专用发票犯罪。〔2〕即便是无货虚开,若并非以逃避缴纳税款为目的,也只能构成其他犯罪或者仅构成行政法意义上的“虚开”,不构成虚开专票罪。

---

〔1〕姚龙兵:《如何解读虚开增值税专用发票罪的“虚开”》,载《人民法院报》2016年11月16日,第6版。

〔2〕参见姚龙兵:《论“有货”型虚开增值税专用发票行为之定性》,载《人民法院报》2019年9月26日,第6版。

(二)完善司法解释,明定虚开专票罪量刑标准

鉴于《刑法》第205条对于虚开专票罪量刑规定的不足,自1996年最高人民法院发布《关于适用〈全国人民代表大会常务委员会关于惩治虚开、伪造和非法出售增值税专用发票犯罪的决定〉的若干问题的解释》以来,最高人民法院陆续发布〔2002〕30号文、法研〔2014〕179号文、法〔2018〕226号文,旨在解释《刑法》第205条中的"虚开金额"及"其他严重(特别严重)情节",又在"其他严重(特别严重)情节"中引入"国家税款被骗数额"、"国家税款损失数额"及其他情节标准等。上述司法解释仅明确了"国家税款"作为量刑标准,但对"国家税款"如何界定或计量没有明确规定,由此导致在司法实践中的认定差异。因此,有必要及时完善司法解释,对"国家税款"予以清晰界定。

一方面,重新梳理虚开专票罪的量刑标准并予以细化设计。笔者认为,现行以"虚开金额"及"其他严重(特别严重)情节"并没有大的改进必要,需要改进的是明晰"国家税款被骗数额""国家税款损失数额"的规则以及协调两者的关系,即将前者作为考量"其他严重(特别严重)情节"的法定量刑标准,"国家税款损失数额"作为考量"其他严重(特别严重)情节"的辅助或裁量量刑标准。"国家税款被骗数额"是虚开行为发生后或抵扣发生时即可具体确定的数额,代表了行为者的主观恶性和社会危险性,是典型可以评价定性与量刑的指标。而"国家税款损失数额",是指国家被骗税款在侦查终结前仍无法追回的数额,能否追回、追回多少具有偶然性或不可预测性,从立法论角度难以作为法定的量刑基准,而只能是法官在法定量刑基准范围内的裁量标准或要素。在此基础上,司法解释应当明确两个数额的具体规则和计算标准。

另一方面,细化"国家税款被骗数额"的具体规则及计算标准。一是在单向虚开情形下"国家税款"的认定。在此种情况下,国家税款被骗数额应当界定为,受票方用虚开的增值税专用发票向税务机关抵扣的进项数额扣除上游开票方对于该部分虚开税款已实际缴纳的数额。二是在双向虚开情形下"国家税款"的认定。国家税款被骗数额应当界定为,让他人为自己虚开并抵扣的进项数额扣除上游开票方对于该部分虚开税款已实际缴纳的数额,与为他人虚开的数额被下游受票方实际抵扣的数额,两者相加之和。需要注意的是,单向虚开和双向虚开并没有本质不同,只是代表两种不同的犯罪行为形态。双向虚开包括为他人虚开和让他们为自己虚开两者同时进行,在量刑上实际为两种单向虚开数额的累计计算。此外,在司法实践中计算"国家税款被骗数

额”时，需要认识到量刑及量刑标准计量建立在构成犯罪这一定性基础上。如果虚开行为并不构成虚开专票罪，虚开数额或可能导致的国家税款被骗数额也不能计入虚开专票罪量刑中的“国家税款被骗数额”中。

（三）完善增值税税收征管，建立全链条征管体系

我国增值税计征模式要求，任一纳税环节的税务机关可以有效掌握上、下游交易各方的交易数据及涉税信息，需要建立跨地区、跨部门的信息汇集、交叉比对以及征管查协同配合机制。虚开专票罪定罪及量刑标准的识别与计量，尤其需要这一全链条征管体系的配套完善。尽管目前“金税工程”系统可以实现线上跨地区、跨部门的信息搜集与交叉比对，发现涉嫌虚开及其他违法犯罪的信息，但线下的检查与处理等仍需要相关制度的建设完善。首先，要完善跨地区税务部门的纳税人信息共享、税收数据比对、联合检查与处理、事后跟踪合作等机制，包括《税收征收管理法》及《增值税暂行条例》等法律法规中应立法规定这一套程序；其次，加强政府各部门间的税收合作机制建设，如税务机关与公安机关、海关、工商机关的涉税信息共享以及税务检查、处理的配合制度；此外，就虚开专票罪查处及移送上，应该建立一套税务机关移送公安机关的移送与监督配合的制度和程序。

上海市虚开增值税专用发票罪实证分析

——以2016~2018年上海市990份一审判决书为样本*

张音宜**　姜一菡***

摘　要：尽管存在严峻的刑法规定，增值税专用发票犯罪在我国仍然处于高发态势。本文以上海市2016~2018年990份虚开增值税专用发票罪的一审判决书作为研究对象，通过对近千份判决书按照设定的不同参数和适当标准进行实证研究和类型化分析，探讨和论证了近年来上海市增值税专用发票罪审判的主要特点及定罪量刑规律。在此基础上，结合当前涉税司法专业化审判改革的思路和前述研究结论，对相关立法及人民法院审判实践提出了合理化建议。

关键词：虚开增值税专用发票罪；税收法定；实证研究；上海

近年来，司法实践形成了一批有代表性的税务案件。本文以虚开增值税专用发票罪（以下简称虚开专票罪）这一经济犯罪行为为研究对象，通过对判决书进行实证分析，研究该罪的定罪特点及量刑规律，以期对后续的司法实务及理论研究有所裨益。

由于全国范围内的虚开专票罪案件数量较大、时间跨度较长，为确保实证分析的科学性与时效性，笔者聚焦于上海市2016~2018年虚开专票案件，以

---

* 本文系上海交通大学第35期PRP（本科生研究计划，Participation in Research Program）"上海市虚开增值税专用发票罪实证分析——以2016~2018年上海市990份一审判决书为样本"的课题成果。课题指导教师：王桦宇。

** 上海交通大学凯原法学院2017级本科生。

*** 上海交通大学环境科学与工程学院2017级本科生。

载于北大法宝数据库、[1]审理法院为上海市各法院、审结日期为2016年10月至2018年9月的虚开增值税专用发票罪一审判决书为样本,[2]排除数罪并罚类及信息不全类判决书,共计取得990个有效样本。在此基础上,整理、汇总、制表,将案件根据具体情况分类,通过统计分析法进行逐项分析,具体分析内容包括案件时间(以审结日期为准)、涉案辖区(以管辖法院为准)、虚开方式、作案动机、涉案金额(包括虚开金额及实际造成国家税收损失金额)、是否成立单位犯罪、是否存在各类从轻情节及量刑结果。基于实证分析结果,整理出上海市近两年虚开专票罪的案件特点,并围绕该罪的量刑结果进行分析、提出建议。

一、上海市虚开增值税专用发票罪基本情况介绍

2016年10月至2018年9月,上海市虚开增值税专用发票涉案数1046起。[3] 根据990份有效样本,该罪涉案金额超过124,387.7万元,且主要呈现以下特点:案件时间、区域分布不均;涉案金额相较量刑标准而言相对偏低;虚开方式以"让他人为自己虚开"为主;虚开动机集中于个人非法牟利及经营者偷逃税款;各类从轻处罚情节发生率较高等。

(一)案件时间分布情况

2016年10月至2018年9月共计24个月、8个季度,上海各月及各季度审结虚开专票罪案件数量可见表1。

根据表1,上海市月度审结案件数量分布不均且差异较大,其中2017年8

---

[1] 本文写作于2019年6月至9月。由于最高人民法院官方数据库,即中国裁判文书网因系统升级而存在登入困难、检索结果无法显示等情况,故笔者选取北大法宝数据库作为案例来源。根据北大法宝产品介绍,该数据库涵盖全国各法院审结的普通案例,并由专业团队审核,故检索结果相对具有全面性和可参考性。另外,考虑样本集中度和分析扁平度,本次分析仅只选择一审判决书,但结合实践中的二审改判率不大的情况,一审判决书的判决抽样分析结果仍具有较大参考性。需要指出的是,也正因为少数判决可能存在二审改判,使用本文的结论部分应另外考虑该可能的变动因素。

[2] 本文写作期间内,已经上传至北大法宝数据库的上海市虚开专票罪一审判决书截至2018年9月。

[3] 以北大法宝数据库检索所得的一审裁判文书数量为准,未排除涉数罪及信息不全类文书。

月审结案件数量最多,为 85 件;2017 年 2 月审结数量最少,为 15 件。此外,2017 年 2 月与 2018 年 2 月审结案件数量均显著偏低,这一现象可能与春节假期有关;而 2018 年 9 月审结案件数量同样偏低,其部分原因可能在于最高人民法院《关于虚开增值税专用发票定罪量刑标准有关问题的通知》(以下简称《通知》)的出台。

尽管根据表 1 及图 1,上海市近 2 年间的虚开专票罪案件数量并无显著的月度及季度变化趋势,然而根据图 2 进行的同期审结案件数量对比可知:除 2017 年第 1 季度与 2018 年第 1 季度的案件数量差异不大外,其余 3 组对比中,同期中的后者数量较低,因此总体而言,虚开专票罪的案件数量在 2 年间呈下降趋势。

表 1 2016 年 10 月至 2018 年 9 月上海市月度审结案件数量 单位:件

季度	数量总计	年月	每月数量
2016 年第 4 季度	163	2016 年 10 月	49
		2016 年 11 月	72
		2016 年 12 月	48
2017 年第 1 季度	79	2017 年 1 月	34
		2017 年 2 月	14
		2017 年 3 月	31
2017 年第 2 季度	176	2017 年 4 月	51
		2017 年 5 月	64
		2017 年 6 月	61
2017 年第 3 季度	175	2017 年 8 月	36
		2017 年 8 月	85
		2017 年 9 月	54
2017 年第 4 季度	105	2017 年 10 月	20
		2017 年 11 月	50
		2017 年 12 月	35

续表

季度	数量总计	年月	每月数量
2018 年第 1 季度	90	2018 年 1 月	48
		2018 年 2 月	15
		2018 年 3 月	27
2018 年第 2 季度	110	2018 年 4 月	39
		2018 年 5 月	36
		2018 年 6 月	35
2018 年第 3 季度	92	2018 年 7 月	46
		2018 年 8 月	27
		2018 年 9 月	19
总计	990	—	990

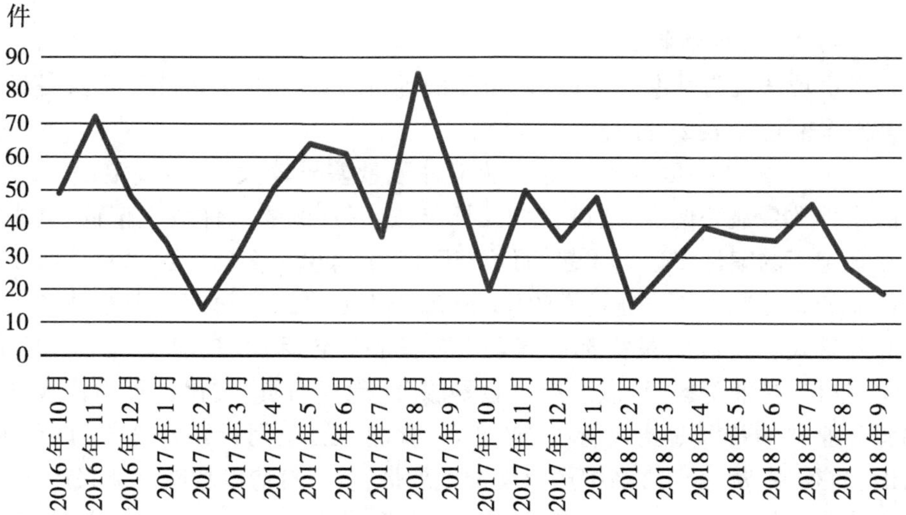

图 1　上海市月度审结案件数量变化情况

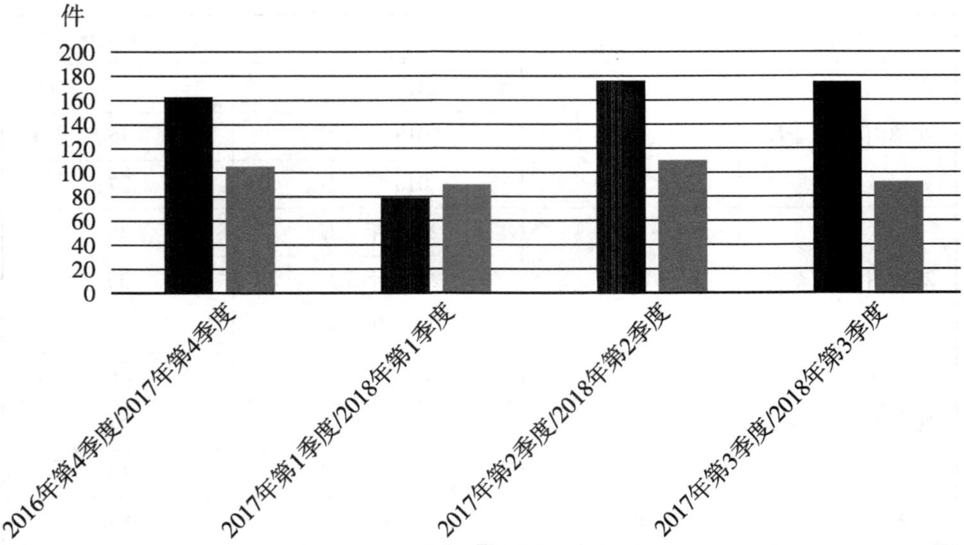

图2　上海市季度审结案件数量同期对比

(二)涉案辖区分布情况

以审理法院为标准,上海市近两年的虚开专票罪涉案辖区分布及各辖区总涉案金额可见表2、图3。

首先,上海市各区的虚开专票罪案件数量差异较大。嘉定、宝山、金山3区的案件数量显著偏高,虹口、徐汇、长宁、崇明4区的案件数量偏低,其中发生在嘉定区的案件多达213起,而长宁区仅为1起。笔者认为,这可能与上海市产业分布情况有关。通过查阅《上海市产业地图》,上海市产业整体布局为一心两带式,"一心",是指都市高端服务核心区包括黄浦、静安、徐汇、长宁、普陀、虹口、杨浦等区,重点发展以金融服务、现代商贸、文化创意为代表的高端服务业;"两带",是指嘉青松闵(嘉定、青浦、松江、闵行)、沿江临海(崇明、宝山、浦东、奉贤、金山)高端产业集群发展带,重点打造以战略性新兴产业、先进制造业为代表的高端产业集群。从企业数量上来看,在两带较集中,而嘉定、金山、宝山区的丰厚制造业历史基础使产业尤为聚集,而虚开增值税专用发票的现象在产业聚集地更容易高发。

其次,区域间涉案金额差异同样较大。除中级人民法院管辖的案件外,涉案总额最高的辖区为金山区,共计15,225.03万元;最低为崇明区,共计

11.29 万元。平均涉案金额最高的辖区为闵行区,达 212.15 万元;最低为崇明区,仅为 2.82 万元。需要指出的是,区域间案件数量与涉案金额并无显著相关性,以案件数量较高的 3 个辖区为例,其中金山区与宝山区的平均涉案金额较高,而嘉定区尽管案件数量最多,但平均涉案金额在所有涉案辖区中均处于较低水平,仅为 15.86 万元。

表 2　上海市各辖区案件数量

辖区	案件数量(件)	涉案金额(万元)	平均金额(万元)
上海市第一、第二、第三中级法院	12	75,153.9	6262.83
金山	128	15,225.03	118.95
宝山	135	9454.98	70.04
闵行	34	7213.19	212.15
嘉定	213	3378.98	15.86
黄浦	64	3127.75	48.87
静安	52	2575.83	49.53
奉贤	69	2059.26	29.84
松江	89	1479.13	16.62
普陀	43	926.9	21.56
虹口	15	925.64	61.71
杨浦	48	771.82	16.07
徐汇	7	722.82	103.26
浦东	48	711.49	14.822
青浦	28	634.93	22.68
长宁	1	14.16	14.16
崇明	4	11.29	2.82
总计	990	124,387.7	125.64

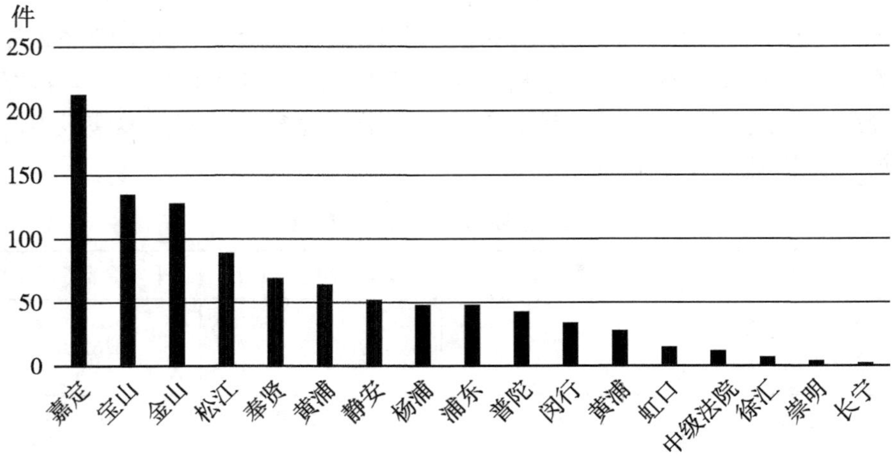

图3　上海市各辖区案件数量分布情况

(三)涉案金额分布情况

根据《通知》,虚开增值税专用发票的涉案金额被分为5万至50万元、50万至250万元、250万元以上3档,其中,“5万元”是虚开专票罪的入罪门槛,“50万元”“250万元”则分别对应《刑法》第205条中的“数额较大”与“数额巨大”。[1] 需要说明的是,由于通知该颁布于2018年8月27日,而《刑法》第205条并未明确虚开专票罪的入罪标准,因此对于2016年10月至2018年9月的案件,存在诸多涉案数额不足5万元但仍因虚开专票罪被起诉的情况。因此,本文为使统计结果更具精确性和参考价值,在参考上述通知的数额划分标准以外,进一步将样本中的涉案数额细化为以下6档进行分析。

根据表3、图4,在1049个犯罪主体中,涉案数额在0.5万~3万元的占比15.35%;3万~5万元的占比12.11%;5万~30万元的占比40.90%;30万~50万元的占比11.15%;50万~250万元的占比16.11%;250万元以上的占比4.39%。根据最新的数额划分标准,涉案数额在5万元以下的占比27.64%;5万~50万元的占比52.05%,其余两档合计占比不超过50%。由此可得,即使以提高情节认定标准的最新通知为准,在虚开专票罪中,涉案数额较大及巨大的仍占整体案件的少数。

〔1〕 最高人民法院《关于虚开增值税专用发票定罪量刑标准有关问题的通知》(法〔2018〕226号)。

表 3 虚开专票罪涉案金额统计

涉案金额(万元)	案件数量(件)
0.5~3	161
3~5	127
5~30	429
30~50	117
50~250	169
250 以上	46

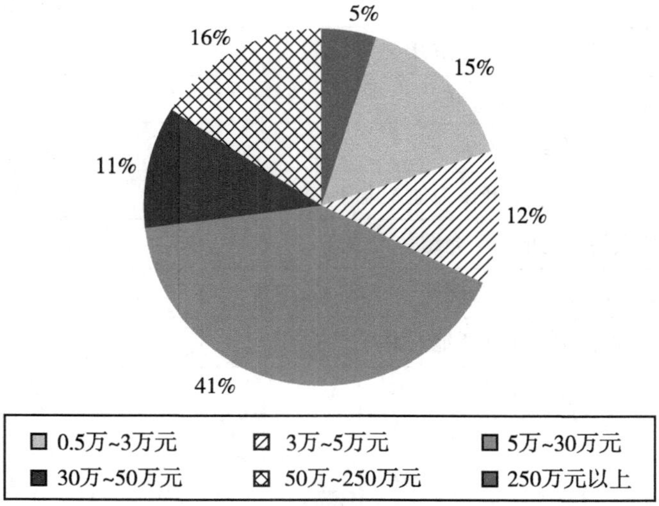

图 4 虚开专票罪涉案金额分布情况

(四)虚开方式分布

根据《刑法》第205条,虚开增值税专用发票罪包括让他人为自己虚开、为他人虚开、介绍他人虚开、为自己虚开4种方式。通过表4、图5可知:近2年间上海市以虚开专票罪被起诉的1050个主体中,[1]因让他人为自己虚开而承担刑事责任的,占比高达82%;因为他人虚开及介绍他人虚开而获刑的分

〔1〕为避免重复计算虚开方式,在单位虚开专票案件中,承担刑事责任的单位与个人在该项统计中被计为一个主体。

别占比 8%、7%;单一主体因同时涉及多种虚开方式的占比 3%。

需要说明的是,尽管当一主体"让他人为自己虚开"时,必然会有另一主体"为他人虚开",因此二者的案件数量在理论上应当一致,但事实并非如此。在实务中,一个主体往往同时让多方为其虚开,因此,当该主体的虚开税额达到入罪标准时,为其虚开的多个主体可能因各自的虚开税额并不满足入罪标准而未被追究刑事责任。此外,还存在一个主体同时为多方虚开的情形,因此当多个受票方分别被认定为"让他人为自己虚开"时,可能仅有一个主体被认定为"为他人虚开",这也就是为何前者的案件数量显著大于后者的原因(见表 4、图 5)。

表 4 虚开方式统计

虚开方式	涉案主体数量
让他人为自己虚开	863
为他人虚开	83
介绍他人虚开	71
让他人为自己虚开 + 为他人虚开	10
让他人为自己虚开 + 介绍他人虚开	14
让他人为自己虚开 + 为他人虚开 + 介绍他人虚开	1
为他人虚开 + 介绍他人虚开	8
总计	1050

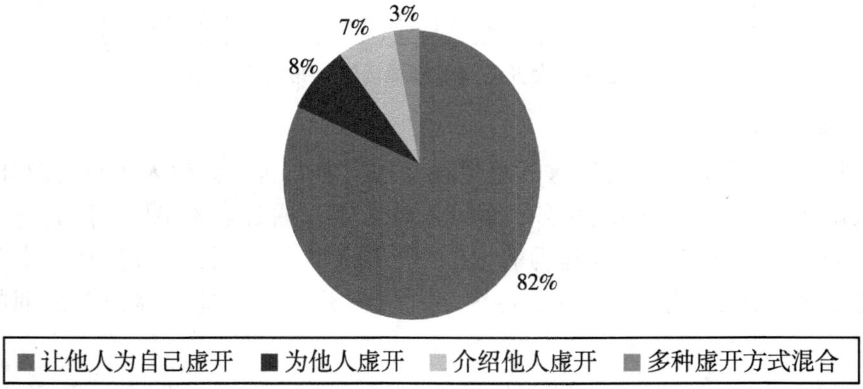

图 5 虚开方式分布情况

（五）犯罪动机分布

通过对990份判决书的分析，虚开增值税专用发票的犯罪动机可以总结为以下几个主要方面：经营者（包括法人及非法人组织）为其经营对象偷逃国家税款；个人谋取非法利益；交易一方因无资质开具增值税专用发票而让第三方为交易对方代开发票；个人成立空壳公司并专门进行虚开活动；交易一方以为对方虚开增值税专用发票代为货款结算等。根据表5、图6，出于为经营对象偷逃税款而犯虚开专票罪的占比最高，超过83%；因个人牟利而犯该罪的占比为15%左右；因无资质而让第三方代开专票等有其他犯罪动机的占比1%～2%。

表5　虚开专票罪犯罪动机统计

犯罪动机	主体数量
经营者为其公司牟利/骗税	849
个人谋取非法利益	147
存在实际交易，让第三方为对方虚开	9
其他（如专门成立空壳公司牟利）	14

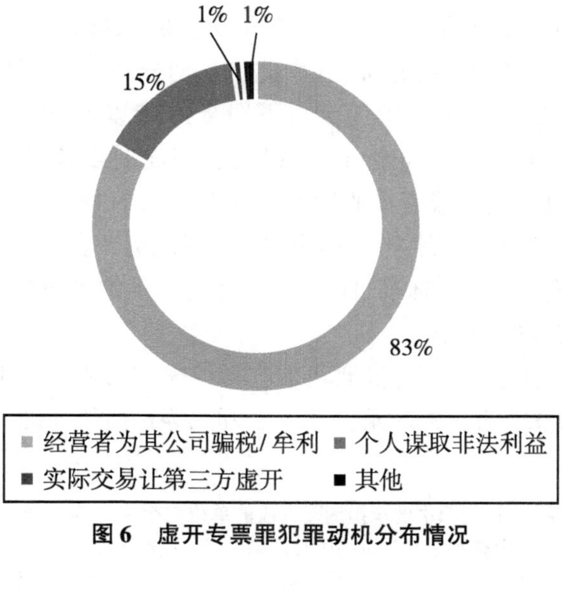

图6　虚开专票罪犯罪动机分布情况

值得一提的是,犯罪动机的分布情况基本与犯罪方式的分布情况保持一致,这是因为经营者往往以让他人为自己或自己单位虚开专票并抵扣进项税额的方式降低经营成本;而个人通常以介绍他人虚开或擅自以单位名义为他人虚开等方式为自己谋取非法利益。

(六)从轻处罚情节发生率

根据我国刑事审判的相关规定,在虚开增值税专用发票罪的量刑中,酌情可以从轻处罚的情节主要包括犯罪主体补缴偷逃税款、退还非法所得的情况及认罪态度;法定可以从轻处罚的情节主要包括自首、坦白、立功等。

根据样本判决书,在1031个因为虚开而非法获利的犯罪主体中,[1]971个主体存在补缴退赃(包括部分退补)情节,占比高达94.18%。在1049个成立虚开专票罪的犯罪主体中,828个存在自首情节,占比78.86%;209个存在坦白情节,占比19.90%,两项合计占比98.76%。[2] 从上述数据中可知,虚开专票罪的犯罪主体认罪态度普遍较好,从轻处罚情节发生率较高。

二、上海市虚开专票罪量刑影响因素的分析

(一)以涉案数额为基准的整体量刑结果分析

根据《刑法》第205条,虚开专票罪采取的是"数额型"的量刑方式,即将虚开的数额作为量刑的直接标准,并由此将量刑分为3档,即3年以下有期徒刑或者拘役并处2万元以上20万元以下罚金;3年以上10年以下有期徒刑并处5万元以上50万元以下罚金;10年以上有期徒刑或者无期徒刑,并处5万元以上50万元以下罚金或者没收财产。需要说明的是,由于本文选取的样本判决书集中于2016年10月至2018年9月,因此笔者在本次分析中并不直接采用《通知》所确定的数额标准,而仅基于上述2年的判决分析实务中影响虚开专票罪量刑结果的因素。

根据《刑法》的立法逻辑,量刑轻重应当与虚开的数额呈正相关,故笔者在将虚开数额分为0.5万~3万元、3万~5万元等6档的基础上,分别考察各档

---

〔1〕为避免重复计算,单位犯罪中的承担刑事责任的单位与个人计为一个主体;作为中间人介绍他人虚开但是否从中获利未在判决书中显示的,不计入该项统计。

〔2〕为避免重复计算,单位犯罪中的承担刑事责任的单位与个人计为一个主体。

虚开数额中的量刑分布情况,并以散点图的形成呈现。

图 7 显示的是虚开税额与个人量刑之间的关系。由图 7 可知,虚开数额处于 0.5 万 ~3 万元与 3 万 ~5 万元两档的,自由刑差别不大,基本集中于 0 ~1 年有期徒刑之间。该两档中拘役运用率较高,且存在免予刑事处罚的情况。虚开数额在 5 万 ~30 万元的,自由刑主要集中在 2 年以下有期徒刑,其中个别量刑显著偏高的判决,是由于个人同时犯个人虚开专票罪及单位虚开专票罪(作为单位主要经营者),因而数罪并罚所致。虚开数额在 50 万 ~250 万元的,自由刑主要集中在 2 ~4 年有期徒刑,但存在显著偏低及偏高的量刑结果,并出现 10 年以上有期徒刑的判决。虚开数额在 250 万元以上的,量刑结果在以上 6 档中差异最显著,最低可达 4 年左右有期徒刑,最高可达 15 年以上有期徒刑甚至无期徒刑。尽管上述两档中,部分量刑低于法定刑的案件是由于犯罪主体具有从犯、立功等法定可以减轻处罚情节,但整体而言量刑差异仍较显著。此外,在自由刑为 3 年及以下有期徒刑的案件中,缓刑运用率高,结合退赃补缴及自首、坦白等情节来分析,这主要是由于犯罪主体的认罪态度普遍较好、社会危险性较低所致。

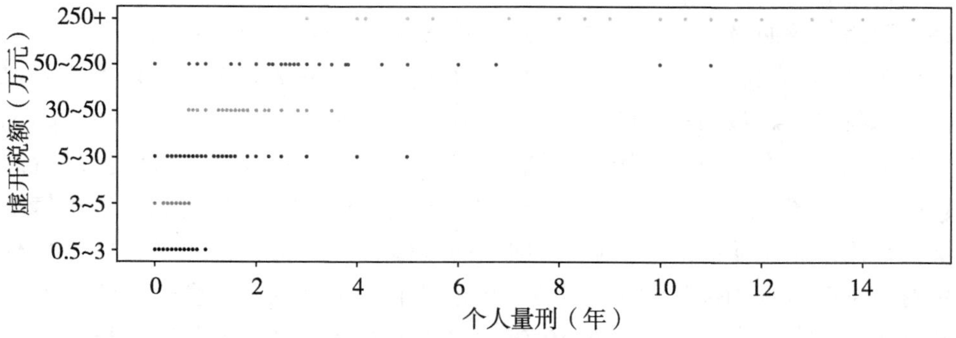

图 7　虚开税额与个人量刑点阵图

图 8 显示的是虚开税额与个人或单位所承担的罚金刑之间的关系。由图可知,虚开数额在 5 万 ~50 万元的,除个别案例外,罚金均集中于 20 万元以下;虚开税额在 50 万元以上的,罚金差异较大,存在部分罚金偏低的量刑结果。根据《刑法》第 205 条,罚金刑的法定范围较大,法院裁判时的自由度较高,且综合考虑样本中 94.18% 的退赃补缴比例,罚金刑的量刑结果基本与刑法规定相契合。

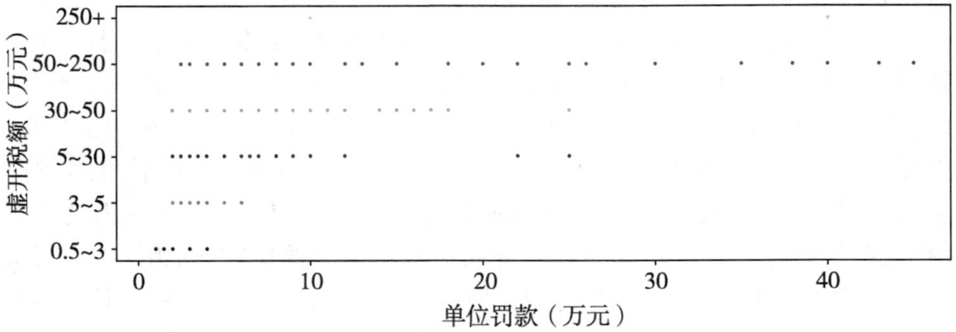

图8 虚开税额与单位罚款点阵图

综合上述分析可得知,尽管绝大多数案件的量刑结果都与刑法规定及“数额型”处罚的原理相契合,但法院的量刑标准并不完全统一,甚至存在少量量刑结果失衡的案件。其主要原因大致有二:

一是2018年9月《通知》出台前,虚开专票罪的数额标准始终存在争议。回顾《刑法》第205条的规定,从中至少能发现两点问题:首先,是《刑法》第205条似乎并未规定虚开专票罪的入罪起点。根据笔者的检索,该罪的入罪标准应当是参照最高人民检察院、公安部《关于公安机关管辖的刑事案件立案追诉标准的规定(二)》第61条确定,即虚开的税款数额在1万元以上或者致使国家税款被骗数额在5000元以上。其次,“数额较大”与“数额巨大”亦无明确的认定标准。彼时适用的司法解释应当是1996年最高人民法院出台的《关于适用〈全国人民代表大会常务委员会关于惩治虚开、伪造和非法出售增值税专用发票犯罪的决定〉的若干问题的解释》,其中“数额较大”与“巨大”分别对应虚开税额10万元以上及50万元以上。[1] 然而,随着经济的高速发展,1996年确定的数额标准在10年后显然有失科学性,加之该解释出台于1996年,根据最高人民法院《关于认真学习宣传贯彻修订的〈中华人民共和国刑法〉的通知》第5条的规定,1997年《刑法》之前的最高人民法院司法解释无须强制执行,仅为“可参照执行”,这就导致了法院在审理虚开专票罪时,有些严格依据1996年司法解释,有些则结合经济发展情况和案件事实,转而参照

[1] 最高人民法院《关于适用全国人民代表大会常务委员会关于惩治虚开、伪造和非法出售增值税专用发票犯罪的决定的若干问题的解释》(法发〔1996〕30号)。

《刑法》第205条下另一罪名"用于骗取出口退税、抵扣税款发票罪"的相关司法解释,[1]提高了数额较大、巨大的标准,这种分歧直接影响了量刑的统一性与公平性。当然,随着2018年最高人民法院颁布《通知》,明确规定了在虚开专票罪的最新司法解释出台之前,不再适用1996年的司法解释,而是暂时参照进出口骗税刑事案件的司法解释,终于首次统一了该罪的数额认定标准。可以预见,这将大大提升该罪在定罪量刑方面的科学性。

二是在虚开数额作为虚开专票罪量刑基准的前提下,还存在一系列法定的减轻、从轻处罚情节,及一些在理论上颇具争议的、可能对量刑产生影响的因素。根据2017年颁布的最高人民法院《关于常见犯罪的量刑指导意见(二)(试行)》(以下简称《量刑指导意见》),我国刑事审判走向了定性分析与定量分析相结合的"三步骤"量刑方法:第一步,根据基本犯罪构成事实确定量刑起点;第二步,根据其他影响犯罪构成的犯罪数额、犯罪次数、犯罪后果等犯罪事实确定基准刑;第三步,根据量刑情节调节基准刑,并综合考虑全案情况,依法确定宣告刑。并在此基础上量化了包括主从犯、自首、坦白、立功等一系列常见量刑情节对基准刑的调节幅度。[2] 以《量刑指导意见》为法律基础,笔者将在下文中选取在虚开专票罪中比较常见及争议较大的量刑情节,通过控制变量法及案例分析法考察其对量刑结果的影响。

(二)对虚开专票罪量刑影响因素的个别分析

1. 自首坦白对量刑结果的影响

自首坦白作为刑法中法定的从轻处罚情节,其对虚开专票罪的量刑结果影响较显著。

首先,有无自首坦白情节对量刑结果的影响。在(2018)沪0114刑初1162号案件中,某单位因让他人为自己虚开而成立单位虚开专票罪,涉案税额为58万元,单位已补缴税款,但在批捕与侦查起诉阶段无自首、坦白情节,该单位被判处罚金10万元,主管人员被判处有期徒刑3年,缓刑3年。笔者筛选得到单位的虚开方式、动机、涉案税额等均与前案相似,但有自首坦白情节的案件有3个,这3个案件的平均量刑结果为:单位被判处罚金8.83万元,

---

〔1〕 最高人民法院《关于审理骗取出口退税刑事案件具体应用法律若干问题的解释》(法释〔2002〕30号)。

〔2〕 参见刘荣、高苑丽:《虚开增值税专用发票罪量刑规范化研究》,载《税务研究》2018年第2期。

主管人员被判处有期徒刑 2.5 年,缓刑 2.5 年。可见,自首坦白对量刑结果的影响幅度在 20% 左右。

其次,自首与坦白对量刑结果产生的影响不同。例如,在(2016)沪 0113 刑初 1912 号案件中,单位犯虚开专票罪,两名单位主管人员均为主犯,且涉案税额相等,其中 1 名有自首情节,宣告刑为有期徒刑 1.5 年,缓刑 1.5 年;但另 1 名仅有坦白情节,宣告刑为有期徒刑 2 年,缓刑 2 年。在(2016)沪 0101 刑初 1048 号案件中也存在相似的判决结果。可见,坦白对量刑结果的影响幅度是自首的 75% 左右。

最后,也存在个别量刑结果失衡的情况。在(2017)沪 0114 刑初 1858 号案件中,涉案税额为 29 万元,犯罪主体仅有坦白情节,最终宣告刑为有期徒刑 1.5 年,缓刑 1.5 年,并处罚金 4 万元。然而在同一法院判决的、涉案金额与其他情节均相似的案件中,尽管犯罪主体具有自首情节,但量刑结果基本与前者一致,甚至被判处承担更高额的罚金。二者对比,显然有违罪责刑相适应的刑法原则。

2. 退赃补缴对量刑结果的影响

在虚开专票罪中,犯罪主体退赔赃款或补缴税款并非法定的减轻或从轻处罚情节,但根据样本判决书,法院审理时几乎一致酌情将其作为从轻处罚的因素,不仅如此,该情节对量刑结果的影响十分显著。

在(2016)沪 0120 刑初 1738 号案件中,行为人因让他人为自己虚开专票而被追诉,涉案税额为 34.57 万元,有自首坦白情节但未补缴税款,最终被判处有期徒刑 3 年,缓刑 3 年,并处罚金 8 万元。笔者筛选到虚开方式、动机、涉案税额等均与前案相似但已经补缴税款的案件 3 个,这 3 个案件的平均量刑结果为:有期徒刑 1.19 年,缓刑 1.19 年,罚金 4.75 万元。可见,在这组对比数据中,退赃补缴对自由刑的影响幅度高达 60%,对罚金刑的影响幅度达 40%。

此外,是否退赃补缴可能影响缓刑的适用。以(2018)沪 0114 刑初 534 号案件与(2018)沪 0113 刑初 1245 号案件为例,该两案中的行为人均因介绍他人虚开而成立个人虚开专票罪,涉案金额均为 80 余万元,且均有自首坦白情节,其中,前者未退补非法所得,被判处有期徒刑 3 年,罚金 16 万元;后者有退补情节,被判处 3 年有期徒刑,缓刑 3 年,罚金 5 万元。

退赃补缴之所以对量刑产生较大影响,原因大致有二:一是积极退赔体现了犯罪主体的认罪悔罪态度较好，由此说明其社会危险性较低，并最终体现于从轻处罚幅度大和缓刑适用率高的量刑结果上；二是从保护法益保护角度而言，虚开专票罪保护的是国家税收收入，补缴税款后意味着国家税款的损失已经被弥补，因此从轻处罚是该罪的应有之义。

3. 是否实际抵扣对量刑结果的影响

虚开专票罪中往往涉及两个金额：一是虚开税额；二是实际抵扣金额。根据《刑法》第205条，虚开数额涉及该罪的犯罪构成事实，并以虚开数额作为量刑的基准。但正如上文所述，从法益保护角度而言，该罪保护的法益是国家税收，而非增值税专用发票管理制度，因此，若犯罪主体仅虚开专票，而尚未抵扣，事实上仅扰乱了增值税专用发票管理制度，但并未对国家税收造成实际侵害。这二者之间的矛盾引发了虚开专票罪在性质上属行为犯还是结果犯的争论，反映在司法实践中，就表现为法院将未实际抵扣或者抵扣税额小于虚开税额作为酌情从轻处罚情节。

如在(2016)沪0120刑初1620号案件中，行为人介绍他人虚开，涉案数额超过5万元，但未实际抵扣，一审法院在判决过程中明确将未抵扣作为从轻情节，最终判处行为人有期徒刑10个月，缓刑1年，并处罚金2万元。在(2016)沪0101刑初992号案件中，行为人为他人虚开专票，涉案税额达1.6万元但未实际抵扣，一审法院结合未抵扣、自首、退赃等情节，判决免予刑事处罚。此外，在实践中还存在单位犯虚开专票罪，但因未实际抵扣，法院仅判处单位承担罚金，而免予其直接负责的主管人员和其他直接责任人员刑事处罚的做法。

然而，结合判决书中所反映的判决思路，法院对虚开税额与抵扣税额二者的关系界定仍较为模糊的。一方面，在前面提到的几个案件中，各法院在将未抵扣纳入从轻处罚情节时的具体做法不一，从轻幅度更是无迹可寻；另一方面，在实务中存在法院仅查明其中一个数额便直接量刑的情况，如在(2016)沪0107刑初1446号案件中，判决书中仅载明虚开税额而未载明实际抵扣税额；而在(2018)沪0106刑初510号案件中，判决书中又仅载明实际抵扣税额。诚然，要查明虚开专票罪中的各个数额，存在一定的难度，但即使如此，法院也应当在判决书中作出合理的说明。仅对其中一个数额片面认定的做法，会使该罪在司法实践中的分歧更大。

4. 是否存在真实交易对量刑结果的影响

所谓存在真实交易的“虚开”行为，即进行了实际经营活动，但让他人为自己代开增值税专用发票的行为,也被称为“如实代开”。笔者通过对990份样本判决书的分析,发现在实践中存在这样的情形,即交易双方有真实交易,但其中一方因无资质开具专票,遂以支付开票费的形式让第三方为交易对方开票。尽管根据1996年司法解释第1条的规定,该行为被认定为构成《刑法》第205条的“虚开”行为,但学界始终存在对该行为非罪化的探讨。[1] 因此,笔者认为,有必要在近期司法实践的视角下,考察存在真实交易的代开行为,是否成为在实务中影响量刑结果的因素之一。

在990份判决书中,写明犯罪主体存在真实交易但让第三方代开情节的共计11份,其中并无一份判决书体现出法院在审判过程中将存在真实交易作为从轻量刑情节。在上述11个案件中,犯罪主体均被认定为构成虚开专票罪,且量刑结果均处于正常范围,无明显畸高或畸低。如由上海市第二中级人民法院审判的(2016)沪02刑初82号案件,犯罪主体让第三方代开专票,涉案税额785万余元,在存在退补、自首等从轻情节的情况下,被判处有期徒刑7年,罚金30万元,而存在真实交易并未成为量刑时的酌情从轻处罚情节。由此可见,尽管“如实代开”行为在理论上存在性质争议,但否认其作为非罪或从轻处罚因素似乎成为实践中的统一做法。

三、对虚开增值税专用发票罪的量刑建议

根据前述分析,2016年10月至2018年9月,上海市各级人民法院对虚开专票罪的量刑主要呈现以下特点:以虚开数额作为量刑基准,绝大多数案件的量刑结果符合法律规定,但法院的量刑标准不甚统一,存在个别量刑失衡的情况;具体到个别的量刑影响因素,自首坦白、退赃补缴、未实际抵扣三者对量刑结果的影响较明显,但存在真实交易的影响不显著。随着2018年《通知》首次统一了虚开专票罪的数额认定标准,量刑结果的统一性将可预见地提升。然而,由于《量刑指导意见》出台时间较短,虚开专票罪的最新司法解释也尚未颁布,法院在审理过程中仍缺乏必要的实践指南。因此,笔者尝试结合上述分析结果,对后续司法解释的制定及司法实践的操作提出如下建议:

---

[1] 参见刘绍彬、杨艳霞:《虚开增值税专用发票犯罪若干问题研究》,载《兰州大学学报》(社会科学版)2003年第5期。

一是厘清虚开税额与抵扣金额的关系，明确二者作为量刑标准的方式。尽管《刑法》的用语没有明确虚开专票罪是结果犯还是行为犯的性质，由此导致该罪的性质与所保护法益可能产生冲突，但这一矛盾在实践中并非不可调和。《刑法》第205条并非仅将“虚开数额”作为唯一的量刑基准，而是通过“虚开数额较大或有其他严重情形”“虚开数额巨大或有其他特别严重情形”的表述，将“数额”与“其他情形”共同纳入量刑时的考量范畴。因此，在实践中比较有操作性的做法应当是：以虚开数额为主，并将实际造成的损失作为其他情形辅助量刑，而抵扣税额作为确定实际损失的因素之一，便可自然被作为量刑影响因素。

二是统一退赃补缴对于量刑的影响幅度。事实上，“退赃补缴”是一种较为笼统的表述，如在“为他人虚开”的情形中，开票方可能以收取开票费的形式不法获利，而受票方以抵扣税款的方式偷逃国家税款从而获利。此时“退赃补缴”存在以下几种情形：其一，开票方将赃款上缴国家；其二，开票方帮助受票方补缴税款；其三，受票方主动补缴税款。目前的司法实践中，不乏判决书不加区分地将上述3种情形认定为“积极退赔”，尽量在量刑时予以考虑，但具体从轻幅度不得而知。不难发现，法院在适用此类情节时的自由度过高，也因此容易产生量刑结果有失公平的情形。例如，在上文进行的案例对比中，退补情节对于量刑的影响幅度高达60%，这一影响程度的科学性本身值得思考。在笔者看来，一方面，“退赃补缴”与“抵扣税额”一样，影响的均为个案中行为人所造成的实际损失的大小；另一方面，不同的退赔情节又体现了行为人在认罪态度上的差异。因此，后续的司法解释应当在区分不同退补情形的前提下，明确其在虚开专票罪量刑过程中的地位，统一其对量刑结果的影响标准，以供司法机关执行。

三是明确“如实代开”行为的法律性质。随着1996年司法解释不再予以适用，基于真实交易的代开行为是否应当落入《刑法》第205条的规制范围，值得更谨慎的思考。首先，从罪刑法定的角度而言，《刑法》第205条规定的4种虚开行为分别是：为自己虚开、为他人虚开、让他人为自己虚开、介绍他人虚开，而“如实代开”并不在这之列。仅从文义而言，“虚开”与“代开”也有性质上的根本差异。其次，从行为人的主观恶性而言，小规模纳税人或个体工商户之所以找人代开专票，并非为了偷逃税款，而是因为其不具有开具可抵扣专票的资质，这使若不找人代开，则一般纳税人不愿购买其提供的商品或劳务。可以说,这一现象的产生与我国的税收制度有密切关系,一味以刑罚苛责恐不利于经济的发展。最后,从该罪所保护法益的角度而言,由于"如实代开"的销售方仍须如实缴纳增值税,因此国家的税收在客观上并未被损失。[1]

综上所述,司法机关在对虚开专票罪进行量刑的过程中,应当在明确上述争议问题的前提下,严格遵循《量刑指导意见》的3个步骤确定最终的量刑结果,并且在适用具体从轻或减轻处罚情节时,也应当依据《量刑指导意见》的量化标准,避免出现上文中自首坦白等情节对于量刑结果的影响失衡的情况。

四、结　　论

本文选取2016年10月至2018年9月上海市虚开增值税专用发票罪一审判决书共计990份,运用统计分析法对其犯罪特点及量刑结果进行研究。从犯罪特点的角度可以发现,该罪呈现案件时间、区域分布不均;涉案金额相较量刑标准而言相对偏低;虚开方式以"让他人为自己虚开"为主;犯罪动机集中于个人非法牟利及经营者偷逃税款;各类从轻处罚情节发生率较高的特点。从量刑结果的角度可以发现,涉案数额在50万元以下的案件,量刑结果整体较均衡;涉案数额大于50万元的,量刑结果差异较大;存在退赃补缴、自首坦白、未实际抵扣3个较明显的量刑影响因素,但真实交易对量刑结果的影响不显著。对此,笔者希望后续司法解释在制定过程中能做到以下3点,即厘清虚开税额与抵扣金额的关系并明确二者作为量刑标准的方式;统一退赃补缴对于量刑的影响幅度;明确"如实代开"行为的法律性质。并建议司法机关在量刑过程中严格遵循《量刑指导意见》的3个步骤及量化标准,提高量刑的统一性与均衡性,进一步落实罪刑法定原则及罪责刑相适应原则。

---

[1] 参见廖仕梅、屈霞:《论虚开增值税专用发票罪与真实交易》,载《税务研究》2018年第1期。

企业集团税法制度初探

王　震[*]　胡邵峰[**]　甘　甜[***]

摘　要:企业集团因其生产经营战略具备协同效应优势,成为市场经济条件下的一种重要的企业组织形式,对国民经济发展意义重大。20 世纪 80 年代末,企业集团作为一种经济现象在我国开始出现,而其法律制度建设并未及时跟进。民商法有关企业集团法律人格的基本规定仍属空白,税法和税收政策中对企业集团的内涵及其定位始终模糊。尽管如此,税法中却存在大量与企业集团相关的税法规则,包括对企业集团的政策调整和针对企业集团的税收管理制度。因目的不同,两者不同程度地考虑到了企业集团行政登记的形式和内部关联交易的实质。尽管如此,企业集团的价值取向却从未在税法制度中明确。本文从我国企业集团的发展历程着手,从经济学、民商法、工商登记及税法等角度对我国企业集团现象作了多面向的观察,梳理了关于企业集团的各种税收政策的脉络,围绕企业集团的税法认定、税收债权保护、不同税种对企业集团的态度及税务管理等问题行了初步的探索和反思。

关键词:企业集团;税法;民商法;工商登记;税务管理

税收政策中企业集团及其相关的概念如集团企业、集团总部、核心企业、成员企业、集团内纳税人等多有出现,但企业集团的内涵是什么,企业集团的税法地位如何,针对企业集团不同的税法规制体现了何种价值取向等,答案并不清晰,甚至在现行制度中付之阙如。厘清这些问题,成为我们认识、理解、执行并完善相关政策及规则的基础。

---

* 国家税务总局南京江北新区税务局副局长,高级会计师。

** 国家税务总局税务干部学院教师。

*** 国家税务总局税务干部学院助理研究员。

一、不同视角下企业集团的界定

企业集团是市场经济条件下新生的一种重要的企业组织形式,因具有生产经营战略的协同效应,与单个企业相比具有明显的优势,对国民经济发展意义重大。我国20世纪80年代末推进国有企业改革时,大力推进大型国有企业的集团化改革,企业集团首先作为一种经济现象在我国出现。但在随后的发展中,企业集团的法律制度没有全面及时跟进,民商法有关企业集团法律人格、权利能力及行为能力等基本规定缺席,税法更缺乏对其内涵和外延深刻地把握,仅仅将其作为一个既定的现实前提进行了局部规制。如此一来,有关企业集团税法规制的法理基础和正当性经常引发不同看法,对原企业所得税汇总纳税制度的不同评价即体现了这一点。[1] 因而,要全面检视企业集团税法规制,有必要从我国企业集团的发展历程入手,从经济学、民商法、工商登记及税法等角度对我国企业集团现象作多面向的观察。

(一)经济学角度

企业集团是现代企业的高级组织形式之一,是商品经济和社会化大生产高度发展的产物,这已成为现代经济社会中的普遍现象。但在多数国家,企业集团只是一个学术上的概念,法律上出现的多为母公司、子公司、控制企业、附属企业等概念。有代表性的观点认为,企业集团是在强调成员自主权的前提下,以成员企业在技术及其他经济机能上相互补充为目的,在对等互利条件下结成的、持续长久的结合体和经营协作机制。

我国企业集团是在特定历史条件下出现和发展起来的。自20世纪80年代的经济体制改革开始,经济学界对“企业集团”“企业群体”这类新生事物进行了一定的研究和阐述,为我国企业集团的产生进行了理论上的铺垫。随着改革开放的深入,新兴的乡镇企业、私营企业以及外资企业得到快速发展,对传统国有企业形成挑战,这种竞争态势直接推动并促成了国有企业的集团化,随之而来的是民营企业的集团化。从经济政策角度作宏观上的把握,我国企

---

〔1〕 参见张守文:《企业集团汇总纳税的法律解析》,载《法学》2007年第5期。

业集团发展大致经历以下阶段:[1]

一是萌芽阶段。1980 年针对在实践中部分大型国有企业出现的自发扩张、设立经济联合体的现象,国务院发布了《关于推动经济联合的暂行规定》(现已失效),对实践中的自发探索予以鼓励。1986 年国务院颁布《关于进一步推动横向经济联合若干问题的规定》(现已失效),明确指出"……通过企业间的横向经济联合,逐步形成新型的经济联合组织,发展一批企业群体和企业集团……";与此规定相配套,财政部、中国人民银行等部门都制定了促进企业横向经济联合的具体政策措施。我国企业集团的成长在这种背景下逐渐由企业自发向政府推动、政策引导方向转变。但是,上述两个文件中虽然都出现了企业集团的提法,但对其内涵并未作出明确界定。

二是创建阶段。1987 年国家体改委、经委颁布《关于组建和发展企业集团的几点意见》(现已失效),第一次明确表述了企业集团的概念:"企业集团是适应社会主义有计划商品经济和社会化大生产的客观需要而出现的一种具有多层次结构的经济组织……是以公有制为基础,以优质名牌产品或国民经济中的重大产品为龙头,以一个或若干个大中型骨干企业,独立科研单位为主体,由多个有内在经济技术联系的企业、科研、设计单位组成……"这一提法主要从经济特征方面来揭示企业集团的外形,强调其组织上多层次结构的特点,故被称为"企业集团层次说"。但该提法未从法律层面揭示企业集团的本质,因企业集团的法律人格模糊不清,从而无法把握企业集团成员间的法律关系,这引发了实践中的不少困惑。例如,当时多数意见认为,企业集团这种经济联合体就应该是法人,并将企业集团登记为法人,从而造成企业集团与成员企业双重法律人格现象,成员企业的财产不得不承担双重责任,债权人的利益最终也会受到影响。

三是规范阶段。1997 年国务院批转国家计委、国家经贸委、国家体改委联合发布的《关于深化大型企业集团试点工作的意见》,提出"建立以资本为主要纽带的母子公司体制"。随后,在党的十五大报告中又强调"以资本为纽带,通过市场形成具有较强竞争力的跨地区、跨行业、跨所有制和跨国经营的大企业集团",明确了企业集团法律上的母子公司组织形式,因而被称为"母

---

[1] 参见赵曙明、赵薇、徐军:《我国企业集团及其发展历程研究》,载《生产力研究》2002 年第 3 期。

子公司说”。到这个时候,官方文件终于接触到了我国企业集团界定中最基本、最核心的法律问题。在此基础上,各个法律部门开始纷纷发力,针对企业集团进行积极调整,其中就包括税法。

回顾我国企业集团发展历程,可以看出,我国企业集团的发展主要以大型国有企业改革为背景,体现了促进企业集中、扶持企业做大做强的经济政策导向。在此背景下,促进企业集团发展必然成为税法一个重要的价值考量。

(二)民商法角度

从民商法角度观察,企业集团更多的是一个学术上的概念。从我国《公司法》《民法通则》到新颁布的《民法总则》规定看,其并未成为实然法上的概念,并不具备独立从事民商事活动的权利能力和行为能力。虽然如此,这并不意味着我国民商法对企业集团毫无作为。

1. 企业集团民商法规制的法理基础

“理性经济人”是现代经济学的两个基本假设之一。它假定人是理智的、清醒的,对自身行为的成本收益有一个清楚认识,在特定的环境下总是尽其所能地追求自身效用的最大满足。现代公司法律制度中,每一个具备法人资格的公司都是法律上有着独立人格的“拟制人”,从而形成公司人格独立和股东“有限责任”两个现代公司法律制度的基石。但在这种制度下,控制股东有可能为了自身利益而滥用控制权。出现这种情况,公司人格独立及“理性经济人”的假设就不存在了,而公司小股东和债权人的利益有可能因此遭到侵害。上述情形在企业集团这种组织形式下更容易出现。正因如此,随着企业集团这种组织形式的蓬勃发展,防止企业集团中核心企业滥用控制权,侵害从属企业中小股东和债权人的利益,便成为各国民商法不得不关注的问题。

2. 国外民商法中企业集团的认定标准及从属企业法律保护制度

企业集团民商法规制首先要解决的是,企业集团的认定标准问题,在此基础上,再进一步考虑如何规制基于企业集团中核心企业对从属企业控制所带来的债权人保护问题。国外有关企业集团中从属企业债权人法律保护的制度有:“公司人格否认制度”,即当控制股东滥用控制权,否认公司与背后股东各自的独立人格及股东有限责任;“衡平居次原则”,它强调支配公司在某些情形下,当从属公司支付不能或宣告破产时,不能与其他债权人共同参与分配,或分配顺序次于其他债权人;“实质合并原则”则要求企业集团内支配企业与从属企业同时破产时,将各成员企业的财产、债务合并予以清偿等。这些制度设计出于从属企业债权人保护的需要都在不同程度上突破了法人制度的上述基石。

3. 我国民商法中企业集团的定位及规制

我国民商法学界对企业集团的认识,深受国外"统一管理说"的影响。民商法学家赵旭东、邵建东等人都将企业集团理解为支配企业与从属企业之间形成统一管理的经济联合体,认为企业集团是具有独立法律地位的受支配企业统一管理的企业联合。[1]

我国从 20 世纪 80 年代末期借鉴企业集团的概念,对企业集团的认识主要体现在经济法和行政法这两个法律部门中,1993 年颁布的《公司法》对此就未作任何的规定,2005 年修订的《公司法》仍然没有出现企业集团的概念。虽企业集团的实质条件和形式条件这在部法律中并未涉及,但它客观上还是在企业集团法律规制方面前进了一大步。其设立的一些关于控股股东责任的条款,对企业集团的法律规制具有很现实的意义。[2] 这主要表现在《公司法》第 20 条关于公司法人人格否认的规定、第 21 条关于控股股东诚信义务的规定等方面。[3]

可以看出,民商法对于企业集团规制的法律后果,主要是为了防止支配企业滥用控制权,侵害从属企业少数股东和债权人利益。延伸到税法领域,防止支配企业滥用控制权对税收债权的侵害,成为企业集团税法规制的一个重要方面。税法上关注关联交易调整,就是防止控制人利用统一管理和控制对侵

[1] 参见赵曙明、赵薇、徐军:《我国企业集团及其发展历程研究》,载《生产力研究》2002 年第 3 期。

[2] 严格来说,控制股东和控股股东不是一回事,并不一定要通过控股才对从属企业产生控制。税法上的关联关系也体现了这点,虽然不控股,但在资金、经营、购销方面产生控制的,也是控制股东。但这里介绍的是《公司法》相关内容,该法在文字表述上只明确了控股股东的责任。

[3] 《公司法》第 20 条规定:"公司股东应当遵守法律、行政法规和公司章程,依法行使股东权利,不得滥用股东权利损害公司或者其他股东的利益;不得滥用公司法人独立地位和股东有限责任损害公司债权人的利益。公司股东滥用股东权利给公司或者其他股东造成损失的,应当依法承担赔偿责任。公司股东滥用公司法人独立地位和股东有限责任,逃避债务,严重损害公司债权人利益的,应当对公司债务承担连带责任。"第 21 条规定:"公司的控股股东、实际控制人、董事、监事、高级管理人员不得利用其关联关系损害公司利益。违反前款规定,给公司造成损失的,应当承担赔偿责任。"

蚀税基。

(三)工商登记角度

为因应企业集团在我国的发展,国家工商行政管理总局于1998年颁布了《企业集团登记管理暂行规定》(以下简称《规定》),从工商行政确认的角度第一次正式以法律文件的形式对企业集团进行了定义。[1]《规定》第3条规定:“企业集团是指以资本为主要联结纽带的母子公司为主体,以集团章程为共同行为规范的母公司、子公司、参股公司及其他成员企业或机构共同组成的具有一定规模的企业法人联合体。企业集团不具有企业法人资格。”第4条规定:“企业集团由母公司、子公司、参股公司以及其他成员单位组建而成。事业单位法人、社会团体法人也可以成为企业集团成员。母公司应当是依法登记注册,取得企业法人资格的控股企业。子公司应当是母公司对其拥有全部股权或者控股权的企业法人;企业集团的其他成员应当是母公司对其参股或者与母子公司形成生产经营、协作、联系的其他企业法人、事业单位法人或者社会团体法人。”《规定》第5条进一步明确:“企业集团应当具备以下条件:(一)企业集团的母公司注册资本在5000万元人民币以上,并至少拥有5家子公司;(二)母公司和其子公司的注册资本总和在1亿元人民币以上;(三)集团成员单位均具有法人资格。国家试点企业集团还应符合国务院确定的试点企业集团条件。”

同时,国家工商行政管理局《关于实施〈企业集团登记管理暂行规定〉有关问题的通知》(企指字〔1998〕5号)中的第9条就企业集团清理作出了规定:“《规定》印发之前已经登记的企业集团,应在三年内依照《公司法》和《规定》进行规范,并办理重新登记……三年期届满未按照《规定》进行规范,并办理重新登记,由登记主管机关撤销原企业集团登记,原企业集团不得再以企业集团的名义从事活动。《规定》印发前登记注册的企业名称中有‘集团’字样但未办理企业集团登记的,应于1998年底以前按照《规定》予以规范,不符合《规定》的,应当变更企业名称,其企业名称中不得再使用‘集团’字样。”

---

〔1〕《规定》第2条规定:“在中国境内组建企业集团,应当依照本规定办理登记。未经登记不得以企业集团名义从事活动。”

就上述规定看,《规定》对于企业集团的工商登记要求,具有以下特点:

一是企业集团的组织形式以母子公司为主。母子公司之间以母公司对子公司有控股权为标准。《规定》明确我国企业集团以母子公司为主,成员企业包括母公司参股或形成生产协作关系的其他企业。但遗憾的是,《规定》对于何为"控股权"缺乏进一步说明,至于其他成员以什么为标准进行识别,则更没有交代了。这在实践中很容易带来困惑。

二是企业集团资格的确认采取登记主义。《规定》对我国企业集团资格的确认采取了登记主义,明确未经登记不得以企业集团名义从事活动。但对登记设定了一定的规模标准,这就把大量的存在控制关系的中小企业排除在外,而中小企业仍然有企业集团经营模式的需要。这显然并不利于我国企业集团的全面发展壮大。

三是集团人格否认,成员企业人格保留。《规定》第 3 条明确企业集团不具有企业法人资格,第 4 条明确子公司应当是母公司对其拥有全部股权或者控股权的企业法人,企业集团的其他成员应当是母公司对其参股或者与母子公司形成生产经营、协作、联系的其他企业法人、事业单位法人或者社会团体法人,这些主体都明确要求具备法人资格。但值得注意的是,《规定》对企业集团的界定是着眼于法人之间的组织形式,虽未提及总分公司,这种组织形式客观上还是存在于企业集团的分层结构当中的。

随着政府"放管服"改革的逐步深入,政府对企业的态度逐渐从管制转向服务。企业集团的工商登记在此背景下也发生了值得关注的变化。

2018 年国务院《关于取消一批行政许可等事项的决定》(国发〔2018〕28 号)取消了企业集团核准登记这一行政许可事项,并要求取消审批后,市场监管总局通过以下措施加强事中事后监管:一是尽快修订有关法规规定,明确在名称中使用"集团"字样的标准和要求;二是强化企业母公司(集团公司)的信息公示,接受社会监督。

随后,国家市场监督管理总局《关于做好取消企业集团核准登记等 4 项行政许可等事项衔接工作的通知》(国市监企注〔2018〕139 号)明确,不再单独登记企业集团,不再核发《企业集团登记证》,同时进一步放宽名称使用条件,强化企业集团信息公示。[1]

企业集团工商登记上的新政不仅放宽了原《规定》对企业集团的认定标准,其最大的特点在于将原《规定》中采取的登记主义转变为自我公示制度。即对企业集团采取的是企业自我判断、自我公示,政府事后监管的方式。这充分体现了转变政府职能、促进企业集中、扶持企业做大做强的经济政策导向,客观上有利于扩大企业集团的特定优惠政策(包括税收优惠)的受惠面。

但问题依然存在,尤其是企业集团的识别标准仍然模糊。目前能够把握企业集团实质的仍是"控制"这一不确定概念,而工商登记行政主管部门并没有出台有关企业集团认定的新标准,在实践中如何比较确定地把握企业集团的各项政策的(包括税收政策)适用就会变得非常困难,也极易引发争议。针对企业集团的特定政策(包括税收政策)的执行显然面临新的挑战。

二、有关企业集团税收政策的梳理

"经济性与规制性是包括税法在内的经济法各部门法的基本特征。"[2]一方面,在经济政策角度存在对于企业集团的鼓励、促进的价值取向;另一方面,民商法角度则基于债权保护存在规制的价值取向。当前,基于领域法学的思维,财税法作为一个独立法律部门的色彩越发浓厚,上述这两种价值,即经济

---

〔1〕 国家市场监督管理总局《关于做好取消企业集团核准登记等4项行政许可等事项衔接工作的通知》(国市监企注〔2018〕139号)在其第1条"取消《企业集团登记证》核发,强化企业信息公示"中规定:"各地工商和市场监管部门要按照《决定》要求,不再单独登记企业集团,不再核发《企业集团登记证》,并认真做好以下衔接工作。一是放宽名称使用条件。企业法人可以在名称中组织形式之前使用'集团'或者'(集团)'字样,该企业为企业集团的母公司。企业集团名称应与母公司名称的行政区划、字号、行业或者经营特点保持一致。需要使用企业集团名称和简称的,母公司应当在申请企业名称登记时一并提出,并在章程中记载。母公司全资或者控股的子公司、经母公司授权的参股公司可以在名称中冠以企业集团名称或者简称。各级工商和市场监管部门对企业集团成员企业的注册资本和数量不作审查。二是强化企业集团信息公示。取消企业集团核准登记后,集团母公司应当将企业集团名称及集团成员信息通过国家企业信用信息公示系统向社会公示。本通知下发前已经取得《企业集团登记证》的,可以不再公示。三是依法加强对企业集团的监督管理。综合运用各种监管手段,依法对辖区内企业集团及其成员企业进行动态监测和核查,形成长效监管机制。发现有违反市场监督管理法律法规行为的,依据相关规定进行处理。"

〔2〕 张守文:《经济法理论的重构》,人民出版社2004年版,第221~226页。

性和规制性，在税法领域都有体现。而企业集团之所以为税法所关注，主要原因是关联交易的存在。

涉及企业集团的政策安排很多，不仅直接涉及多个税种的优惠，也包括税收管理上的特别安排，但主要还是集中在流转税序列的营业税、增值税和企业所得税。

1. 企业集团的营业税和增值税优惠

这类政策安排往往针对的是特定业务类型，如对贷款业务的营业税和增值税政策规定；或者是考虑到企业集团的特殊组织形式，需要在税收征管上特别照顾，如企业集团内部对于建筑服务的转包等。

在对贷款服务征收营业税的时期，财政部、国家税务总局《关于非金融机构统借统还业务征收营业税问题的通知》（财税字〔2000〕7 号）规定："对企业主管部门或企业集团中的核心企业等单位（以下简称统借方）向金融机构借款后，将所借资金分拨给下属单位（包括独立核算单位和非独立核算单位），并按支付给金融机构的借款利率水平向下属单位收取用于归还金融机构的利息不征收营业税。"国家税务总局《关于贷款业务征收营业税问题的通知》（国税发〔2002〕13 号）规定："企业集团或集团内的核心企业（以下简称企业集团）委托企业集团所属财务公司代理统借统还贷款业务，从财务公司取得的用于归还金融机构的利息不征收营业税；财务公司承担此项统借统还委托贷款业务，从贷款企业收取贷款利息不代扣代缴营业税。"国家税务总局《关于明确若干营业税问题的公告》（国家税务总局公告 2015 年第 92 号）规定：企业集团或企业集团中的核心企业以发行债券形式取得资金后，直接或委托企业集团所属财务公司开展统借统还业务时，按不高于债券票面利率水平向企业集团或集团内下属单位收取的利息，按照财政部、国家税务总局《关于非金融机构统借统还业务征收营业税问题的通知》（财税字〔2000〕7 号）和国家税务总局《关于贷款业务征收营业税问题的通知》（国税发〔2002〕13 号）的规定，不征收营业税。可见，对于企业集团的统借统还业务是明确不征收营业税的。

全面推行"营改增"后，贷款服务改征增值税，延续了营业税时期的政策。财政部、国家税务总局《关于全面推开营业税改征增值税试点的通知》（财税〔2016〕36 号）规定："统借统还业务中，企业集团或企业集团中的核心企业以及集团所属财务公司按不高于支付给金融机构的借款利率水平或者支付的债券票面利率水平,向企业集团或者集团内下属单位收取的利息免征增值税。”财政部、国家税务总局《关于明确养老机构免征增值税等政策的通知》(财税〔2019〕20号)规定:“自2019年2月1日至2020年12月31日,对企业集团内单位(含企业集团)之间的资金无偿借贷行为,免征增值税。”

《关于进一步明确营改增有关征管问题的公告》(国家税务总局公告2017年第11号)第2条规定:“建筑企业与发包方签订建筑合同后,以内部授权或者三方协议等方式,授权集团内其他纳税人(以下称‘第三方’)为发包方提供建筑服务,并由第三方直接与发包方结算工程款的,由第三方缴纳增值税并向发包方开具增值税发票,与发包方签订建筑合同的建筑企业不缴纳增值税。发包方可凭实际提供建筑服务的纳税人开具的增值税专用发票抵扣进项税额。”这个政策不仅降低了企业集团发票虚开的涉税风险,客观上也会减少企业的税收遵从成本,避免没必要的税收负担。

2. 企业集团企业所得税优惠

给予企业集团的企业所得税优惠主要体现在汇总与合并纳税上。“汇总纳税并不只是税务上的一种应然处理,而是包含了一定的税收优惠的考虑。”〔1〕由于汇总合并纳税允许相关主体的收支盈亏予以汇合、加总、相抵,它在整体上会影响企业所得税税基,并最终影响企业所得税的税收负担。因此,为了促进和支持企业集团的发展,我国曾经实行过这项制度。但在政策施行当时,企业集团的发展并不十分规范,国家在经济政策上的取向还是为了促进国有大型企业集团的转型发展,所以对政策的惠及面是从严控制的。〔2〕

国家税务总局《关于大型企业集团征收所得税问题的通知》(国税发〔1994〕27号,现已失效)规定:“经国务院批准成立的企业集团(第一批试点企业集团五十五家),其核心企业对紧密层企业资产控股为100%的,可由控股成员企业选择由核心企业统一合并纳税,并报国家税务总局批准。纳税环节确定后,企业不得自行改变。”可以明显看出,国家税务总局的文件并不是一个规范性文件,对于合并纳税的适用主体,并没有强调其内涵,而是通过列举

〔1〕 张守文:《企业集团汇总纳税的法律解析》,载《法学》2007年第5期。

〔2〕 合并纳税和汇总纳税是两个不同的概念,分别有各自的适用领域。关于这一点,后文会有讨论,这里不再赘述。

式的外延，将其限定在特定55家国资背景的企业集团。2008年1月1日开始施行的《企业所得税法》实行“法人所得税制”，它对企业集团企业所得税合并（汇总）纳税制度的态度变得更为审慎。其第52条规定：“除国务院另有规定外，企业之间不得合并缴纳企业所得税。”此前实施的企业集团企业所得税合并纳税于2009年1月1日停止执行。到这个时候为止，享受该项政策的企业也只有106家。[1] 但这一规定并没有将企业集团企业所得税合并纳税在法律上彻底终结，还是很有心地预留了“国务院另有规定”这个口子。[2]

此外，企业所得税方面的政策安排还涉及对于企业集团成员企业之间的成本费用分摊。如《房地产开发经营业务企业所得税处理办法》（国税发〔2009〕31号）规定：“企业集团或其成员企业统一向金融机构借款分摊集团内部其他成员企业使用的，借入方凡能出具从金融机构取得借款的证明文件，可以在使用借款的企业间合理地分摊利息费用，使用借款的企业分摊的合理利息准予在税前扣除。”部分地方将该政策扩大了适用范围，从房地产开发企业扩大到所有企业。如河北省地方税务局《关于企业所得税若干业务问题的通知》（冀地税发〔2009〕48号）第8条规定：“对集团公司和所属企业采取‘由集团公司统一向金融机构借款，所属企业按一定程序申请使用，并按同期银行贷款利率将利息支付给集团公司，由集团公司统一与金融机构结算’的信贷资金管理方式的，不属于关联企业之间借款。凡集团公司能够出具从金融机构取得贷款的证明文件，其所属企业使用集团公司转贷的金融机构借款支付的利息，不高于贷款银行同类同期贷款利率计算数额的部分，允许在企业所得税前扣除。”

---

〔1〕 参见财政部、国家税务总局《发布关于试点企业集团缴纳企业所得税有关问题的通知》（财税〔2008〕119号）规定：“为确保《中华人民共和国企业所得税法》（以下简称新税法）的平稳实施，根据新税法第52条规定，经国务院批准，对2007年12月31日前经国务院批准或按国务院规定条件批准实行合并缴纳企业所得税的企业集团（具体名单见附件），在2008年度继续按原规定执行。从2009年1月1日起，上述企业集团一律停止执行合并缴纳企业所得税政策。”

〔2〕 如财政部、国家税务总局《关于铁道部统一缴纳企业所得税有关问题的通知》（财税〔2009〕145号）规定，从2009年1月1日起将符合统一纳税条件的哈尔滨铁路局等21户企业并入铁道部统一缴纳企业所得税。铁道部恢复合并纳税，成为目前国务院唯一批准执行合并纳税政策的企业集团。

3. 企业集团其他税种的优惠

在其他税种中,也存在有关企业集团的优惠措施。例如,在国家税务总局《关于企业集团内部使用的有关凭证征收印花税问题的通知》(国税函〔2009〕9号)中就规定:"对于企业集团内具有平等法律地位的主体之间自愿订立、明确双方购销关系、据以供货和结算、具有合同性质的凭证,应按规定征收印花税。对于企业集团内部执行计划使用的、不具有合同性质的凭证,不征收印花税。"

在各地的实践中,也可以看到针对企业集团的特别税收优惠。例如,浙江省地方税务局《关于贯彻省委推进创业富民创新强省决定的实施意见》(浙地税发〔2008〕1号)就曾经针对企业集团规定过房产税的困难性减免和出于招商引资目的对房产税、土地使用税的减免优惠。[1]

值得注意的是,由于缺乏高层级法律文件的明确和授权,其他税种中这种针对企业集团且具有普惠性的政策安排并不常见。倒是不少非规范性文件通过特事特办的方式实现了对特定企业集团的税收优惠。例如,财政部、国家税务总局《关于中国联合网络通信集团有限公司重组过程中有关契税政策的通知》(财税〔2010〕87号)就规定:"对中国联合网络通信集团有限公司及其所属子公司承受原中国联合通信有限公司、原中国网络通信集团公司、联通新国信通信有限公司、联通新时空移动通信有限公司的土地、房屋权属,中国联合网络通信有限公司承受原中国网通(集团)有限公司的土地、房屋权属,不征

〔1〕浙江省地方税务局《关于贯彻省委推进创业富民创新强省决定的实施意见》(浙地税发〔2008〕1号)在其"(五)积极培育和发展总部经济,支持企业做强做大"中规定:"……18. 对跨省市设立营业机构的本省企业集团总部,如按规定纳税确有困难的,报经地税部门批准,可酌情减免房产税和水利建设专项资金。19. 对新引进的省外企业集团总部,报经地税部门批准,可给予三年内免征房产税、城镇土地使用税和水利建设专项资金的照顾。"但这些税收优惠,在浙江省财政厅、浙江省地方税务局《关于公布全文有效　全文失效废止部分条款失效废止的税收(费)规范性文件目录的公告》(浙江省地方税务局公告2014年第12号)中被取消。

收契税。"类似这种情况并不鲜见。[1]

4. 企业集团的税收优惠

很多税收政策的规定虽然直接的适用对象并非企业集团，但往往会在企业集团中更明显地体现其政策实施效果。对企业集团内特定交易的递延纳税处理即为典型。

财政部、国家税务总局《关于继续支持企业事业单位改制重组有关契税政策的通知》（财税〔2018〕17 号）并不针对企业集团，但文件中列举的免征契税的"改制""重组""公司合并""公司分立""资产划转"等不同情形，在企业集团的成长过程中出现得最为频繁。

财政部、国家税务总局《关于促进企业重组有关企业所得税处理问题的通知》（财税〔2014〕109 号）规定："对 100% 直接控制的居民企业之间，以及受同一或相同多家居民企业 100% 直接控制的居民企业之间按账面净值划转股权或资产，凡具有合理商业目的、不以减少、免除或者推迟缴纳税款为主要目的，股权或资产划转后连续 12 个月内不改变被划转股权或资产原来实质性经营活动，且划出方企业和划入方企业均未在会计上确认损益的，可以选择按以下规定进行特殊性税务处理……"文中虽然没有出现企业集团的概念，但"100% 直接控制的居民企业之间，以及受同一或相同多家居民企业 100% 直接控制的居民企业之间"，正是企业集团的典型组织方式。

财政部、国家税务总局《关于非货币性资产投资企业所得税政策问题的通知》（财税〔2014〕116 号）规定："居民企业以非货币性资产对外投资确认的非

---

〔1〕 如国家税务总局《关于中国电信集团公司及其子公司有关印花税问题的通知》（国税函〔2001〕227 号）规定："各省、自治区、直辖市和计划单列市地方税务局：根据国务院关于对电信体制进行改革的要求，中国电信集团已经成立，并进行了一系列改革和资产重组。在规范产权关系，建立资本纽带关系的同时，将非通信运营核心企业、后勤服务和辅助部门、多经企业及核心企业中承担代营代维代销业务的营销或维护公司与主业分离，组成实业公司。按照印花税的有关规定，中国电信集团公司、各省（区、市）电信公司、新成立的各实业公司及其子公司的资金账簿和产权转移书据均应当缴纳印花税。为了支持电信企业的改革，现对中国电信集团公司及子公司在资产重组中涉及的印花税问题明确如下：一、对中国电信集团公司、各省（区、市）电信公司的资金账簿，因建立资本纽带关系而逐层上移的资金，凡在改制前已贴花的，不再贴花；对各实业公司及其子公司新成立时设立的资金账簿免征印花税。上述公司在重组改制过程中经评估发生的资产增值部分及今后新增加的资金应按有关规定贴花。二、对上述公司在重组改制过程中签订的产权转移书据免征印花税。"

货币性资产转让所得,可在不超过5年期限内,分期均匀计入相应年度的应纳税所得额,按规定计算缴纳企业所得税。”该政策目的是鼓励居民企业对外投资,虽然居民企业对外投资并不一定形成具有控制关系的企业集团,但所有鼓励居民企业对外投资的税收政策,对企业集团的形成、发展壮大显然都具有促进作用。

这提示了一个非常值得关注的现象:企业集团之所以为税法所关注,主要原因或许在于企业集团内因控制和统一管理而形成的关联关系,即关联交易的存在;而在税法视野中,企业集团又作为关联企业的一种典型形态存在并成为税务管理的重点。两者之间的区别从税法规制的角度或许仅在于一个尺度的把握。

5. 对于企业集团税收管理的特别制度安排

相对实体政策上的零星分散和模糊态度,在企业集团的税收管理上,虽然有个过程,税务机关的态度要鲜明得多。

为了加强大企业税收管理及纳税服务工作,指导大企业开展税务风险管理,防范税务违法,依法履行纳税义务,国家税务总局于2009年发布了《大企业税务风险管理指引(试行)》(国税发〔2009〕90号)。在这个文件中,虽然提到了企业集团,但从整体内容来看,尚不能说它是为企业集团“量体裁衣”的。2011年7月13日颁布施行的国家税务总局大企业税收服务和管理规程(试行)》(国税发〔2011〕71号),虽然是根据国税发〔2009〕90号文制定的,[1]文件名中使用的也是“大企业”这一措辞,但它没有直接界定何为“大企业”,从其内容上来看,基本上可以肯定是以企业集团为管理对象的。例如,其在第二节“涉税诉求的受理和回复”通过第9条规定:“各级税务机关应及时受理辖区内成员企业提出的涉税诉求。税务总局可受理企业集团及其成员企业的涉税诉求,并根据不同情况决定直接办理或交由省以下税务机关办理。”这实际上就明确了适用该规程管理的对象就只有企业集团成其成员企业。2013年9月1日起,《国家税务总局定点联系企业名册管理办法》(国家税务总局公告2013年第

---

〔1〕《国家税务总局大企业税收服务和管理规程(试行)》第1条规定:“为规范大企业税收服务和管理工作,根据《中华人民共和国税收征收管理法》、《中华人民共和国税收征收管理法实施细则》及其他相关税收法律法规,制定《国家税务总局大企业税收服务和管理规程(试行)》(以下简称规程)。”

18 号，现已失效）施行。虽然在文件名同样没有提及“企业集团”而是使用了“定点联系企业”的新提法，但从其第 2 条的规定来看，它就是专门针对企业集团制定的。[1] 这个文件目前已经全文废止，被《千户集团名册管理办法》（国家税务总局公告 2017 年第 7 号）所取代。至此，企业集团总算在文件名中表明了自己的存在。但是，值得注意的是，这个文件并非对所有企业集团皆具普适性，而是存在于一个以税务机关的行政确认为前提的自定义系统中。[2]

此外，在出口退免税管理方面，国家税务总局《关于发布〈出口货物劳务增值税和消费税管理办法〉的公告》（国家税务总局公告 2012 年第 24 号）规定：“需要认定为可按收购视同自产货物申报免抵退税的集团公司，集团公司总部必须将书面认定申请及成员企业的证明材料报送主管税务机关，并由集团公司总部所在地的地级以上（含本级）税务机关认定。”这一规定从企业集团统一管理控制这一特点出发，对于集团总部收购成员企业产品按视同自产货物申报免抵退税，事实上是在出口免抵退税自产货物的税收管理上有限度地将企业集团作为一个统一的主体来看待。

这些文件都是出于税收管理的需要制定的，它们虽没有直接设定企业集团的税收优惠，但在客观上能够有效避免企业集团的税收风险，减少其税收遵从成本。

三、对企业集团税法规制的检讨和反思

（一）企业集团的税法认定

无论是对企业集团的政策关照，还是税收管理，都需要解决一个前提，即“什

[1] 《国家税务总局定点联系企业名册管理办法》（国家税务总局公告 2013 年第 18 号）第 2 条规定：“凡由国家税务总局按照规定程序统一选定，纳入国家税务总局定点联系企业（以下简称总局定点联系企业）管理机制的企业集团总部及其成员企业名册的采集、下发、核实、上报和反馈等工作，均适用本管理办法。”

[2] 《千户集团名册管理办法》第 2 条规定：“千户集团是指年度缴纳税额达到国家税务总局管理服务标准的企业集团，包括全部中央企业、中央金融企业以及达到上述标准的单一法人企业等。其中，年度缴纳税额为集团总部及其境内外全部成员企业境内年度纳税额合计，不包括关税、船舶吨税以及企业代扣代缴的个人所得税，不扣减出口退税和财政部门办理的减免税。”第 5 条规定：“千户集团名单由国家税务总局确定，定期发布，实行动态管理。”

么是企业集团”？或者说,以什么标准来认定和识别企业集团的法律身份。

法律上对一个概念的完整界定包括内涵和外延两个维度,《规定》即采取了这种方式。但《规定》仅针对工商登记这一特定法域,并不必然能够“克隆”到其他部门法中去。即使从工商行政登记的政策沿革来看,对于企业集团的把握也有一个过程。《规定》本身就设定了过渡条款,对不符合《规定》设定条件的企业集团进行了有针对性的处置。2018 年国发〔2018〕28 号和国市监企注〔2018〕139 号两个文件颁布施行后,企业集团的认定条件被进一步放宽,但又没明确具体的认定标准,在实践中并不好把握。

民商法上,企业集团的概念在实在法上仍是空白,即使理论上对“控制”这一内涵的强调已经形成某种程度上的共识,但对于它外延上的理解并不统一。

税法上的态度则明显暧昧。税收政策中虽然多次提到诸如企业集团、集团企业、集团总部、核心企业、成员企业、集团内纳税人等相关概念,但却从未对“企业集团”从税法上予以直接定义。如关于企业集团“统借统还”流转税政策中出现了“企业集团”“核心企业”“下属单位”等概念;《房地产开发经营业务企业所得税处理办法》(国税发〔2009〕31 号)出现了“企业集团”“成员企业”的概念……因此,在提及企业集团的税收政策中,往往是将它作为一个既定前提来使用的。经工商行政管理部门有效登记的企业集团,在进入税法调整视野时,税法仍然习惯于自定义的思维惯性,极少明确它对工商登记的态度。经工商行政登记的企业集团往往要经过税务部门的选择和确认,而不是一味地生搬硬套。无论是分批确认企业所得税合并纳税资格的企业集团还是“千户集团”的认定,都是如此。这就带来一个现实问题:在税法和税收政策上需要针对企业集团进行特别调整时,理解和适用上就会感觉不得要领。[1] 这就可以理

---

〔1〕 例如,《关于进一步明确营改增有关征管问题的公告》(国家税务总局公告 2017 年第 11 号)第 2 条规定:“建筑企业与发包方签订建筑合同后,以内部授权或者三方协议等方式,授权集团内其他纳税人(以下称‘第三方’)为发包方提供建筑服务,并由第三方直接与发包方结算工程款的,由第三方缴纳增值税并向发包方开具增值税发票,与发包方签订建筑合同的建筑企业不缴纳增值税。发包方可凭实际提供建筑服务的纳税人开具的增值税专用发票抵扣进项税额。”这一规定没有使用“企业集团”“核心企业”“成员企业”等规范法律术语,在文字处理上就明显缺乏对企业集团相关概念的把握,由此也导致认识上的混乱。什么是“建筑企业”?它是指建筑企业集团,还是其核心企业,抑或是成员企业?“集团内其他纳税人”是否专指除核心企业以外的成员企业,还是包括核心企业?

解在税收执法实践中为什么大量存在非规范性的“通知”“批复”这类文件来处理特定企业集团税收问题的做法了。

对于这个问题,首先要厘清的是税法是否确有必要对企业集团进行特别调整;其次还涉及税法上一个长期争论不休的话题,即税法与其他法律部门的关系。

从法律的视角观之,企业集团作为税法的直接调整对象是相当可疑的。一个直接的证据是在单行税法和《税收征收管理法》中从未出现过“企业集团”字样,也就是说,企业集团从未成为这些法律文件的直接调整对象。《企业所得税法》第52条提到的“合并纳税”针对的其实是有关联关系的企业,并不限于企业集团。[1] 而类似于《千户集团名册管理办法》这类文件似乎在企业集团的征管上定调很高,但它的层级很低,只能算税务部门发布的规范性文件。更重要的是,它的制定是出于管理的需要,并不直接涉及对纳税人的实体权利义务的处分。

如此一来,结论就比较明显了:一方面,税法上其实并无意对企业集团这类特定主体予以特别关照,它真正关心的是关联企业或者企业之间的关联关系;另一方面,实践中的税收征管既要考虑到行政法上的比例原则,又要考虑到维护国家税收利益、保证财政收入的目的,因此在管理上必须积极强化和跟进。另外,其必然面临企业集团有效且充分供给财政收入和促进企业集团发展壮大的价值冲突,以致具体政策上必须体现出针对国有大中型企业集团的特别偏好而进行个别或者少数优待,而不能针对企业集团实施整体上的普惠制。但这种做法无疑有悖于税法的公平性原则,必然导致在促进国有大中型

---

[1] 例如,《税收征收管理法》第36条规定:“企业或者外国企业在中国境内设立的从事生产、经营的机构、场所与其关联企业之间的业务往来,应当按照独立企业之间的业务往来收取或者支付价款、费用;不按照独立企业之间的业务往来收取或者支付价款、费用,而减少其应纳税的收入或者所得额的,税务机关有权进行合理调整。”《税收征收管理法实施细则》第51条规定:“税收征收管理法第三十六条所称关联企业,是指有下列关系之一的公司、企业和其他经济组织:(一)在资金、经营、购销等方面,存在直接或者间接的拥有或者控制关系;(二)直接或者间接地同为第三者所拥有或者控制;(三)在利益上具有相关联的其他关系。”《企业所得税法》第41条规定:“企业与其关联方之间的业务往来,不符合独立交易原则而减少企业或者其关联方应纳税收入或者所得额的,税务机关有权按照合理方法调整。企业与其关联方共同开发、受让无形资产,或者共同提供、接受劳务发生的成本,在计算应纳税所得额时应当按照独立交易原则进行分摊。”

企业集团发展的同时,抑制了民营企业集团的成长。“各国都试图通过税法的调整,来促进企业集团的发展……因强调市场主体的公平竞争,因而对于各类企业集团一般不作区分。”[1] 因而,无论是将企业集团作为一种纳税主体,还是赋予企业集团内成员企业以税收优惠,抑或是作为一种课税要素的例外,其正当性基础在于对企业集团这种组织形式积极意义的肯定。这也是判断这一例外制度设计是否符合税收公平原则的一个标准。所以,现行《企业所得税法》在合并纳税的问题上果断收拢了口子。

至于税法和其他法律部门的关系,在企业集团的问题上体现得愈加突出。民商法上,企业集团还只是种理论存在,暂时缺乏实在法的支撑。但民商法关于企业集团的认识,始终是其他法律部门认识的基础。工商登记却可以从内涵到外延对企业集团进行全面界定,但它曾经对成员企业数量、注册资本的强调意味着它本身就是一个立法或者政策选择的结果。因此,这种标准往往会根据现实情况的变化而适时调整,不见得能够充分照顾各个法律部门的现实需要,新近的政策调整正好说明了这一点。

财税法从它的重要性和成长性来说,其部门法的趋势已经愈发明显。这就带来两个问题:一方面,它必须尊重其他法律部门并从其他法律部门积极汲取理论和实践资源,以充裕、完善自身的体系建设;另一方面,从价值取向来说,出于保证国家税收权益的需要,它也需要对来自其他法律部门的资源进行慎重选择,甚至在摒弃之后直接进行自定义。[2] 这应该是一个基本的理论判断。对此,理论界已经有大量讨论,在此不再赘述。需要强调的是,结合前面

---

[1] 张守文:《企业集团汇总纳税的法律解析》,载《法学》2007 年第 5 期。

[2] 《千户集团管理办法》第 3 条规定:“内资企业集团为纳入企业合并会计报表范围,或虽未编制合并会计报表,但为集团控制且办理了工商或税务登记的境内各级分公司和子公司、控股的境外公司以及其他涉税组织机构。其中,集团控制是指投资方拥有对被投资方的权力,通过参与被投资方的相关活动而享有可变回报,并且有能力运用对被投资方的权力影响其回报金额。”而《企业会计准则第 33 号——合并财务报表》第 2 条“合并财务报表,是指反映母公司和其全部子公司形成的企业集团整体财务状况、经营成果和现金流量的财务报表。母公司,是指控制一个或一个以上主体(含企业、被投资单位中可分割的部分,以及企业所控制的结构化主体等)的主体。子公司,是指被母公司控制的主体”。这与《规定》是存在出入的。《千户集团管理办法》第 3 条规定:“外资企业集团为全球总部控股并在中国境内办理了工商或税务登记的各级分公司和子公司以及其他涉税组织机构。”而根据《规定》,这种只有子公司在我国境内的,是无法办理“企业集团”登记的。

的分析,税法对企业集团的态度不能“一刀切”,而是要在税法规制和税收管理上有所区分。

(二)企业集团的税法人格和税收债权保护

各个法律部门对法律人格的认定并不一致。同一主体,在民商法、税法、诉讼法上的资格完全可能彼此出入。就企业集团来说,民商法上强调的是成员企业的法人资格,并不承认其独立人格,否则企业集团的成员企业就会出现“双重人格”,不利于民商事活动的债权保护。税法的情况比较特殊,纳税主体的资格与其法律上的人格并不总是一致。

在现行《企业所得税法》施行前,对企业所得税纳税主体的识别并不是其民商法上的法人资格。《企业所得税暂行条例》(国务院令〔1993〕137号)强调的是“独立核算”,[1]《企业所得税暂行条例实施细则》(国务院令第512号)在第4条进一步明确:条例第2条所称独立经济核算的企业或者组织,是指纳税人同时具备在银行开设结算账户、独立建立账簿、编制财务会计报表、独立计算盈亏等条件的企业或者组织。很明显,这就放弃了民商法上的人格,从而将有可能符合特定条件的分支机构认定为企业所得税的纳税主体。现行《企业所得税法》整体上坚持了民商法与税法在法律人格上的一致性,但第52条关于合并纳税的规定,事实上在法人身份的纳税主体之外,又创设了一个不具备法人资格的纳税主体。

这种现象在增值税上体现得更突出。《营业税改征增值税试点实施办法》(财税〔2013〕106号)(以下简称《实施办法》)第1条规定:“在中华人民共和国境内销售服务、无形资产或者不动产的单位和个人,为增值税纳税人,应当按照本办法缴纳增值税,不缴纳营业税。单位,是指企业、行政单位、事业单位、军事单位、社会团体及其他单位。个人,是指个体工商户和其他个人。”《实施办法》第46条规定:“增值税的纳税地点为:(一)……总机构和分支机构不在同一县(市)的,应当分别向各自所在地的主管税务机关申报纳税;经财政部和国家税务总局或者其授权的财政和税务机关批准,可以由总机构汇

---

[1] 《企业所得税暂行条例》(国务院令〔1993〕137号)第2条规定:“下列实行独立经济核算的企业或者组织,为企业所得税的纳税义务人(以下简称纳税人):(一)国有企业;(二)集体企业;(三)私营企业;(四)联营企业;(五)股份制企业;(六)有生产、经营所得和其他所得的其他组织。”

总向总机构所在地的主管税务机关申报纳税。”《实施办法》第7条规定:“两个或者两个以上的纳税人,经财政部和国家税务总局批准可以视为一个纳税人合并纳税。具体办法由财政部和国家税务总局另行制定。”从上述规定可以看出,可以汇总申报纳税的分支机构本身是明确的增值税申报纳税主体,而在合并纳税的情况下,也完全可能在各纳税人独立人格的基础上再成立一个缴纳税款的主体。这到底意味着什么?

“在我国有关汇总纳税的规范性文件中,大量使用的是‘汇总纳税’一词,但也有一些文件的用词是‘合并纳税’或者‘汇总(合并)纳税’、‘合并(汇总)纳税’,足见税法上的基本概念使用之混乱,以及相关规范性文件在用语使用上的不协调。”[1] 寻本溯源,该问题的源头是税法对纳税人、纳税主体、申报主体、缴纳主体等概念界定的模糊。

首先,税法中的纳税义务人即是税法理论中的纳税主体,本应与民商法上有关民事主体的界定一致。一般认为,纳税主体应具有纳税权利能力和责任能力,而这种纳税权利能力和责任能力正是民事权利能力和责任能力在税收法律关系中的具体体现。因而,纳税主体以与民事主体相一致为原则。

其次,纳税主体具体的权利能力和行为能力与民事主体的法律人格可以分离。从《实施办法》来看,汇总纳税强调的是一种“申报纳税”的主体身份,而合并纳税在措辞上强调的只是“纳税”的主体身份。或许,这种措辞上的出入并不意味着汇总纳税与合并纳税在纳税申报和税款缴纳这种具体权利义务上的出入,但可以肯定的一点是,它们都没有直接回答税收债务的终极承担问题,而这恐怕还是应结合其民商法上的法律人格来进行分析。因为对于诸如企业集团或者分支机构这种特殊主体来说,它不仅没有民商法上的独立人格,更重要的是,它也没有经济上独立的财产和责任能力。

最后,税收债务的最终承担主体与民商法上的法律人格应当一致。针对总、分机构分别就地缴纳增值税,比较普遍的观点认为,总机构、分支机构为两个纳税主体。但分支机构不具备纳税主体所需的责任能力,当分支机构出现纳税不能只能由总机构承担纳税责任时,两个纳税主体的观点就难以逻辑自洽。同样,针对企业集团的合并纳税,由于集团本身没有独立财产,税收债务的直接承担者只能是成员企业,而所享受的税收利益也应当在成员企业间分

---

[1] 张守文:《企业集团汇总纳税的法律解析》,载《法学》2007年第5期。

配。所以,《实施办法》第46条关于总分机构就地申报缴纳增值税和汇总纳税的规定,更现实的理解是它是关于纳税方式、纳税地点的规定,并未创设税法上完整意义的纳税主体,或者说,只是创设了履行特定申报、缴纳税款这类特定具体义务事项的主体,其最终纳税义务的承担,还是根据其民商法上的法律属性来确定。此规定的实践意义在于,当履行申报或者缴税义务的主体没有或者不完全履行纳税义务时,税务机关得向其具备民商法主体身份的经济组织追索税收债权。如此一来,在实践中诸如关于"分支机构注销后留抵税金能否转移总公司抵扣"的争论,从一个纳税主体出发,可以转移就是一个合乎逻辑的结论。[1]

税法一般尊重纳税人依据私法自由达成的交易形式和交易行为,并以此为依据征税。但这也是建立在纳税人是具有独立意志和人格的"理性经济人"假定基础上的。因此,当这种假定失效时,就需要动用"实质课税"对税收债权实施保护。由于企业集团的整体权益以实力雄厚的大企业为核心,通过明确的产权关系和集团内部的契约关系来维系其平衡,但内部的成员企业之间,在经济上却有千丝万缕的联系。税法可以容忍将部分权能赋予不具备法人资格的企业集团,但出于维护国家税收利益的考虑,加上民商事主体具备独立财产和独立责任能力,对于税收债务的最终归属,必须也只能锁定在具备法人资格的成员企业上。

(三)不同税种对企业集团的态度

税收的功能不仅是满足国家的财政需要,在现代社会,它承担越来越多的调节功能。而不同税种的调节功能、调节能力是不一样的,加之税种的设计及其征管自有其法律上的个性,所以对于同一个问题,甚至同一个概念,不仅不同的部门法会给出不同的态度,即使在税法内部,也得容忍不同税种之间基于各自特殊的行政目的进行自定义。[2]

企业集团的税法主体身份主要为企业所得税和增值税所关注,但这两个

---

〔1〕 参见冀夫子:《分支机构注销后未抵扣的增值税应如何处理》,载《注册税务师》2015年第7期。

〔2〕 例如,对于我们常说的"小微企业",在不同的政策文件中出现过"小微企业""小型微型""小型微利"等不同表述,且在企业所得税、营业税、增值税、印花税甚至税收征管的实践中都有不同的界定。参见熊伟主编:《指尖上的税与法》,法律出版社2016年版,第26~35页。

税种在对待企业集团的问题上,态度不见得一致。从目前有关企业集团的税收优惠来看,主要是针对特定的内部业务给予免税或特定的税收待遇。这种做法的主要优点是操作简便,不会对整个税收管理产生影响,缺点是难以完全消除内部交易的影响。例如,"营改增"后关于集团内部企业间的资金无偿借贷问题,按企业所得税政策,企业间没有税负差异的,不需调增利息收入。但按"营改增"政策,则要视同销售缴纳增值税,同时,因贷款利息之进项税额不得抵扣,无疑增加了企业集团的税负。正因如此,财税〔2019〕20 号文件随后明确:"对企业集团内单位之间的资金无偿借贷行为,免征增值税。"但是,值得注意的是,财税〔2019〕20 号文的政策调整虽然在客观上统一了增值税与企业所得税在企业集团税收政策上的立场,但其初衷却并不是为了税种之间的协调,而是平抑税负。

比较各国实践,企业所得税法上的企业集团与增值税法上的企业集团应该不是一回事,不具备概念上的同一性。企业所得税法上的企业集团是在尊重工商登记这一行政确认的前提下再经税务机关二次选择确认的结果。〔1〕与此同时,企业集团企业所得税合并纳税也并不一定意味着税法赋予了企业集团企业所得税纳税主体资格,还要看一国采取的合并纳税的方式。从各国实行合并纳税制度采取的模式看,大体上分为以下两种方式:〔2〕

一种是所得统算型的合并纳税制度。这种类型在税收上把企业集团看作一个统一体来对待,合并计算属于该企业集团的所有企业的所得及亏损,统一计算应税所得额和应纳税额,对于成员企业的内部交易重新计算,予以扣除。这种做法主要以美国、法国、日本、荷兰、澳大利亚等国家为代表,其优点是防止企业集团内部利用业务往来避税,缺点是计算比较复杂。

另一种是损益列支型的合并纳税制度。这种类型是将属于企业集团内部个别子公司损益结转到其他子公司再进行应税所得和税额计算的方式。这种类型不着眼于企业集团的经济一体性,而是把重点放在成员企业之间的盈亏弥补上。这种类型的特点是征税过程较简单。我国原有的大型企业集团所得

〔1〕 我国原有的大型企业集团所得税合并纳税制度的政策倾斜过于明显。严格来说,对它的合并纳税资格确认是多重确认的结果,即在工商行政登记确认的基础上,经国务院选择确认再经税务机关选择确认的结果。

〔2〕 参见刘虎林:《合并纳税制度的国际比较及对中国的启示》,载《税务与经济》2007 年第 3 期。

税合并纳税制度就属于这种模式。

上述第一种方式显然是将企业集团作为一种纳税主体看待，因企业集团没有民事主体资格，缺乏纳税责任能力。因而，在将其确认为纳税主体后，同时应对其纳税责任问题予以明确。例如，美国税法规定，企业集团将合并应纳税额再分配给关联成员企业，各成员企业是其所分配的合并应纳税额法律上的责任承担者。上述第二种方法并未将企业集团作为纳税主体，而是企业集团内的成员企业各自作为一个纳税主体并在此基础上获得某种税收优惠。

从促进企业集团发展的而言，企业集团这一主体在税法上的确认，可能使其获得增值税、企业所得税纳税主体资格，或使其成员企业获得相关税收优惠。无论哪种制度设计，都依赖税法对企业集团主体资格的确认。我国的税法实践已经意识到对于企业集团需要在工商登记的基础上基于税收的目的进行确认，在政策的制订上，对于企业所得税中的企业集团和增值税中的企业集团也是分别处理的。但由于缺乏增值税集团的确认机制，在实践中容易和工商登记以及企业所得税征管中企业集团的认定相混同而带来不便。

“税法的判断基于私法行为，以私法行为为评价基础和前提，因此，最早发端并成熟于司法实务领域的法律关系分析技术，对于税收活动而言不可或缺。但是税法对民商法判断、民商法的外观或行政登记的外观，又不能照单全收。”[1]基于我国企业集团行政登记制度之历史局限性，税法规制过多依赖行政登记之外观，显然难以实现税法本身的价值期许。[2]

因此，笔者认为，要完善企业集团税法规制，税法虽无必要根据自己的价值追求另行构建企业集团的概念体系，但需要在尊重工商登记的前提下建构体现税法特点的企业集团确认制度。

一是明确和统一税法上的企业集团内涵。强调以“控制”为标准界定税法上的企业集团，对税法中与企业集团相关的概念应明确内涵、统一用语。[3]因内资企业集团系税收优惠关注的重点，外资企业集团是税收债权保护关注的重点，政策制定时不仅应同时对“内资企业集团”“外资企业集团”内涵予以

---

[1] 滕祥志:《税法的交易定性理论》，载《法学家》2012 年第 1 期。

[2] 行政登记设置了规模条件，对企业集团税收优惠的公平性带来影响；行政登记未包括外资企业集团，而外资企业集团正是税收债权保护须关注的重点。

[3] 例如，集团、集团总部、核心企业、成员企业、集团下属单位等概念，应规范统一用语。

界定,政策内容上也应有所区别。

二是建立企业集团分税种税务登记制度。区分企业所得税和增值税,确立不同的企业集团税务登记制度。增值税集团税务登记以企业自主选择性登记为主,经税务登记的企业集团才能享受针对企业集团的税收优惠,未登记的企业集团仍受有关税收管理制度的约束。而企业所得税中企业集团的确认,则以工商登记为基础,由国务院和税务机关基于特定的公共政策选择而最终确认。通过选择性登记制度,企业集团在获得税收优惠的同时,也明示接受相关债权保护制度的约束,体现权利义务之对等。企业集团在税法上的登记确认应明确在核心企业(集团总部)所在地办理,同时将登记信息在所有成员企业主管税务机关备案,作为税收征管之基础。在进一步的分类登记管理制度建立之前,除非如企业所得税法那样明确了合并纳税的确认机制,包括增值税在内的其他税种在定向适用有关企业集团的政策时,原则上应以工商登记确认为识别标准。

从长远看,还是要在比较借鉴域外税法的基础上,建立符合我国国情的分税种企业集团税法认定制度。但是,从节约立法资源的角度考虑,对于除企业所得税、增值税这些大税种外,其他税种如无特别需要,可基于工商登记直接确认企业集团的税法身份。

三是应综合考虑企业集团所得税合并纳税和增值税合并纳税问题。在一般情况下,笔者建议,在企业所得税合并纳税的基础上再实施增值税合并纳税,一则避免对企业会计核算或所得税处理带来烦琐,二则符合行政简便之价值。对企业所得税合并纳税,建议采用“损益列支型合并纳税制度”,不宜将企业集团作为一个纳税主体看待,只是作为集团内成员企业的一项税收优惠,以免除纳税主体与会计主体冲突带来的行政烦琐;对增值税合并纳税,可借鉴总分机构合并纳税方法,即内部交易免税,由核心企业汇总,成员企业就地预缴。

司法拍卖中税费转嫁条款的税法含义

郭晓亮*

摘　要:在司法拍卖公告中,约定将应由被拍卖人承担的税费转嫁买受人承担的条款屡见不鲜。站在税法规则的实证分析视角可知,转嫁税费构成税法上的价外费用,实际是交易价格的一部分,一般应计入计税价格。这种价格约定方式与税收法定原则并不冲突,税费转嫁条款依然有效,而且代被拍卖人承担的税费支出是支付对价的一部分,应计入标的资产的成本,可以按税法规定在企业所得税税前列支。但税费转嫁条款可能造成交易价格无法确定、无法预期,扭曲债权清偿顺序,对拍卖交易的民事效力产生影响,应该通过完善司法拍卖规则、制定效力性强制禁止规定、建立买受人代为承担税费后的补偿机制等途径加以解决。

关键词:司法拍卖;税费转嫁;计税价格;支付方式

一、引　　言

根据商务部流通业发展司联合中国拍卖行业协会发布的拍卖行业发展报告显示,全国拍卖成交额日益走高。与此同时,网络司法拍卖也"异军突起",特别是2017年1月1日正式施行的最高人民法院《关于人民法院网络司法拍卖若干问题的规定》(法释〔2016〕18号,以下简称《司法拍卖规定》)明确要求,除特殊情况外,"人民法院以拍卖方式处置财产的,应当采取网络司法拍卖方式",网络司法拍卖越来越多地走进广大人民群众的生活视野。而且网络司法拍卖以较高的信息对称性、价格形成机制的公平性和较低的交易成本受到越来越多竞买者的青睐。由于起拍价往往低于市场评估价20%

* 河北雄安新区税务局主任科员,公职律师、税务师。

左右,越来越多的人购置不动产,都习惯去“天猫”“京东”等知名的网络拍卖平台“捡漏”。

拍卖行业在蓬勃发展的同时,有个现象值得关注:相当比例的拍卖公告中会载明“一切税费由买受人承担”,因这一税费转嫁条款产生的争议一直不断。其中,有些问题比较有典型性,如税费约定条款是否有法律效力,是否与税收法定原则相冲突?买受人替实际出卖人承担的税款支出,能否在企业所得税税前列支?但与此同时,还可能出现一些被大家忽视的问题,如税费约定条款对纳税义务的计算有什么影响?对拍卖行为的民事法律效力有什么影响?对债权人的受偿顺序有什么影响?诸如此类。本文将尝试对以上问题进行探讨。

二、税费转嫁条款的税法含义

在民事交易关系中,一项交易协议的达成,最重要的条件之一是双方就交易价格达成一致。税收是交易成本的重要组成部分,在交易各方约定税费转嫁条款的情况下,买家在其法定纳税义务之外替卖家承担的税金和其他费用,是基于双方的意思自治达成的合意,实际构成交易价格的一部分。将其放在民事法律关系范畴内并不难以理解。举例来说,甲要向乙出售一栋房产,双方关于交易价格达成协议:乙向甲支付100万元现金,另外替甲偿还对第三人的债务50万元。在这项交易中,买方按照约定共支付款项150万元。无论是直接支付给卖方,还是按其指令向第三方支付,对于买方来说都是真金白银的流出,没有任何区别。事实上,双方关于标的房产达成的交易价格是两部分支付的总金额150万元。

税法上也同样如此。以增值税为例,《增值税暂行条例》第6条规定:“销售额为纳税人发生应税销售行为收取的全部价款和价外费用,但是不包括收取的销项税额。”从增值税的角度看,一项交易的销售额,除不包括收取的销项税额外,不仅包括形式上的价款,还包括与该交易事项相关的其他任何经济利益的流入。类似规定在企业所得税、土地增值税、契税等其他实体税法上都有明确规定。[1]

以下举例说明税费转嫁条款的具体应用。

例1：在一项不动产的司法拍卖中，增值税征收率为5%。拍卖公告载明：所有税费按法律规定负担（若未约定此条款，仍然需要按税法规定负担）。最后拍卖的落槌价是100万元（计算保留4位小数，下同。）

买方按约定向卖方支付的全部价款100万元为含增值税价格，[2]其中不含增值税价 = 100 ÷ (1 + 5%) = 95.2381万元，增值税税款为95.2381 × 5% = 4.7619万元。卖方应向买方开具价税合计为100万元的发票。

例2：同上例，但拍卖公告载明：增值税由买方另行负担。

根据拍卖公告，落槌价100万元为不含增值税价格，买方应另行负担增值税税款100 × 5% = 5万元，一共需要支付105万元。含增值税的交易价格为100 × (1 + 5%) = 105万元，卖方应向买方开具总金额（含增值税金额）合计105万元的发票。

增值税是价外税，用增值税举例计算双方实际成交价格相对简单。如果加上印花税等其他税种，则计算过程会相对复杂。

例3：同上例，但拍卖公告载明：买方替卖方承担交易产生的增值税和印花

---

[1] 《企业所得税法》第6条规定："企业以货币形式和非货币形式从各种来源取得的收入，为收入总额。"《企业所得税法实施条例》第12条规定："企业所得税法第六条所称企业取得收入的货币形式，包括现金、存款、应收账款、应收票据、准备持有至到期的债券投资以及债务的豁免等。"企业所得税的收入形式包括债务的减少。《土地增值税暂行条例》第2条规定："转让国有土地使用权、地上的建筑物及其附着物（以下简称转让房地产）并取得收入的单位和个人，为土地增值税的纳税义务人（以下简称纳税人），应当依照本条例缴纳土地增值税。"《土地增值税暂行条例实施细则》第5条规定："条例第二条所称的收入，包括转让房地产的全部价款及有关的经济收益。"土地增值税的收入包括相关的所有经济收益。《契税暂行条例》第4条规定："契税的计税依据：（一）国有土地使用权出让、土地使用权出售、房屋买卖，为成交价格……"《契税暂行条例实施细则》第9条规定："条例所称成交价格，是指土地、房屋权属转移合同确定的价格。包括承受者应交付的货币、实物、无形资产或者其他经济利益。"契税的计税依据仍然包括各种经济利益。

[2] 在没有明确约定的情况下，双方成交价格是否含增值税，在实践中确有分歧。笔者认为，在拍卖公告的适用场景中，成交价格应理解为含增值税价格。实质上这是如何探究双方真实意思表示的民法问题，需要考虑市场交易习惯等因素加以确定。因为司法拍卖面临的是包括自然人在内的不确定群体，凭借社会生活经验和税务处理经验可以得知，在没有明确规定的情况下，成交价格为含增值税价格。

税。印花税税率为 0.5‰。

根据拍卖公告,落槌价 100 万元为不含增值税、印花税的价格。计算双方实际成交的含增值税价格较为复杂。设不含增值税价格为 X 万元,列方程如下:[1]

100 + X × 0.5‰ = X

求得不含增值税价格 X = 100.05 万元。买方在直接向卖方支付 100 万元形式上的成交款项之外,还需替卖方承担的印花税为 100.05 × 0.5‰ = 0.05 万元,另行承担增值税为 100.05 × 5% = 5.0025 万元,含增值税价格为 100 + 0.05 + 5.0025 = 105.0525 万元。卖方应给买方开具的发票总金额(含增值税金额)为 105.0525 万元。

例 4:同上例,拍卖公告载明:买方替卖方承担交易产生的增值税和印花税。印花税税率为 0.5‰。另外,需负担此前所欠物业费、水费、车位费等其他费用 10 万元。

解析:设不含增值税价格为 X 万元,列方程如下:

100 + 10 + X × 0.5‰ = X

求得不含增值税价格 X = 110.0550 万元。买方需要替卖方承担的印花税为 110.0550 × 0.5‰ = 0.0550 万元,增值税为 110.0550 × 5% = 5.5028 万元,含增值税价格为 100 + 10 + 0.0550 + 5.5028 = 115.5578 万元。卖方应向买方开具的发票总金额(含增值税金额)为 115.5578 万元。

通过以上分析可以看出,一项交易完整的成交价格为买方需要实际支付的全部对价,该交易价格为含增值税价格。税费转嫁条款实际上是对交易价格构成的约定。如果双方约定税金按税法规定负担(没有约定的情况仍适用税法规定),则双方约定的书面价格即为完整的成交价格;如果双方约定买方替卖方承担税金,则该价格为不含列明税金的价格。除约定的直接支付价款外,双方实际的成交价格还包括买方替卖方承担的税金部分;如果双方约定了

---

〔1〕 关于印花税的计税依据略有争议。有的秉持形式判断标准,即按合同载明价款作为计税依据。笔者认为,根据国家税务总局的相关政策解答口径,如果合同明确载明不含增值税价,要优先作为印花税计税依据;如果只载明含增值税价,则以含税价作为计税依据。但无论是含增值税价还是不含增值税价,都包括印花税等税费债务转嫁部分金额。此处所列方程式即以此观点为前提。

买方替卖方承担物业费、水电费等其他费用,这些费用仍然构成实际成交价格的一部分。

因为增值税是价外税,除印花税有特殊规定外,包括增值税、所得税等在内的大多数税种的计税依据均为双方实际成交的不含增值税价格。如果在司法拍卖公告中约定交易税费由买方承担,那么拍卖槌落下的那一刻,买家的最后报价实际上属于不含列明税费的价格,往往小于法律规定的计税依据。如果错将买家的最终报价作为计税依据,就会少缴税款,形成税收风险。正确的做法是还原计算完整的成交价格,在此基础上再依据实体税法的具体规定,准确识别计税依据,计算纳税义务金额。

三、税费转嫁条款相关问题的定性分析

在准确把握税费转嫁条款的税法含义和实践运用后,本文试图在此基础上,对以下一系列长期争议中的问题进行回应和解答。

(一)*税费转嫁条款是否具有法律效力?*

事实上,关于税费转嫁条款是否有效的争议由来已久。[1] 综合学界观点,主要有以下两种针锋相对的理论观点:一是税费转嫁条款无效论;二是税费转嫁条款有效论。笔者赞成有效论的观点,理由主要概括如下:

第一,税费转嫁条款是一种价格约定方式,属于意思自治的范畴。完整的交易价格为卖方收到的与交易相关的所有经济利益流入,包括双方约定的直接支付价格和买方代卖方承担的债务等。直接支付和代偿税费都是交易价格的组成部分,它们的区别在于支付方式的不同。从事交易的市场主体有权利选择现金或者银行转账等支付方式,同样有权利选择直接支付抑或是代偿债务等其他支付方式。支付方式的选择,显然是民事法律关系中意思自治的范畴。

第二,税费转嫁条款并不违反税收法定原则。法律规定的纳税主体并没有发生变化,税务机关仍然只能向法定的纳税人追缴税款,税款也只能以法定

---

〔1〕 纳税主体是法律明确规定的承担纳税义务的主体,社保费、其他行政事业性收费等费种的缴费主体也是由相关法律法规明确规定的承担义务主体,但在实际交易中却经常转嫁给买受人承担,法定的税费转嫁条款由此面临效力争议。

纳税人的名义缴入国库。纳税人可以委托合同相对人代为缴纳税款,可以在收到合同相对人交付的合同价款之后自行缴税,还可以先行缴税再请求合同相对人履行约定的民事给付义务。可以说,税费转嫁条款和税法规定分属民事法律关系和行政法律关系,两者并行不悖。

第三,税费转嫁条款虽然违反了《司法拍卖规定》,但该规定只是对法院系统从事司法拍卖活动的内部约束,本身并不是法律、行政法规的效力性强制规定,司法拍卖交易并不因此而无效。

第四,除约定不明外,税费转嫁条款并不会引发核算困境。具体核算方法和过程参见本文前述举例。至于有学者文章中提出税费转嫁条款可能带来财务核算困境,[1]其实有讨论的余地。

该文提到,"拍卖一处房产,《拍卖成交确认书》中的成交价款为100万元[2],纳税人增值税销项税额为100×5%=5万元,即收入为100万元,应收款总额105万元。如果没有'一切税费由买受人承担'的约定,则纳税人财务上的核算为'应缴增值税-销项税额'为5万元,应收款总额为105万元,但如果有'一切税费由买受人承担'的约定,则纳税人财务上核算'应缴增值税-销项税额'是列5万元还是不列5万元?应收款总额是列100万元还是105万元?如果不列,则涉嫌偷税;如果列,又不可能收回该款,且可能重复纳税。同时,买受人财务上核算房屋价值是列100万元还是105万元?如果列100万元,则房屋折旧基数变小,且与实际支付款不一致;如果列105万元,其中5万元由于无法取得税法认可的支出凭证在所得税前将无法扣除"。

在该案例中,成交价格100万元为不含增值税价格,增值税(税率5%)由买方另行承担。首先需要明确的是,销售不动产的"税率"不可能是5%,它只是小规模纳税人和一般纳税人销售老项目适用的"征收率"。另外,在这种情况下增值税核算应通过"应交税费-应交增值税"(小规模纳税人适用)或"应交税费-简易计税"(一般纳税人简易计税时适用)科目核算,而不是文章提到的"应缴增值税-销项税额"。

由于双方约定"一切税费由买受人承担",那么,在不含增值税价格之外,

---

[1] 黄俊:《拍卖方式下约定税款承担条款的效力》,载熊伟主编:《税法解释与判例评注》(第12卷),法律出版社2019年版,第128页。

[2] 作者已假定为不含增值税价。

产生的增值税仍然由买方承担(事实上,即使双方没有约定税费转嫁条款,增值税仍然需要买方承担)。该交易的实际成交价格(含税)为 105 万元,买方需要向卖方支付 105 万元交易对价,或者直接支付 100 万元,另外替卖方支付税款 5 万元。纳税人财务核算时,“应交税费 – 应交增值税”科目应列 5 万元,应收款总额是 105 万元。并不会因为买方代偿 5 万元税收债务而发生改变。在买方代偿 5 万元税收债务后,纳税人应同时冲减应收款项和应付债务。会计分录大致如下:

借:应交税费 – 应交增值税/简易计税 5 万元
贷:应收账款 5 万元

纳税人如果不计 5 万元的纳税义务,确有涉税风险;如果先计了纳税义务,最终确实收不回相关款项,则应在所得税上列为损失。[1]

如果买受人抵扣了相关增值税,则标的房屋价值应核算为 100 万元,否则为 105 万元。由于销售方应向买受方开具价税合计 105 万元的发票,所以不存在“无法取得税法认可的支出凭证在所得税前将无法扣除”的问题。

至于“进项税金无法确定”的问题,在销售方是一般纳税人且采用一般计税方式情况下,确实存在应纳税额无法确定的可能性。这涉及合同价款约定不明的问题,下文另有详述。

第五,税费转嫁条款只是改变了税费承担者的理由并不能让人信服,反而可能误导当事人错误认定计税依据。税费负担者,实际是指税收经济学概念中的负税人。严格来说,税负的实际承担和转移,是由市场供求关系决定的。拥有市场支配力的一方可以把税负转嫁给另一方。在拍卖交易为出卖方带来赢利的情况下,无论对税费承担如何约定,买方都是实际的税费承担方。税费的承担主体,并不会因为交易价款的给付形式不同而产生区别。总之,负税人

---

[1] 纳税人发生坏账损失后,所得税方面有明确规定,可以列为损失,以冲回前期所得税税金损失;但在增值税方面并没有明确规定。笔者认为,如果销售方作出豁免债务决定,则说明变更了增值税的计税依据,在当期的增值税申报表中应相应冲减无票收入。根据《发票管理办法》的规定,在未收到款项时不应该开具发票。但在实践中普遍存在未收款先开票的情形。如果前期开具了增值税专用发票,应开具红字增值税发票,才能冲回原来多计的增值税销售额。

这样的经济学概念和理论在解决具体纠纷时并无实质意义。相反,如果忽视了税费承担条款的税法含义——价格约定方式,片面认为只是非人身属性的债务转移,那么就会低估计税依据,造成税务合规风险。

(二)承担的税费转嫁支出能否在税前扣除?

司法拍卖中,买受人按拍卖公告规定,替出卖人额外承担拍卖转让环节的税款等税费支出,能否在所得税税前扣除,同样存在肯定和否定两种观点。笔者认为,买受人代为承担的本应由出卖人负担的税费可以税前扣除,主要理由如下:一方面,承担转嫁税费与直接支付价款本质上都是支付交易对价,两者只存在支付形式的差别。买方承担的转嫁税费是交易价款的一部分,应计入标的资产的购进成本,按税法规定折旧、摊销或计入销售成本。销售方应将司法拍卖的落槌价还原计算为包括税费转嫁部分在内的完整交易价格,按还原后的完整价格开具发票。买家承担的税费转嫁支出由于是交易价款的一部分,也有权利取得全额发票,税前扣除的凭证问题就不成为问题了。另一方面,那些认为代偿税费金额为未完税金额的观点,正是由于对税费转嫁条款税法含义的错误认识,而低估了销售方的计税依据。事实上,对于销售方来说,这部分负债减少仍然是经济利益的流入,是收入的一种非常规形式,同样应申报纳税。

四、税费转嫁条款背后的法律风险

虽然交易税费转嫁条款并不因违反税收法定原则而自然无效,税费承担方的税前扣除也并不成问题,但这种条款却蕴藏极大的其他法律风险。

(一)交易价格无法确定,最后导致交易合同效力存疑

拍卖公告中往往约定,"办理过程中涉及买卖双方过户所需承担的一切税费(包括但不仅限于企业所得税、营业税、土地增值税、契税、过户手续费、印花税、权证费、出证金以及房地产交易中规定缴纳的各种费用),以及有可能存在的物业费、水电费等欠费,均由买受人自行承担"。但事实上,并不是所有税种的纳税义务都能直接与某项具体交易建立直接联系,很容易导致拍卖的实际成交价格无法确定。其中,本文有选择性地列举出了简易征收的增值税和印花税、物业费等税费,是因为这两个税种的纳税义务可以与具体交易建立直接联系。但一般计税的增值税和查账征收的企业所得税等税种的纳税义务,是

特定纳税主体根据一个纳税期间内财务整体情况核算得出的,具体某项拍卖交易产生的增值税纳税义务或企业所得税纳税义务根本无法量化。

举例说明,一般计税的增值税,其应纳税额 = 当期的销项税额 - 进项税额 - 上期留抵税额,而这 3 个因素都是由纳税主体某一期间整体经营情况决定的,无法和某一具体的拍卖事项产生一一对应关系。在这种情况下,由于构成成交价格一部分的税费转嫁数额无法确定,造成整个实际成交价格也处于不确定的状态。一项交易如果连成交价格都不能确定,其民事法律效力也将面临不确定的状态。如果后续双方不能达成补充协议,[1] 合同事实上没有成立,无法履行。而前期拍卖过程中相关各方付出的交易成本只能付之东流,造成社会资源浪费。

(二)交易价格无法事先预期,买方可能有重大误解

重大误解,是指当事人因为对相对人的行为或者合同的标的发生错误认识,从而作出与自己意思相违背的行为,致使自己的利益遭受较大损失的行为。在约定了税费转嫁的交易合同中,即使在最终能确定交易价格的情况下,有时纳税义务也难以事先预期,可能造成买方重大误解。以不动产交易相关的土地增值税和个人所得税为例,其纳税义务取决于举牌价和拍卖标的原值之间的差额。个人所得税适用财产转让 20% 的税率,土地增值税适用超率累进税率,最高税率可达 60%。但买受人可能并不了解其原值情况,其实际承担的税负可能会超过举牌价的 50% 以上。这种约定税费转嫁条款的交易形式,表面上以价格低廉示人,却是内藏玄机,与以建筑面积计价的房地产行业定价规则较相似——房价本来很贵,实际上更贵;或者说,有过之而无不及。因为后者的总价毕竟是确定的,而在转嫁税费的拍卖交易中,竞拍人却是在根本不知道总价的情况下举牌。

试想,买方举牌 1000 万元购得一处房产,最后被告知还需要另行负担 500 万元以上的税费。有没有可能以存在重大误解为由提出解除合同,或者反悔?前者仍然导致拍卖合同效力存疑,后者导致达成的拍卖事项无法顺利履行,甚至需要申请公权机关强制执行。此外,拍卖协议一旦达成,根据税法的规定,

---

[1] 如果销售方放弃转嫁相关纳税义务,或者购买方愿意承担按标的资产直接成本计算出的纳税义务数额债务,那么合同相对方并没有拒绝的合理理由。在这种情况下,合同应该继续履行。但这是民法问题,本文不再赘述。

出卖人对于有些税种在拍卖协议约定的付款日期即产生以完整计税价格计算的纳税义务。[1] 但转嫁出去的税费,买家可能无法承担,最终形成出卖人的坏账损失,且前期已经缴纳的税款也面临无法退回的风险。

(三)扭曲正常的债权清偿顺序

交易税费转嫁条款的实施是否会扭曲正常的债权清偿顺序?这个问题最容易被忽视,但它在实践中完全可能出现。在司法拍卖中,拍卖标的一般都设有抵押权,抵押权人对拍卖收入有优先受偿的权利。在税费转嫁负担的情况下,法院收到了除转嫁税费外的拍卖收入之后会交付有抵押权的债权人,而相关税费由买受人直接交付税务机关、其他单位或个人。但事实上,买受人间接承担的转嫁税费仍然属于拍卖收入的一部分,抵押权人同样有优先受偿的权利。如果由买受人直接代为转付给其他单位或个人,这可能与抵押权优先受偿的法律规定相悖,从而扭曲正常的债权实现顺序。以欠缴的水费为例,自来水公司对不动产的拍卖收入并不具有优先于抵押权人受偿的权利;以税款为例,债权人的抵押权可能发生在税收债权之前而具有优先于税款受偿的权利。但买受方代为清偿债务部分仍然是拍卖收入的一部分,这种直接转付相关税费的做法会扭曲债权清偿顺序,税务局或物业公司收取的税费可能构成不当得利面临被撤销的风险。

综上,税费转嫁条款可能造成合同无法成立、重大误解、扭曲债权清偿顺序,最后导致民商事交易秩序和税务管理秩序的混乱和不稳定,浪费社会资源。

五、税费转嫁条款的产生动因及完善建议

(一)回归税费转嫁条款产生动因的理想构造

在司法拍卖公告中约定交易税费转嫁条款,可能的利益动机在于实现司法效率。根据税法相关规定,不动产和股权的变更登记需要以办理完税证明

---

[1] 《增值税暂行条例》第19条规定:"增值税纳税义务发生时间:(一)发生应税销售行为,为收讫销售款项或者取得索取销售款项凭据的当天……"其中"取得索取销售款项凭据的当天"即指的是交易双方约定的收款日期。上文已述,由于发生坏账损失,目前没有明文规定相应的增值税退税或抵税规定,由此产生税企争议的风险较大。

为前提。由于被拍卖人主动清偿包括税收在内的一系列债务积极性不高，如果约定了税费转嫁条款，由买受人直接缴纳相关税费，则免除了人民法院配合税务机关协调相关税款执行入库的程序。另外，人民法院无须将拍卖收入清偿相关债务，从而能筹集更多的拍卖收入。但诚如上文所述，如果以隐藏价格构成的方式来筹集更多的拍卖收入，与诚实信用原则相悖；将国家机关应当履行的税款执行程序转嫁给买受人，却是以造成税收流失风险、拍卖行为民事效力风险、债务清偿顺序紊乱风险等巨大风险为代价的。

综上，即使税费转嫁条款是价格约定的方式，代偿税费本质上只是支付方式的选择而已，本身并不违反税收法定原则，并不因为违反法律法规的强制性规定而无效。但由于其附带了本文所述的各种风险，使其成为一个外部性价值为负的交易方式。因此，本文的基本建议与最高人民法院的《司法拍卖规定》一致，即禁止约定税费转嫁条款。但最高人民法院的规定并不属于法律、法规的强制性规定，对拍卖行为的效力不产生实质性的否定作用，只能对内约束人民法院系统的司法拍卖行为（即使如此，执行效果也不理想，违反《司法拍卖规定》而约定税费转嫁条款的情形屡见不鲜）。所以，根本性的措施还是要以行政法规以上效力等级的法律文件明确禁止在司法拍卖中约定税费转嫁条款。

（二）立足司法实践的税费转嫁条款完善建议

《司法拍卖规定》出台后，税费转嫁条款并未因此而消失，对于这种现实情况，本文拟立足实践视角提出几点防范和化解司法拍卖中税费风险的对策和建议。

1. 进一步完善《司法拍卖规定》

一是制作拍卖公告中的税费承担条款范本，积极引导各级人民法院规范制定拍卖公告。二是增加说明理由条款。如果约定税费转嫁条款，必须在拍卖公告中说明理由。三是增加责任条款，明确因拍卖公告不规范而导致拍卖行为效力问题，给当事人造成损失的，主导拍卖交易的相关领导和直接责任人员要承担相应的民事责任和行政责任。

2. 明确出卖人提供原值证明等相关资料的义务和责任

标的物的原值等相关资料对核算个人所得税、土地增值税的影响重大。为了让司法拍卖的实际成交价格公开透明，从而让买方形成合理预期，在约定税费转嫁条款的情况下，人民法院在制作司法拍卖公告前应要求被拍卖人出具原值证明等相关资料,并告知其对资料的真实性负责,如果因公布信息不真实而导致在拍卖成交之后给买受方增加不合理的税费负担的,出卖方应当承担相应的不利后果。如果拒不提供相关资料的,则无法向潜在买家提供成交价格的确定性。在这种情况下,不宜约定税费转嫁条款。

3. 在拍卖文件中明确税费转嫁负担的税费种类和金额

以往的概括转嫁条款产生争议的风险大,不利于拍卖交易的顺利开展。为了防范风险,应在拍卖公告或者竞买须知等相关拍卖文件中对转嫁负担税费的种类和金额(或税款计算方式)作明确说明。上文已述,拍卖标的变更登记时需要前置缴纳的税种仅限于个人转让不动产和股权时的个人所得税。这是税费转嫁条款产生的根源和初衷。为了解决实际问题,同时又最大限度地避免其他风险问题的产生,建议税费转嫁条款的适用场景也仅限于个人转让不动产和股权时的个人所得税的转嫁。在确定个人所得税的税款数额时,应在公示被拍卖人提供的原值证明等材料的基础上,提示税款计算方式。如果在拍卖文件中完整、明确地公示拍卖价款之外的税收债务负担,符合诚实信用原则,也能最大限度地实现当事人的真实意思表示和意思自治。

4. 建立买受人代为承担税费后的补偿机制

交易事项达成后,买受人有较迫切的过户登记需求和索取发票需求。但在一般情况下,被拍卖人履行开具发票义务的主动性不足。应允许买受人依据人民法院出具的拍卖成交确认书(应列明包括转嫁税费在内的完整交易金额),代被拍卖人到税务机关代开发票,到登记机关办理变更登记。在此过程中,买受人可能需要代付开具发票的增值税和印花税。在没有约定税费转嫁条款的情况下,拍卖的落槌价已经包含了被拍卖人应交的各种税费,应允许买受人依据完税凭证从人民法院取得的拍卖收入中优先受偿。

5. 建立人民法院与税务机关的联动工作机制

鉴于人民法院事先掌握被拍卖人的拍卖交易信息,且事后实际控制纳税人因强制执行活动而被拍卖、变卖财产的收入,税务机关与人民法院应当建立联动的工作机制,由人民法院事先向税务机关通报相关的拍卖交易信息,由税务机关向人民法院申报税收债权,人民法院协助税务机关按照法定的税收债权优先清偿顺序,依法从拍卖收入中优先清偿相关税收债权。

税务行政争议及其解决机制的变化趋势

李柯奇*

摘　要：长期以来，我国税务行政争议案件及其解决呈现4个主要特点：一是涉税争议案件的数量长期徘徊在低水平，与巨量的涉税事宜处理难以匹配；二是税收规范化文件适用中的法律化倾向严重，成为税务机关征税的直接依据和司法裁审的主要依据；三是复议在争议解决中的主渠道作用体现不足，纳税人"不愿"和"不能"申请税务行政复议的情形突出，穷尽行政救济的原则没有落实；四是较之其他行政部门的争议案件，税务行政争议解决的"两高一低"更突出。随着全面依法治国方略的持续推进，尤其是税收法定原则在实践中的落实，《税收征收管理法》的修订，直接税占比的提高，税务行政复议与诉讼等制度安排的调整，以及司法谦抑性的收敛，使决定税务行政争议及其解决机制现存状态的相关因素正在发生重大变化。这些变化或构成改变争议数量、类型、处理结果的基础条件，或直接表现为税务行政争议及其解决机制的新特征。

关键词：税务行政争议；解决机制；变化趋势

一、税务行政争议及其解决的现状描述

（一）税务行政争议案件数量

从表1和表2可以看到，我国每年受理的税务行政复议案件较少。不仅如此，即使与国内其他行政部门的案件相比，税务行政争议案件也是非常少的。与数千万级纳税人巨量的涉税事宜处理相比，几乎达到可以忽略不计的程度（见表1、表2、表3、表4）。

---

* 四川明炬律师事务所律师。

表 1　2010～2016 年我国税务行政复议案件数量〔1〕　单位:件

2010 年	2011 年	2012 年	2013 年	2014 年	2015 年	2016 年
342	471	536	513	680	688	456

表 2　2010～2016 年我国一审税务行政诉讼案件数量　单位:件

2010 年	2011 年	2012 年	2013 年	2014 年	2015 年	2016 年
398	405	436	362	398	565	367

表 3　2016 年全国主要行政部门复议案件数量及比例

类别	公安	国土	城建	劳保	工商	规划	税务	其他	合计
数量(件)	60,983	20,170	11,519	10,441	9964	6243	456	45,133	164,909
占比(%)	36.98	12.23	6.99	6.33	6.04	3.79	0.26	27.38	100

表 4　2016 年全国主要行政部门应诉案件数量及比例

类别	国土	城建	公安	劳保	规划	工商	税务	其他	合计
数量(件)	29,632	24,213	23,741	21,071	9310	4549	367	52,923	165,439
占比(%)	17.91	14.64	14.35	12.74	5.63	2.75	0.22	31.76	100

在信访、复议、诉讼 3 类权利救济渠道中,信访案件每年达到 1000 万件以上,且长期居高不下;行政复议案件仅为 8 万件左右;行政诉讼案件也只不到 13 万件。虽然 2015 年《行政诉讼法》修订后,行政复议与诉讼案件数量都有较大增长,但仍没有达到专家们期待的理想结构。〔2〕

从表 3 和表 4 可以看到,即使在整个社会的行政争议案件大大低于应然状态的宏观背景下,每年稽查立案 50 万件以上的税务系统,2016 年的复议和应诉案件均不到全国案件总量的 0.3%。纳税人怠于申请税务行政复议和提起税务行政诉讼的状况,已经引起了学界的广泛关注。

---

〔1〕 数据来源:国务院法制办:《2010～2016 年全国行政复议、行政应诉统计数据表格》,载司法部官网:http://www.moj.gov.cn/government_public/node_634.html,最后访问日期:2020 年 1 月 2 日。下表数据皆源于此,不再列明。

〔2〕 按照有的行政法学专家的观点:信访、复议、诉讼 3 类权利救济结构的理想状态应为每年行政复议 1000 万件,行政诉讼 100 万件,信访 10 万件。

(二)税务行政争议案件审理

税收规范性文件数量十分庞杂,且适用的法律化倾向突出。事实上,规范性文件适用的法律化倾向,是我国行政执法、行政复议和行政诉讼中普遍存在的问题之一。但是,由于税收法治化进程滞后,致使这个问题在税务行政争议中表现得更突出。

从行政法法源的角度讲,规范性文件(也称行政规定)作为法律、法规和规章的细化与解释,是行政执法的准据之一,在各级各类行政机关都存在,也并不一概为法治精神所排斥。只是由于税收法定在理论上与实践中存在较大反差,导致税收规范文件的数量更庞大、内容更复杂、适用更广泛。

曾有学者通过对200多份税务行政诉讼判决书的样本研究发现,税收规范性文件不仅是税务机关征税和处罚的直接依据,而且是法院判案的主要依据,每份判决书都会适用数份税收规范性文件。“税收规范性文件的适用强度远超税收法律法规的适用……税务机关和法院在处理案件时,倾向于使用税收规范性文件,使其具有了法律的待遇。”[1]甚至,在华润水泥(长治)公司与长治市国税局稽查局税务行政处罚二审判决中,法院就以《处罚决定书》只引用了规章,而未引用税收规范性文件属适用法律错误予以撤销。在税务行政诉讼中,一般只要有税收规范性文件,法官就会直接引用,并据此作出对原告不利的判决,通常不会审查规范性文件的合法性。

(三)税务行政争议案件审结

与其他行政部门的争议案件审结结果相比,在税务行政争议案件中,行政复议被申请人的维持率和行政诉讼的撤诉率更高,原告的胜诉率更低。

在《行政诉讼法》修改之前,被申请人支持率高、原告撤诉率高以及原告的胜诉率低,是我国行政争议结案的共性特征。

2013年12月全国人大常委会在对《行政复议法》实施情况报告的审议意见中指出:“行政复议法颁布实施14年来,全国各级复议机关共收复议案件112万件,其中受理101万件,审结92万件……维持决定的52万件;撤销、变更、确认违法和责令履行的13万件;被申请人自行纠错后申请人撤回申请的19万件,行政复议的综合纠错率约为35%。”由此可见,如果剔除被申请人自行纠错后撤回的19万件申请,复议机关直接支持申请人的比例仅为14.13%。

---

〔1〕 胡亚玲:《我国税务行政诉讼实证研究》,湘潭大学2016年硕士学位论文,第12页。

《行政诉讼法》在2015年修改后,由于复议机关维持原行政行为会成为行政诉讼的共同被告,不仅导致行政复议案件的数量大幅增长,而且致使复议机关对申请人的支持率也有所提高。

从表5可以看到,在2016年结案的152,310件行政复议案件中,直接支持被申请人的案件占比为60.34%,综合纠错率为38.58%;剔除被申请人自行纠错后撤回申请和通过调解、和解了结的案件,复议机关直接支持申请人的案件(包括确认违法、撤销、变更、责令履行)为16.75%,和前述全国人大常委会审议意见中的统计数据相比,提高了2.6个百分点。

表5 2016年全国行政复议案件审结情况[1]

审理结果	总计	维持	驳回	确认违法	撤销	变更	责令履行	调解	撤回申请	和解协议	其他
案件数量(件)	15,230	73,836	20,170	5004	16,113	460	3934	813	26,295	5041	2753
比例(%)	100	48.48	11.86	3.29	10.58	0.30	2.58	0.53	17.26	3.31	1.82

由于无法取得2016年全国456件税务行政复议案件的审结情况,还不能将其与当年全国的审结情况作具体对比。但是,根据统计,2012~2014年全国税务行政复议中直接支持申请人(包括撤销、变更、确认违法、责令履行四项之和)的案件在8.75%~7.81%,大大低于全国行政复议案件中直接支持申请人的平均水平。[2]

与行政复议的情况相仿,在税务行政诉讼案件中,原告的撤诉率也明显高于全国平均水平,而法院支持原告的判决又低于全国平均水平。根据笔者的统计,在2013~2015年审结的一审行政诉讼中,全国平均的撤诉率为31.23%,税务案件平均的撤诉率则为37.32%,高于平均水平6.09%;法院直接支持原告胜诉案件的平均水平为7.11%,也高于税务行政诉讼案件中直接

---

〔1〕 数据来源:2016年全国行政复议、行政应诉案件统计数据,载国务院法制办公室、中国政府法制信息网:http://www.moj.gov.cn/Department/content/2017-04119/601-89993.html,最后访问日期:2019年8月1日。

〔2〕 参见沈华:《税务行政复议、诉讼案例评析》,法律出版社2016年版,第4页。

支持原告胜诉的平均水平5.72。[1] 需要指出的是，虽然不能简单地将税务行政争议案件数量、对申请人的支持率、原告的胜诉率等作为评价税务行政复议与诉讼现状的全部标尺，但不得不承认，通过对这些数据的实证对比，客观上能够为我们观察税务行政争议解决的现状提供一种比较清晰的视角。

二、制约税务行政争议及其解决的主要因素

笔者认为，税务行政争议及其解决呈现上述状况很难用一个或两个原因给予解释，更不能将其简单地归结为“税务行政执法规范化程度高”这个主观色彩较浓的因素（笔者在这里并不否认税务机关规范执法与优化服务的主观努力和客观效果），必须通过全方位、多角度的分析，才能真正找到问题的症结所在。

（一）“息诉思维”的深刻影响

息诉思维厚植于我国传统文化中。“三尺巷”的故事能够声名远播且世代流传，“让他三尺又何妨”所以成为定分止争的警示格言，正是对这种思维的最佳注释。而今，时代的车轮已经超越了传统观念的窠臼，一分一寸争短长被耻笑已成过往。但是，与普通公民之间的民事纠纷不同，私主体要通过“对薄公堂”来解决与行政机关的争议，通常仍然是迫不得已而为之的选择。另外，部分行政机关希望法院对其所涉案件“不立案、不开庭、不败诉”，宁愿付出时间接待信访，尽最大可能迫使当事人撤诉，也不愿在法庭上与原告围绕行政争议辨法析理。这就是长期以来我们的行政争议案件数量不多，且原告在诉讼中撤诉率较高的重要原因之一。涉税争议的双方当事人同样存在上述情况。不仅如此，由于现阶段与税务机关发生争议的相对人几乎都是生产经营者（包括个体工商户），其宁愿通过妥协息事宁人的观念更明显。

长期以来，在解析税务行政争议案件为什么很少时，我们通常都只是从纳税人“不能”申请复议或提起诉讼的角度论述原因，很少从另一个侧面，即纳税人“不愿”这样解决涉税争议的层面予以分析。事实上，许多纳税人基于自

---

[1] 数据来源：中国统计年鉴（2013:779）（2014:821）（2015:801）由于2015年以前的统计中未将变更、确认违法或无效、履行法定职责和给付义务等项目单列，这里只能将撤销行政决定视为法院对原告诉讼请求的支持判决。

已与税务机关的博弈并非“一锤子买卖”,[1]使其认为自己在与税务机关的争议中无论胜诉或败诉,都不是理想结果的认知相关。在涉税争议的实践中,由于复议机构缺乏独立性、以书面审理为主、复议结果基本上都是维持原处理决定等现实情况,从而使纳税人对通过复议解决争议形成了否定性判断,不愿借助行政救济来化解纠纷;同样,纳税人因其与税务机关的博弈中主观上存在的“争讼焦虑”,又成为他们放弃司法救济的内在原因。所谓争讼焦虑,主要是指对处于生产经营存续期的纳税人来说,其主观上之所以不愿与税务机关打“官司”,是因为它们担心如果败诉,会给自己带来负面评价,进而影响以后的生产经营;反之,即便赢了诉讼,又有可能在今后因此受到税务机关不公正对待的心理预期。[2]

可见,息诉思维在涉税争议中更加深刻的影响力,是税务行政复议与诉讼案件少的重要原因之一。

(二)复议独立性的严重缺失

不少专家指出,独立性缺失是我国复议机构普遍存在的弊端之一,这使其不能公正地居中裁决纠纷,进而难以获得行政相对人的信任。这也是复议案件长期徘徊在8万件左右,广大相对人宁愿选择诉讼这一迫不得已的救济方式,偏偏放弃复议这种既经济又便捷的纠纷解决方式的根本原因。因为对于申请人来说,他们需要的不仅仅是更快、更廉价、更亲民化的过程,而是一个他们认为更加公正的结果。

与地方各级政府的组成和其他行政管理系统不同,税务系统是少数实行垂直管理体制的部门(虽然国、地税机构合并前地税系统仅仅是省以下垂直管理)。从纵向看,各级税务机关作为“条条管理”的上下级之间,本身就存在十分紧密的联系。从横向考查,由于税务机关内部尚未建立专门的复议部门,参与复议的征收、管理、稽查、法制等内设机构之间密不可分的协作关系,致使税

[1] 是指在行政机关与行政相对人的博弈中,由于双方通常只是在特定条件下才形成博弈的情况。如治安案件、交通事故、住房撤迁等争议中的自然人。对于这个特定的相对人来说,其争议的发生具有很大的偶然性,因此相对人对这类争议主观上往往也有穷尽一切救济的强烈动机。

[2] 在纳税人的认知中,法律法规赋予税务机关可观的行政裁量,使其担心自己虽然胜诉,但税务机关可以通过频繁检查、拖延审批、过高收益评估、从重处罚等方式来报复他们。有人将其称之为纳税人提起诉讼的隐性成本。

务行政复议机构的独立性缺失更加突出,从而使纳税人很容易形成这样的判断:即当自己的合法权益受到侵害时,通过复议很难得到公正解决,从而不得不在涉税争议中放弃了行政救济。按照《税收征收管理法》规定,纳税人与税务机关大部分涉税争议存在复议前置程序,这就意味着纳税人如果放弃了行政救济,在事实上也就同时放弃了司法救济。这也是税务行政争议案件很少,且税务行政复议与诉讼之间未达到一定比例的重要原因之一。[1]

(三)"双重前置"的明显妨碍

按照《税收征收管理法》第88条第1款的规定,当纳税人与税务机关在纳税上发生争议时,应当先申请行政复议;只有对复议结果不服,才能依法提起行政诉讼,这就是我们通常讲的"复议前置程序"。同时,该款还规定,纳税人申请复议必须以"清税"为前提,即纳税人只有按照税务机关的决定缴清税款或提供担保之后,才能依法申请复议,这被称为"清税前置程序"。纳税人权利救济程序中的复议前置和清税前置,习惯上统称为"双重前置"。

有学者认为,"双重前置"作为防止纳税人滥用权利救济的平衡机制,其侧重点不尽相同。清税前置的目的是最大限度地保全国家的财政利益,防止税收在漫长的救济过程中可能存在的"灭失";复议前置则更多地基于对涉税争议解决效率的追求,并防止涉税案件过多地涌入诉讼渠道。然而,长期以来的实践证明,由于"双重前置"尤其是清税前置的规制作用,当纳税人无力缴纳税款或提供担保时,将得不到行政救济和司法救济。这也是税务行政复议与诉讼案件长期徘徊在只有数百件的重要原因之一。

囿于数据收集条件所限,目前虽然还不能对因"双重前置"减少的案件数量给予统计学证明。但是,"河南汇林税案"等典型案件已经充分说明,[2]当税务机关要求缴纳的税款和滞纳金达到一定额度时,不少纳税人竭尽所能,也

---

〔1〕 由于复议前置的规制,有的学者认为,税务行政复议与税务行政诉讼案件数量之间的合理比例应为3:1。

〔2〕 河南汇林置业公司于2005~2006年因垫资2493万元修建公路,政府同意从其应纳税款中逐步偿还;故公司在2007~2008年将营业税作零申报。2009年公司被市地税局稽查局认定少缴税款2208万元,并处罚款7093万元(由于按日加收3%的罚款,罚款累计达4亿多元)。因公司无力缴清税款,也无法提供相应担保,税务机关对复议申请不予受理,两级法院也支持税务机关不予受理的决定。只是由于后来对公司提起公诉的刑事案件经过再审改判,逃税额才由2208万元降至743万元。

难以在税务机关指定的时限内缴清税款、滞纳金或提供相应担保。因此,“双重前置”对纳税人权利救济的妨碍,绝不仅仅是个别现象。

(四)司法审查的过度谦抑

在司法实践中,法院对行政的适度谦抑(也称适度尊让),尊重行政机关的法律解释,是法院审理行政案件的原则之一。该原则的确立主要基于以下理由:行政机关在特定领域有专业人员和事实认定能力,当涉及技术性问题和非常复杂的事实问题时,行政机关比法院有更多的专业优势。但是,由于立法不精细和尊重行政管理实践的需要,我国司法对行政普遍表现出超过必要限度的谦抑性,这在税务行政案件的裁判中表现得尤其突出。

如前所述,由于税收法定在理论上与实践中存在的明显反差,法院对涉税案件的审理,往往不得不适用庞大浩繁的规范性文件。面对这些俗称“外行看不懂,内行记不住”的规范与解释,法院的法官自然是力不从心,在适用法律时也就不得不对税务机关表现出很强的谦抑性。此外,涉税争议不仅类型多,且基本等证事实都具有经济性特征,审理与裁判需要借助财务、会计、税收、审计等专业知识,普通法官很少具备这些素养和能力。涉税案件审裁的专业性要求与法官专业背景不足的矛盾,使法官面对浩繁的规范性文件、晦涩的专业术语、海量的行政裁量时,不得不更加依赖税务机关的解释,并据此作出对原告不利的判决。

综上所述,文化层面的“息诉思维”,制度安排的“双重前置”,税务行政复议机构独立性不足,税收法定在理论上与实践中的差异,以及司法对税务机关的谦抑,是税务行政争议案件数量少、复议机关对申请人的支持率低和原告的胜诉率低,以及其他税收规范性文件适用性强的4个主要原因。

三、对税务行政争议及其解决机制变化的趋势研判

随着依法治国方略的持续推进,尤其是税收法定原则在实践中的落实,决定税务行政争议及其解决机制现存状态的相关因素正在或必将发生一系列重大变化。这些变化或构成改变争议数量、类型、处理结果的基础条件,或直接表现为税务行政争议及其解决机制的新特征。

(一)变化之一:权力约束的强化

按照党的十八届四中全会的精神,在全面推进依法治国的战略布局中,必

须切实规范行政权力的行使，最大限度地保障公民、法人和其他组织的合法权益，以实现国家治理的现代化。作为依法治国理念在税收领域的具体体现，税收法定原则在实践中的不断落实，税收法律长期供给不足和可执行力不强的状况将根本改观，限制税收立法授权特别是对财税主管部门的授权将成为常态，用税收规范性文件取代法律法规的情形将逐步消失。按照"法无授权不可为"原则，税务机关只能将税收法律（狭义上的法律）作为征税的主要依据。凡此种种，均表明随着法治进程的推进，对税务行政权力约束的增强。

为了确保依法治国方略在税收领域的落地生根，国家税务总局在《关于全面推进依法治税的指导意见》（税总发〔2015〕32号）中就明确指出，要按照全面推进依法治税的总体要求，坚持法治化、规范化、信息化一体，以约束权力、保护权利为重点，最大限度在便利纳税人、最大限度地规范税务人，切实解决纳税人权利保护机制不够完善、权利救济渠道不够通畅等突出问题，推进税收法治化，促进税收现代化。由此可见，切实规范税收行政权力的行使，是我们研判税务行政复议与诉讼变化趋势的前提和基础。这与有学者关于世界各国税务行政争议解决机制发展的民主化等"四化"趋势，[1]也是高度契合的。

（二）变化之二：争议主体的变化

在可预见的未来，随着税收法定的进一步落实和税制改革，税制结构中直接税的比重会逐步提高，个人所得税、房产税等税制改革的实施，会使以自然人为主体的纳税人数量上呈"井喷式"增长。税务行政争议中相对税务机关的一方，也将会从以企业为主变成以自然人为主或两类主体并重。美国是一个以直接税为主体的国家，美国的自然人纳税人占比畸高。2015年美国国家税务局（IRS）实际收到的报税单为2.4亿份，其中个人所得税1.49亿份，加上其他以自然人为主体的报税单，合计占比为96%；剔除掉个人所得税申报中约45%实际不需要缴税的自然人；当年自然人纳税主体的报税单约为1.67亿份，超过全美自然人口的半数。但是，即便将来我国的自然人纳税主体仅占到总人口的1/5，其总量就会超过2亿人以上。由于自然人纳税主体没有市场主体存在的争讼焦虑，与税务机关的争议即便不是"一锤子买卖"，他们往往也

---

〔1〕 有学者认为，民主化、公开化、专业化和第三方化，是世界各国完善税务行政解决机制共性趋势。毋庸质疑，上述"四化"也应当是我们考察税务行政争议案件变化的维度之一。参见刘运毛：《浅议税务行政争议解决机制》，载《税务研究》2017年第4期。

会为了维护自身利益而穷尽一切救济方式。加之《税收征收管理法(修订草案)》已经明确,要将税收保全和强制执行措施扩大适用于自然人,其结果势必导致以自然人纳税人为争议主体的税务行政争议案件的大幅增长,这是未来不得不面对的客观趋势。事实上,在福建拓维律师事务所借助于“中国裁判文书网”大数据检索形成的研究报告中就指出:在2016年全国300多件税务行政诉讼案中,剔除了举报案件与信息公开案件之后,原告为自然人的案件仍然高达138件,占案件总数的41%。

(三)变化之三:复议改革的深化

从理论上讲,行政复议具有专业性、无偿性、便捷性、高效性等优点,既能有效克服法官只具有法律性而缺失专业性的问题,又能通过分流行政争议减轻法院的诉讼压力,还能为行政机关提供自我纠错机会,是一种高效便捷的纠纷处理方式。但是,综观我国行政复议制度建立以来的实际情况,由于复议机构独立性不足等原因,行政复议案件数量少,复议机关威信不高,解决行政纠纷的实效性和公正性并没有得到社会的认可。

为了解决行政复议的“公信力”危机,让作出复议决定的机关远离被申请人的控制或干扰,在实践中出现了通过成立复委会或设立复议局集中行使复议权为主要内容的改革探索,并取得了明显成效。例如,义乌市行政复议局于2015年成立,当年收案数就比2014年增长100%,达到280件,是法院同期行政案件的1.5倍;直接纠错率22%,同比提高9个百分点(大大高于全国2015年13.32的直接纠错率);当事人复议后又向法院起诉的比例从上年的38%下降到11%,复议的案结事了率和公信力明显提升。[1] 不仅如此,为了充分发挥行政复议的功能作用,改书面审理为口头审理,变分散管辖为集中管辖,增加复委会成员的外部性等设想,也随着改革的深化陆续推出,并在相当程度上凝结成修订《行政复议法》的价值取向。可以断言,随着税务系统外部复议改革的推进,尤其是《行政复议法》的修订,税务行政复议的现行体制与规则也将相应调整;除已经明确要专设行政复议办公室,以统筹、协调、处理税务行政复议案件这一举措外,还会以增强复议独立性以及纳税人的信任度为目标围绕着“愿、信、能”来出台新的措施,从而提高“穷尽行政救济原则”的实现程度。如果这样,纳税人通过税务行政复议“定分止争”的案件应该也会大幅

〔1〕 参见耿宝建:《行政复议法修改展望》,法律出版社2016年版,第53~54页。

增加。

（四）变化之四：行诉新法的影响

修改后的《行政诉讼法》于2015年5月1日实施。新法更加强调行诉法的监督功能，扩大了受案范围，把是否具有“利害关系”作为原告是否适格的标准；对行政行为实行违法推定，减轻了原告的负担；将规范性文件（俗称红头文件）一并纳入审查，确立了全面审查原则；通过提级管辖防范行政干预，建立了复议机关维持原处理决定为共同被告和行政机关负责人出庭应诉制度……这些新规的实施，已经引发行政复议与行政诉讼的重大变化（尽管这些变化还没有完全反映到税务行政复议与诉讼之中）。主要表现在：一是收案数量明显增加，2015年全国法院受理一审行政案件达到22万多件，比2014年提高60%左右；二是原告的撤诉率继续下降，已由最高时的57.3%下降到了21.6%；三是行政机关败诉率上升，尤其是二审改判支持一审原告的判决明显提高。

以税务行政诉讼案件为例，在2016年审结的税务行政诉讼案件中，纳税人共胜诉36件，占比为10.75%。其中，一审胜诉11件，二审改判胜诉为25件。税务机关败诉率上升，尤其是二审败诉率上升，有可能成为一种常态。

随着受案范围的扩大，一般纳税人资格认定、拒售发票等争议就可能被法院受理，从而导致案件类型与数量的增加；由于维持原处理决定也会成为共同被告，税务行政复议中对申请人的支持率将有所提高；对规范性文件一并审查，会使税收规范性文件在诉讼中的法律化倾向大大减弱，法官行使拒绝适用权和选择适用权的结果，会增加税务机关因适用规范性文件而败诉的风险。

（五）变化之五：双重前置的调整

必须承认，双重前置作为防止纳税人滥用诉权的平衡机制和防止税收流失的保证机制，已经失去了继续存在的合理性。2017年9月1日在全国人大常委会第三十次专题讲座中，刘剑文教授也明确指出：“增强税法遵从度和人民满意度，保护纳税人的合法权益，是落实税收法定原则的基本要求。因此，从实现良法善治的角度考量，很有必要对现行《税收征收管理法》中的‘两个前置’等不合理的规定加以修改。”

首先，清税前置这个类似于“用钱买救济”的制度设计，与诉权的基本权利属性之间存在尖锐冲突。由于诉权的人权性质使诉权具有绝对性，它“具有与生俱来性、不可或缺性、不可取代性、不可转让性,且其实现不得附加条件等特质”。[1] 在实践中,清税前置使那些无力缴纳税款或提供担保的纳税人,直接丧失了申请复议和提起诉讼的权利,是对纳税人基本人权的严重侵犯。不仅如此,清税前置使税款与救济之间出现了一种异化现象,即“税务机关违法征税(侵权)越严重,越不易被纠正;纳税主体被侵害的越严重,越不易获得救济”。[2] 因此,彻底废除清税前置规则,已经势在必行。其次,面对长期可以忽略不计的涉税案件,也使那种借口以复议前置的强制性才能防止纳税人滥用诉权的担心不攻自破。10 余年的实践已经充分证明,如果不解决税务行政复议机构缺乏独立性和公信力不高的问题,即使如《税收征收管理法修订草案(征求意见稿)》将清税前置后移到提起诉讼之前,由于后移清税前置只能解决纳税人“不能”申请复议的问题,并没有解决诉权,纳税人“不愿”申请复议的情况仍然难以避免。因此,将复议前置由强制性规则改为诱导性规则,不失为完善争议解决机制的理性选择。可见,如果双重前置在立法上出现了类似调整,税务行政争议及其解决机制的现状一定会发生十分重大的变化。

(六)变化之六:司法谦抑的收敛

近年来,税务机关越来越多的行政败诉案件表明,司法长期以来对执法主体的过度尊让或谦抑正在收敛。其中,某县地税局稽查局被二审法院认定其因处罚行为超越职权而败诉,某市国税局车购分局被二审法院认定其因适用法律错误而败诉[3]等典型案件说明,法院对税务机关收敛谦抑性的力度和速度十分明显,已经引起诸多关注。究其原因,大体可以归结为两个方面:一是涉税案件审判实践形成的倒逼机制,不仅促使行政庭的法官加强对税收专业知识的学习,而且迫使法院重视专业人才的培养与引进,法官缺乏专业性的问题有所改善;二是新行政诉讼法明确授予法院对规范性文件一并审查的权力,以及诉讼中实行全面审查原则,也使法官逐渐转变了原来忽视对税收规范性文件合法性审查的倾向。加之征管体制改革方案中关于由相对固定的审判人

[1] 吴英姿:《论诉权的人权属性》,载《中国社会科学》2015 年第 6 期。

[2] 雷霆、任正勇、邹胜:《涉税裁判案例启示录》(第 1 辑),企业管理出版社 2016 年版,第 115 页。

[3] 参见安徽省合肥市中级人民法院行政判决书(2014)合行终字第 00164 号判决书,该案后经税务机关提请再审后改判;参见四川省成都市中级人民法院行政判决书(2016)川 01 行终 589 号判决书,该案四川省高院已经受理税务机关的再审申请。

员和合议庭审理涉税案件的设计，在有助于提高涉税案件的裁审质量的同时，也进一步弱化了法官对税务机关的依赖。与之相适应，关于设立税务法庭和税务法院的呼吁也不断高涨。

有专家在评析某稽查局败诉案时指出："法院审理税务行政诉讼案件的深度及方式发生了明显变化，已经从过去重点审查执法程序和法律适用，逐步发展到深入细致地审查纳税争议的实体内容，包括纳税主体的认定、适用税种、税目、税率是否正确，税款、滞纳金的计算是否准确等，且不限于对纳税人提出的诉讼请求的审查，而是进行全面审理。审判人员审理税务专业问题时保持法律上的谦抑性观念正在发生根本变化。"[1]可见，随着司法谦抑的收敛，税务机关今后应诉的难度会明显加大。

总体来说，随着税收法治的不断推进，税务行政争议案件数量会逐步增加，税收规范性文件的作用会明显降低，复议和诉讼中对纳税人有利的裁决比例会提高，税务机关主持听证、复议以及参加应诉等争讼事务处理的要求也会越来越高。

四、应对税务行政争议及其解决机制变化的思考

在全面推进依法治税的指导意见中，国家税务总局对如何完善税务行政复议与应诉工作，已有比较明确的安排。其中许多新要求和新提法，既有一定的前瞻性，又具现实可行性。这里，笔者着重从实践与操作层面，谈几点个人的思考。

（一）着力转变观念

有人说过这样的哲言：工作是由人来完成的，而人又是由观念支撑的。因此，观念不同的人，对工作的态度、方法及其效果是不同的。这就是我们在实践中经常要求"统一思想"和"转变观念"的根源所在。

1. 转变执法观念

要适应税务行政争议及其解决的变化，首先要着力于转变征收、管理、稽查工作理念。我们知道，税务机关现行的征管查理念和体制机制，主要是针对企业纳税人与货劳税管理而建立完善的，整套系统与未来自然人纳税人和直

[1] 王家本：《鉴定程序瑕疵致行政处罚撤销案》，载《中国税务稽查》2016年第4期。

接税比重上升形成的税收执法环境匹配度不高。由于自然人纳税人基数更庞大,收入来源更加多样,必须对现行的征管体制进行改革和完善。为此,在《税收征收管理法(修订草案)》中已经明确,要建立统一的纳税人识别号、要求相关方负责金融信息提供、将税收强制措施扩展到自然人等。但是鉴于自然人纳税人与税务机关之间的征纳关系较敏感,执法中就需要加大柔性执法方式的使用,减少强制措施的适用;当发生涉税争议时,针对自然人穷尽一切救济途径的主观取向,更需要重视和解、调解等在定分止争中的作用。

2. 转变应诉观念

纳税人在发生涉税争议时,通过申请复议与提起诉讼来解决问题,是纳税人在依法治税理念指导下的理性选择。其实,行政诉讼制度作为法治社会健全的标志之一,主要目的就是要让行政权力始终在法律范围内行使,让一切行政行为都具有最终要接受司法审查的可能性,并借助司法的可裁性来保证执法的规范性。因此,税务机关在涉税争议中成为被告,是社会法治完善的产物,与征税权的权威性之间没有内在联系。退一步讲,即使税务机关的某一个行政行为在诉讼中被判决撤销或变更、确认违法或无效,也只是该行政行为没有通过司法的合法性审查,是司法对一个行政行为的纠正而已。对该税务机关的其他行政行为,或其他税务机关的执法行为并无影响。何况从实际情况来看,税务机关的败诉率长期徘徊在较低水平表明,即使成为被告,并非意味着税务机关就必然败诉。在过往案件中,税务机关的胜诉率通常在90%以上。不仅如此,由于法条有尽、案件无穷的客观性,法院对税务行政行为的司法审查,还承担释法的职能,具有对税收法律予以漏洞补充的作用。从这个角度说,税务机关应诉和出庭,客观上也具有解释税法与宣传税法的作用。可见,坦然地充当被告,依法积极应对,理性对待败诉,才是税务机关应当秉承的应诉理念。

3. 转变问责观念

所谓转变问责观念,就是要参照《国家赔偿法》确立的追偿原则,将导致败诉发生的主观因素作为是否追究责任的客观依据。也就是说,只有当税务机关工作人员因故意或重大过失导致税务行政案件败诉时,才能追究相关人员的责任。随着行政诉讼法的实施,税务系统与其他行政部门一样,也建立了具有普适性的败诉(也称错案)责任追究制度。从实际效果看,这个制度对规范执法行为,提升执法水平,降低涉税争议的发生率和税务机关的败诉率,确实起到了不可或缺的作用。然而,由于现行的追责制度,往往强调败诉的结果而不太关注导致败诉的原因,致使任何情形的败诉都可能减损相关税务人员的利益,甚至于影响其职业前途。从这个角度看,错案责任追究恰恰又成为税务机关不愿当被告,想方设法促使原告撤诉,竭尽所能要求法院支持自身的主要原因。有的税务机关甚至将防止败诉(即使行政行为涉嫌违法),作为应诉的首要目标甚至是唯一目标,从而偏离了行政诉讼的正常逻辑。其实,败诉或错案的发生,通常是诸因素综合作用的结果,有的败诉或错案中,主观原因或微不足道、或难以避免,对于这样的败诉,根据主观归责和"容错机制"就不应追究相关人员的责任。

(二)规范执法依据

税务行政执法依据虽然包括法律、法规、规章、其他规范性文件等,但在实践中适用最多的恰恰是效力层次最低、且数量又最庞大的规范性文件。那些以通知、公告、规定、批复等形式存在的规范性文件,往往才是基层税务机关作出行政行为的直接依据。由于新《行政诉讼法》授权司法对税收规范性文件的合法性可以一并审查,并依法享有对税收规范性文件的拒绝适用权和选择适用权。一方面,按照《行政诉讼法》第 64 条的规定,当法院经审查判定税务机关依据的规范性文件不合法,裁审中可以拒绝适用该规范性文件;另外,法院可以根据案件的需要,对众多税收规范性文件进行选择适用。因此,所谓规范执法依据,就是说要适应法院在税务行政诉讼中的这一变化,对税收规范性文件进行清理,切实解决税收规范性文件的"不规范"的问题。

1. 废止违反法律保留原则的税收规范性文件

按照《立法法》第 8 条第 6 项的规定,税种的设立、税率的确定和税收征收管理等税收制度只能制定法律;在尚未制定法律时,全国人大及其常委会可以授权国务院制定行政法规。因此,对于法律没有授权的涉税事宜,税务机关不得通过制定规范性文件加以规定。

2. 废止或修改与上位法相抵触的税收规范性文件

上位法包括宪法、法律、法规、规章以及上级行政机关制定的行政规定。任何税收规范性文件,只有同这些上位法不相抵触,才可能被司法审查确认其合法有效。这里的不相抵触,不仅要求税收规范性文件不与上位法直接冲突,而且还不能超越上位法已规定的事项范围、处理方式的种类、幅度等内容。除非上位法本身给予明确的授权,税收规范性文件原则上只能对上位法进行细化,不能给纳税人设定新的权利义务,尤其不能缩减纳税人的权利或扩展纳税人的义务。

3. 废止或修订超越制定权限的税收规范性文件

税收规范性文件通常都是对上位法的细化或解释,其是否享有相应的解释权就极其重要。例如,在某水族馆与某地税局是否应免征营业税的涉税争议中,法院当时虽然依据国税函〔1996〕678 号批复对"免征营业税博物馆范围的界定",判定原告应缴纳营业税。[1] 然而,按照国务院办公厅《关于行政法规解释权限和程序问题的通知》第 1 条的规定,"凡属行政法规的条文本身需要进一步明确界限或作出补充规定的问题,由国务院作出解释"之规定,国家税务总局则不享有对《营业税暂行条例》中"明确界限"的解释。

4. 废止不符合法定程序的税收规范性文件

不同层级的税收规范性文件虽然有不同的程序,但一般都要经过起草、审查、发布、备案等程序。在司法实践中对规范性文件的程序性审查,通常对是否公开征求意见、是否经过法制机构审核、是否按规定备案 3 个环节较关注。

此外,税收规范性文件中还存在一个突出的问题,就是条文含义的确定性。例如,在许多税收规范性文件(包括法规和规章)中都有这样的规定,"计税依据明显偏低且无正当理由的,由主管税务机关核定其计税价格"。但是,对什么计税依据属于明显偏低、哪些情况属于无正当理由,相关法规、规章及其他规范性文件却极少给予解释,从而给税务机关的执法实践带来诸多困扰。

(三)强化能力建设

国家税务总局已经明确提出要从健全法治机构、加大法律专业人才遴选比例、积极推行法律顾问制度、普遍建立公职律师团队等诸多方面,加强税收法治的人才保障。2017 年 9 月 1 日全国人大常委会通过了法官法等 8 部法律的修正案草案,决定将"国家统一司法考试"修改为"国家统一法律职业资格考试",同时把行政机关中初次从事行政处罚决定审核、行政复议、行政裁决、法律顾问的公务员纳入法律职业资格考试的范围。这对税务机关加强法治人才建设,进一步提升处理和应对税务行政争议的能力,必将产生重大而深远的

[1] 国家税务总局的批复认为,免征营业税的博物馆,是指经各级文物、文化主管部门批准并实行财政预算管理的博物馆,对其他虽冠以博物馆名称,但不符合上述条件的单位,不得给予免征营业税的照顾。

影响。

为了适应涉税争议案件的变化趋势,发挥好行政复议的主渠道作用,实现税务行政应诉的专业化,当前尤其需要从以下几个方面加强税务系统法制工作人员的能力建设。

其一,着力提升法制工作人员上税收法律、法规、规章及其他规范性文件融会贯通基础上的应用能力。按照行政法原理,税务机关法治工作人员与普通法院法官之间最突出的差异,在于前者特有的涉税专业能力。包括涉税专业知识、专业技能、专业素养。因此,他们要处理好复杂的涉税争议,首先需要全面知悉广义上的税收法律,尤其是作为执法直接依据的规范性文件,并具有在此基础上鉴别文件效力以及准确适用于具体争议案件的能力。只有这样,法治工作人员才可能在听证、复议、应诉过程中,对相对人提出异议的行政行为是否具有合法性和适当性作出正确判断。

其二,着力提升法治工作人员在对《行政许可法》《行政处罚法》《行政强制法》等法律文件与《税收征收管理法》融会贯通基础上的应用能力。税务机关对纳税人作出行政许可、行政处罚、行政强制等行政行为,一方面,要符合税收征收管理法的规定;另一方面,又受制于许可、处罚、强制等法律的规定。按照行政法理论,税收征收管理法关于许可、处罚、强制的规定属于"特别法"范畴;而许可法、处罚法、强制法属于"一般法"范畴。由于上述四法都是全国人大及其常委会制定,具有相同的法律位阶。那么,在处理涉税争议案件时,是否可以简单地按照特别法优于一般法原理,直接适用税收征收管理法的规定?答案显然是否定的。按照《立法法》的规定,同一机关制定的法律法规,特别规定与一般规定不一致的,适用特别规定;新规定与旧规定不一致的,适用新的规定;新的一般规定与旧的特别规定冲突且不能确定如何适用时,提请全国人大常委会裁决(但迄今为止全国人大常委会没有行使过裁决权)。从四法的实施情况看,行政许可法和行政强制法晚于税收征收管理法,属于同一法律位阶中新的规定,当其与税收征收管理法的特别规定不一致时,就会出现在两个规定中选择适用的问题。为了解决这一冲突,新法通常会规定"例外"条款,即"法律或行政法规另有规定的除外"。如果不具备按照《立法法》的规则正确选择适用法律的能力,是很难处理好复杂的涉税案件的,例如,按照《行政强制法》第 25 条,查封、扣押场所、设施、财物的期限不得超过 30 日,经批准延长的期限不得超过 30 日(合计为 60 日);而作为行政法规的《税收征收管理法实施细则》规定,采取税收保全措施一般不得超过60日,经国家税务总局批准可以延长;在实践中采取查封、扣押等保全措施的时间应当适用那一个规定?由于《行政强制法》第25条有"法律、法规另有规定的除外"的规定,税务机关的查封、扣押经总局批准就可以超过60日;反之,《行政强制法》第32条对冻结存款、汇款同样规定最长不得超过60日,并从严规定"法律另有规定的除外",税务机关在实施以冻结存款、汇款为标的的保全措施时,就必须执行最长不得超过60日的规定。事实上,在税务机关依照税收征收管理法的规定,因行使优先权、代位权、撤销权引起的争议中,法治工作人员融会贯通相关法律的能力,除行政法律法规而外,还包括相关的民事法律,尤其是行政诉讼中适用的《民事诉讼法》相关内容。

其三,着力提升法治工作人员出庭应诉的能力。提升法制工作人员出庭应诉能力,是适应行政诉讼法新规实施的迫切要求。同时,也是弥补代理律师税收知识和涉税案件处理能力欠缺的客观需要。在实践中,被告由律师代理的案件多于原告聘请代理律师的数量,且对被告不利裁决与原告和被告聘请代理律师之间呈正相关关系。这说明,纳税人聘请代理律师更可能胜诉;而税务机关聘请代理律师,则更可能败诉。究其原因,大体也可以归结为两个方面:一方面,由于涉税争议案件数量长期在低水平徘徊,代理律师往往不熟悉税收业务,对涉税争议的实体问题不甚了解,诉讼中通常都是从程序上提出主张,其为原、被告双方提供的"增值"服务不足;另一方面,双方代理律师都是在诉讼开始阶段才介入案件,庭审中原告一般会随同律师出庭,被告的相关人员则多充当"甩手掌柜"旁听,致使在陈述案情、描述争议、质证辩论时,原告方的效果会优于被告的代理律师,更容易得到法官的认可。因此,尽快提高法制工作人员的应诉能力,让其与代理律师形成互补的合力,是应对涉税争议案件增多、应诉难度增大的理性选择。

当然,提升法治工作人员的应诉能力,除出庭应诉这个关键环节而外,还包括与法官的庭外沟通能力、撰写答辩状和代理词的能力等诸多方面,加强这些能力的训练,也是非常重要的。

五、结　语

随着税收法治化的不断推进,税务行政争议案件的数量和类型会不断增加，税收规范性文件的作用会明显降低，税务行政复议与诉讼中有利于纳税人的裁决可能会有所提高，税务机关主持听证、复议以及参加应诉等争讼事务处理的难度会增大。

纳税人借助法律救济途径维护其合法权益，是法律赋予的权利，税务机关应当保护纳税人的法律救济权；纳税人通过复议和诉讼来解决争议，是一种现代、文明、理性的选择。

随着经济生活的日益复杂化，不少税务行政争议不再是简单地属于"非此即彼"，而是"亦此亦彼"或"非此非彼"，有些事实法律没有"料想到"，还有的事实囿于证据难以再现以至于法律没有"看见"，面对事实的复杂化和征纳双方存在混合过错等情形，税务机关在定性与处理时，更需要运用价值判断和利益衡量方法。

税务机关不应将税务行政争议视为"洪水猛兽"，争议及其解决客观上提供了一次暴露问题和解决问题的契机；在转变管理观念、应诉观念、问责观念的基础上，坦然充当被告、依法积极应对、理性对待败诉，努力挖掘复议纠错和败诉案例的价值，才是各级税务机关应当秉承的正确理念。

《税法解释与判例评注》稿约

《税法解释与判例评注》由武汉大学财税与法律研究中心主任熊伟教授主编，2010 年创始至今，每年出版 1 卷至 2 卷，连续滚动出版。截至 2019 年 12 月，已出版、编辑 12 卷，常年公开征稿。欢迎国内外专家不吝赐稿！

《税法解释与判例评注》不是纯粹的理论研究刊物，也不是纯粹的实务信息汇编，而是连接理论与实务的一个桥梁，是理论界与实务界互动的一个平台。收录稿件均从实务出发，既有总结实务中的经验，促进理论研究水平的提升，又有为实务提供指导，使税法解释和判决更加科学，使税收立法更加合理。

一、来稿内容要求

《税法解释与判例评注》主要关注两个方面的素材：(1)各级法院的判决和裁定，以及各级税务机关的处理决定、复议决定；(2)财政部、国家税务总局，以及各地财税机关对税法所作的解释。我国港澳台地区以及国外的典型案例，也可以作为评论对象。

在评论案例时，必须提供准确的信息来源，尽可能提供文书的文号，便于读者查询和鉴别。可以对一个案件进行评析，也可以评析几个相关案件；在评论行政解释时，既可以关注其合法性，也可以关注其合理性；既可以单独评析一个文件，也可以追本溯源，解读系列相关文件；既可以表示赞同，也可以进行批评。读者也可以评论已经发表的文章，既可以是共鸣，也可以是商榷，营造一个互动空间。

欢迎税务律师、法官、检察官等向我们提供典型税案的辩护词、代理词、公诉文书和裁判文书，欢迎税务官员向我们提供税务处理决定书、税务处罚决定书、税务复议决定书。

二、来稿形式要求

1. 每篇文章要求注释规范、文字流畅、观点明确、资料翔实、有理有据、论证有力，字数一般在 1.5 万字左右，特别优秀的稿件不受字数限制。

2. 来稿请附上作者的姓名、单位、学位、职称或职务、通信地址、邮编、电话或电子邮件信箱。

3. 稿件可选择邮寄或网络发送。来稿一律采用 Word 2000 以上版本的文档格式,A4 版面,默认页面设置。

4. 论文体裁不限,论文、译文、调研报告等均可。译文请自行解决版权。

三、来稿原创性要求

向《税法解释与判例评注》所投稿件,应属于税法解释或判例评注相关的原创作品,且未曾公开发表或主体部分未曾公开发表。特别优秀的、符合丛书定位和风格的"微信"文章,深度加工、整理后也欢迎来稿。

四、其他说明

1. 来稿一经采用,即赠送样书 2 本。在条件许可时,编辑部将组织作者见面会,商谈刊物定位、稿件质量、读者需求以及推广策略等问题。

2. 编辑部将对收录稿件的作者发放适当稿酬。在条件许可时,编辑部将针对收录的稿件进行评奖。

3. 请勿一稿多投,自来稿之日起逾 3 个月未收到采用通知的,作者可对稿件另行处理。

4. 论文一经《税法解释与判例评注》录用、发表,其数字化复制权、发行权、汇编权及信息网络传播权将转让予《税法解释与判例评注》期刊编辑部,如不同意者请及时告知。

附:《税法解释与判例评注》规范要求

通信地址:湖北省　武汉大学法学大楼　421#
邮政编码:430072
收 件 人:熊伟　教授
投稿邮箱:taxreview@126.com;whutax@126.com
联系电话:18971662412;15827249236

附：

《税法解释与判例评注》规范要求

一、标题规范

1. 主标题名称用黑体小二号字加粗且居中格式，副标题用黑体小三号且居中，标题采段前段后间距 0.5 行格式。

2. 中文标题后，附英文正副标题，字体为 Times New Roman，其余与中文标题相同。

二、作者信息规范

1. 作者名称用楷体四号字格式，居中附于标题下方，并用上标星号（*）作为介绍作者注释的标志；同时，采段前段后间距 0.5 行格式。

2. 注释中作者简介统一为：单位职称、学位，不再写作者名称。例如，武汉大学法学院教授，法学博士。

3. 作者联系方式附录于正文之后，重点列明：收信人地址、联系人、联系电话、E-mail 地址。

三、摘要与关键词规范

1. 主副标题之后，正文之前列中文摘要与关键词。

2. 摘要为文章主要观点的提炼，字数一般在 300 字以上，500 字以内；关键词一般为 3 ~ 5 个，其间用分号隔开。

3. 摘要与关键词均为五号楷体，采段前段后间距 0 行，1.5 倍行距格式。其中“摘要”与“关键词”字样加粗。

四、正文规范

1. 正文中标题级次分别为“一、”“（一）”“1.”“（1）”，其中一级标题用宋体四号字加粗居中格式，首行缩进 2 字符，段前段后间距 0.5 行格式；二级标题用宋体小四号字加粗左对齐，首行缩进 2 字符，段前段后间距 0 行格式；三级标题用宋体五号字加粗左对齐，首行缩进 2 字符，段前段后间距 0 行格式；三级标题及以下格式与正文相同。

2. 正文标题之外的内容统一用宋体五号字，段前段后间距 0 行，1.5 倍行距格式。

3. 正文中出现法律规范的名称时,应当表述规范,原则上不在前加缀“中华人民共和国”字样。在使用简称时,应使用规范化简称,并在文中注明。比如,《中华人民共和国税收征收管理法》简称为《税收征收管理法》,不简称为《税收征管法》或《征管法》等。与此同时,法律条文的序号表述应当与法律文本一致。

4. 正文中出现图、表时,统一标注为“表 1”“图 1”,且表的标题居中置于表之上、图的标题居中置于图之下,采用楷体五号字、段前段后间距 0 行格式。

五、注释规范

全文采用脚注,每页用阿拉伯数字[1][2][3]……单独编码,首行缩进 2 个字符,宋体小五号字,单倍行距格式。英文为 Times New Roman。

(1)中文文献规范

①著作

熊伟:《美国联邦破产程序》,北京大学出版社 2006 年版,第 2 ~ 3 页。

②译作

[法]孟德斯鸠:《论法的精神》(下册),张雁深译,商务印书馆 1963 年版,第 32 页。

③论文

熊伟:《财政法基本原则论纲》,载《中国法学》2004 年第 3 期。

刘剑文、熊伟:《二十年来中国税法学研究的回顾与前瞻》,载刘剑文主编:《财税法论丛》第 1 卷,法律出版社 2002 年版。

熊伟:《法学现代化背景下领域法学之契机》,载《中国社会科学报》2017 年 1 月 4 日,第 5 版。

④学位论文

叶金育:《税法解释中纳税人主义研究》,武汉大学 2015 年博士学位论文,第 6 页。

⑤网络资源

熊伟:《宪政与中国财政转型》,载中国财税法网:http://www.cftl.cn/show.asp? c_id = 485&a_id = 2564,最后访问日期:2015 年 3 月 25 日。

⑥古籍

司马迁:《史记 · 商君列传》,中华书局 1959 年版,第 2229 页。

姚际恒:《古今伪书考》卷三,光绪三年苏州文学山房活字本。

⑦裁判文书著录格式

四川省绵阳市中级人民法院判决书,(2016)川07行终35号。

⑧案例著录格式

田某诉北京科技大学案,北京市海淀区人民法院(1998)海行初字第142号行政判决书。

(2)英文文献格式

①著作

Richard A. Posner, *The Problems of Jurisprudence*, Harvard University Press, 1990, p. 456 -457.

②论文

Frank K. Upham, "*Who Will Find the Defendant if He Stays with His Sheep? Justice in Rural China*", 114 Yale Law Journal 206(2005).

LarsAnell, "Foreword", in Daniel Gervais eds., The TRIPS Agreement: *Drafting History and Analysis*, Sweet & Maxwell, 1998, p. 1.

(3)案例

Shull v. London Amusement Co., 123 F. 2d 302(6th Cir. 1941).

本规范要求自《税法解释与判例评注》(第十四卷)起执行。

《税法解释与判例评注》编辑部

2020年12月31日

图书在版编目(CIP)数据

税法解释与判例评注. 第十三卷 / 熊伟主编. -- 北京：法律出版社, 2020
ISBN 978 - 7 - 5197 - 5131 - 9

Ⅰ. ①税… Ⅱ. ①熊… Ⅲ. ①税法－法律解释－中国 ②税法－判例－中国 Ⅳ. ①D922.220.5

中国版本图书馆 CIP 数据核字(2020)第 225616 号

税法解释与判例评注(第十三卷)
SHUIFA JIESHI YU PANLI PINGZHU(DI-SHISAN JUAN)

熊 伟 主编

策划编辑 沈小英
责任编辑 沈小英 毛镜澄
装帧设计 李 瞻

出版 法律出版社
总发行 中国法律图书有限公司
经销 新华书店
印刷 北京建宏印刷有限公司
责任校对 晁明慧
责任印制 吕亚莉

编辑统筹 法治与经济出版分社
开本 710 毫米×1000 毫米 1/16
印张 16.25
字数 296 千
版本 2020 年 12 月第 1 版
印次 2020 年 12 月第 1 次印刷

法律出版社/北京市丰台区莲花池西里 7 号(100073)
网址/www.lawpress.com.cn
投稿邮箱/info@lawpress.com.cn
举报维权邮箱/jbwq@lawpress.com.cn
销售热线/400 - 660 - 8393
咨询电话/010 - 63939796

中国法律图书有限公司/北京市丰台区莲花池西里 7 号(100073)
全国各地中法图分、子公司销售电话：
统一销售客服/400 - 660 - 8393/6393
第一法律书店/010 - 83938432/8433
西安分公司/029 - 85330678
重庆分公司/023 - 67453036
上海分公司/021 - 62071639/1636
深圳分公司/0755 - 83072995

书号:ISBN 978 - 7 - 5197 - 5131 - 9
定价:86.00 元